杨树荫◎著

时代缩影的观察

SHIDAI SUOYING DE
GUANCHA

南京大学出版社

图书在版编目(CIP)数据

时代缩影的观察 / 杨树荫著.—南京:南京大学出版社,2017.3
ISBN 978-7-305-18281-5

Ⅰ.①时… Ⅱ.①杨… Ⅲ.①文化史-中国-现代-文集 Ⅳ.①K270.3-53

中国版本图书馆 CIP 数据核字(2017)第 030445 号

出版发行	南京大学出版社
社　　址	南京市汉口路22号　　邮　编 210093
网　　址	http://www.NjupCo.com
出 版 人	金鑫荣
书　　名	时代缩影的观察
著　　者	杨树荫
责任编辑	吴　愚　　编辑热线 025-83621459
照　　排	南京紫藤制版印务中心
印　　刷	江苏凤凰通达印刷有限公司
开　　本	787×960　1/16　印张 19.75　字数 262千
版　　次	2017年3月第1版　2017年3月第1次印刷
ISBN	978-7-305-18281-5
定　　价	58.00元
网　　址	http://www.njupco.com
官方微博	http://weibo.com/njupco
官方微信	njupress
销售咨询	(025)83594756

＊ 版权所有,侵权必究
＊ 凡购买南大版图书,如有印装质量问题,请与所购图书销售部门联系调换

大时代中的小缩影

每一个人都有自己的时代。

历史的滔滔激流,正把我们引入一个前所未有的共同的大时代。

这是一个高速的时代。我们具有世界最庞大的高速公路、高速铁路网络,日夜不息地穿梭运行;我们拥有全球速度最快的超级计算机,天量一般的运算,仅在秒速之内;我们还有世界上最众多的想急于改变自己的国民,以最快的速度追逐时间。中国的一切,都在奔跑。

这是一个网络的时代。连接世界、连接每一个人的互联网,为我们打开了焕然一新的学习之门、心灵之门、创造之门,拓展了一个无限的发展空间,提供了一个广阔的精神世界,让人从传统的封闭和孤独中解放了出来,人的认知能力、思想能力、创造能力发生了根本的改变。

这是一个太空的时代。遨游在茫茫宇宙,自然意味着国家实力的突飞猛进,更为可贵的是,中国人也终究能从太空看地球,这是来自宇宙的眼光,超越国界的眼光,探索人类未知世界的眼光。从宇宙看中国、看世界,是一个翻天覆地的大进步,我们的视野、胸怀和思想,正面临着一个伟大的突破。

这是一个学习的时代,创造的时代,多元和包容的时代,时时给人惊喜的时代。自然也是一个披荆斩棘、艰难奋进的时代,鼎新革故、涅槃重生的时代,现代与传统、文明与陋习、阵痛与新生,都如此紧密地交织在一起,这注定是一个深刻变革的时代。

我们都在时代的阳光下,我们生活中的一人一事、一言一行,具体而微小,平常而平凡,却往往是时代之光的折射,是大时代的小缩影。关注这些微不足道而无法抹去的缩影,也是时代的一个使命。时代的巨影,是千百万个缩影的融合。

中国人在这个时代的奋进中,留下了自己深深的印记。

那是学习者的印记,追赶者的印记,创造者的印记。中国人因这些印记,而自豪;世界因这些印记,而博大;时代因这些印记,而显出风采。

在时代的风云沧桑中,中国人的印记,顽强地表现出自己的价值传统和价值追求。

他们喜欢多彩多姿多色调,尽力打破枯燥单调的沉闷,却依然始终如一地喜欢红色,坚守自己的特色。

他们欣喜地拥抱互联网,活跃在虚拟的网络世界,却依然不容置疑地坚信传统社会的人际关系。

他们行走世界、体验世界,却依然用自己的眼光看世界,用自己的思维和文化去认识和理解世界,用自己的历史情感去爱、去恨。

他们生活在现代,却依然崇拜祖先,崇拜土地,崇拜代代而来的文化与传统,他们依然根植在传统的土地上。

他们渴望变化,却又往往固守不变。总是在变化中希望不变,在不变中希望变化。

他们深厚的文化传统,既是前进的张力,也是守成的定力,总是让人进退有据,前后有序。

所有这些,其实就是中国人的缩影,中国文化的缩影。从这些现实的缩影,我们能依稀地看到中国文化,正在艰难与痛苦中,做出自己坚定的抉择。

大时代造就了小缩影,小缩影推进了大时代。

目 录

第一辑

中国"红" …………………………………………… (003)

中国"穷" …………………………………………… (006)

中国"话" …………………………………………… (010)

中国"结" …………………………………………… (013)

中国的狗 …………………………………………… (016)

中国声音 …………………………………………… (019)

中国人不愿笑 ……………………………………… (023)

中国人爱拍照 ……………………………………… (026)

中国人之"最" ……………………………………… (029)

男人的一半是女人 ………………………………… (032)

文弱之躯与谦恭之礼 ……………………………… (038)

缺远见而多计谋 …………………………………… (041)

争着不要面子 ……………………………………… (047)

与生俱来的命数 …………………………………… (050)

简单人生与复杂社会 ……………………………… (053)

人人都在跟人走 …………………………………… (057)

第二辑

跨入选择的时代 …………………………………… (063)

从未有过的"我" …………………………………… (067)

惊人之变与惊人不变 ……………………………… (071)

家庭生活的现代与传统 …………………………… (074)

灵巧和谐的筷子王国 ……………………………… (077)

快生活与快餐文化……………………………（080）
如影随形的信仰……………………………（083）
柔韧的文化元素……………………………（086）
连绵起伏的家文化…………………………（089）
苦苦坚守的哲学……………………………（093）
总被忘却的前事……………………………（097）
屡屡忘却的教训……………………………（101）
现代语境下的官本位………………………（105）
现代浪潮下的鬼文化………………………（109）
渐渐远去的自行车…………………………（113）
落寞的文明…………………………………（116）
一同走过从前………………………………（120）

第三辑

终身相伴的数字……………………………（125）
此生排队无尽期……………………………（128）
空白的人生画卷……………………………（131）
高呼口号的人生……………………………（135）
一生泡在会海里……………………………（139）
暴戾之气的前世今生………………………（142）
百无禁忌的时代……………………………（145）
威风锣鼓响起来……………………………（148）
快乐的秧歌扭进城…………………………（151）
团团围定看热闹……………………………（155）
是是非非看禁书……………………………（158）
"不要和陌生人说话"………………………（162）
活在玻璃橱里………………………………（165）
年龄真的不饶人……………………………（169）
光环下的道德………………………………（172）
快活的脚趾头………………………………（176）

平常生活中的快乐 …………………………………… (179)

第四辑

我 …………………………………………………… (185)
天下不一样的人 …………………………………… (190)
生命的哲学 ………………………………………… (192)
世间之"慢" ………………………………………… (196)
水的感悟 …………………………………………… (198)
感悟正义 …………………………………………… (201)
感悟人民 …………………………………………… (204)
爱国者谨记 ………………………………………… (208)
大国的眼光 ………………………………………… (210)
最强势的汉字:抓 ………………………………… (212)
最卑微的汉字:爬 ………………………………… (214)
不必在意的"世界第一" …………………………… (216)
换一种活法,如何? ……………………………… (218)
中国人眼中的美国国名 …………………………… (220)
怕死的美国人 ……………………………………… (222)
美国人的算术功夫 ………………………………… (224)
丑闻与丑事 ………………………………………… (226)

第五辑

有感于总理逛书店 ………………………………… (231)
有感于《舌尖上的中国》 …………………………… (233)
墙的悲悲喜喜 ……………………………………… (235)
别了,明信片 ……………………………………… (238)
笑不起来的笑话 …………………………………… (240)
中国足球与呜呜祖拉 ……………………………… (242)
漫话财富 …………………………………………… (245)

并非幽默 …………………………………………（247）
斯文扫地之种种 …………………………………（249）
读报有感 …………………………………………（252）
新编寓言三则 ……………………………………（254）
新语丝 ……………………………………………（256）
疯狂的老鼠 ………………………………………（258）
一份沉重的新婚礼物 ……………………………（260）
一份礼单的沉思 …………………………………（262）
一个独特的视角 …………………………………（264）
一份童心，一份人性 ……………………………（266）

第六辑

给高贵者以高贵 …………………………………（271）
戈黛瓦夫人的赌注 ………………………………（273）
懦夫和勇者的故事 ………………………………（275）
农夫与绅士的故事 ………………………………（277）
"持节"何必"宣威" ………………………………（279）
胡适之悲 …………………………………………（281）
胡适之死 …………………………………………（283）
假若鲁迅还活着 …………………………………（285）
马克思墓志铭的遐想 ……………………………（287）
贪官不畏死，奈何以死惧之 ……………………（289）
管管科学 …………………………………………（291）
想起孙悟空的血统 ………………………………（293）
最奇是杭州 ………………………………………（295）
杭州当哭 …………………………………………（298）
遗忘的清晨 ………………………………………（301）
朦胧的黄昏 ………………………………………（303）
曾经做梦 …………………………………………（305）

第 一 辑

中国人大都简单地生活,简单地思想。

简单的中国人,面对的竟然是一个复杂的社会。

中国人的文字简化了,然而由文字组成的文章却无比的复杂。

中国人的语音简单了,然而由语音组成的话语却无比的复杂。

中国人对复杂枯燥的哲学毫无兴趣,却精于自己的处世哲学。

中国的人很简单,身份却很复杂。

复杂的社会,因为简单人的简单思维,变得更加复杂。

中国"红"

无际的天空，无垠的大地，无穷无尽，无边无际。

壮阔而漫长的地平线，横着切开了天空与大地，却又让天空与大地交汇融合在一起，那种壮丽，那种神奇，是任何力量都无法达到的。

在黑暗将要逝去的一瞬间，地平线开始发亮，那微弱的一丝亮光顶起了茫茫的星空。终于，万丈霞光，太阳升起了，灿烂的一天开始了。

大自然色彩缤纷，生机盎然。金色的太阳，蔚蓝的天空，黑黝黝的土地，绿郁郁的丛林，赤橙黄绿青蓝紫，每一种颜色都是美丽的，每一种颜色都显示出活力，有着自己丰富的内涵。

感恩太阳，撒给人间光明与美丽。

人世间，万事万物皆有来源，又皆有去处，一如万流之水，各有源头，却都奔向滔滔大海。

红色是人类的生存之色。据说，几百万年前，我们的祖先需要在树叶和丛林中寻找食物，成熟果实的红颜色，让我们的祖先欣喜万状。识别红色，意味着生存，一代又一代，人类进化出了发现红颜色的能力，成就了识别颜色的基因，也就是成就了人类识别美好事物的能力。颜色与人类之间的关系，竟是如此的奇妙，如此的不可思议。

人类对颜色都有特殊的爱好，这种爱好又使得各种文化丰富多彩。

中国人历来爱好红色，乃至信仰红色。这种对红色特有的感情，不因时代变迁而变化，也不因文明演进而转移。如今，红色已然成为民族之色，国家之色。

中国文化，无处不透出对红色的企盼与追求。

人类对生命的敬畏与崇拜，自是一种天性，每一个民族都会以自己的方式来表达这种敬畏与崇拜。而中国人都愿意把生命与红色连在一起，或者说，给生命绘上红色，坚信只有红色，才能让人吉祥平安。

生命呱呱落地，在农耕社会是添丁之喜，续了祖宗的血脉，迎候小生命的是红绸巾、红脚盆。满月之后,必得家家户户喜送红鸡蛋,盼望过上红红火火的好日子。

孩子长大,学业有成,中了科举,那叫上了红榜。若是成了举人、进士,即是红运高照,更是风光,穿上红袍,鸣锣开道,光宗耀祖。

婚嫁喜事,叫作红事。新娘从头到脚一身红,红绣鞋、红裙、红盖头;洞房里里外外也是红,大红的喜字、大红的窗花、大红的被子、大红的枕头,红得让人喜气洋洋。

过新年,更是处处见红。大红灯笼挂起来、大红蜡烛点起来、大红春联贴起来,让人抬头见红,叩头求红,开门迎红。这还不够,压岁钱要用红纸包起来,叫作红包,见到人要说吉祥的话,叫作讨个红运。

在工商社会,同样信奉红色、崇拜红色。一家企业开业或新年做成第一笔生意,叫作开门红。每月都赢利,叫作月月红。赢了利润,叫作红利。股东分利,叫作分红。证券公司股票上涨,叫作一路飘红……

红,还有着各种各样的延伸:繁华的城市,称为红尘;美丽的女子,称作红颜;叫座的演员是红角,事业顺利是走红……

红,也进入了重要的政治、宗教场所,宫殿、寺院都以红色显示威严和神圣,甚至在宫廷、寺院外就筑起红墙,让你远远地表示谦恭。

红遍中国,红透中国,则是近代、当代的事了。红,已然从家庭领域、私人领域进入政治领域、思想领域。红色,贯通了中国的方方面面。

近代中国,把马克思主义当作红色经典,把中国共产党称作红色组织,在革命时期"红旗指处乌云散",红色狂飙席卷中国,红色的天安门是国家的象征。从此,红色的国旗、红色的党旗、红色的军旗、红色的团旗、红色的队旗,中国人以红色指引人生之路。人们从小挂上红领巾,接受红色教育,但凡红的,必是进步的、革命的,《红灯记》《红色娘子军》《红岩》《红旗谱》等作品激励了风华正茂的年轻人。人们希望一直红下去,乃至昔日的红色根据地,成为今日的红色旅游地。

红色,是中国人的情感之色、信念之色、信仰之色。中华民族持之以恒的奋斗之心,与对红色的追求、红色的激励密不可分。倘若中国人的眼神中见不到红色,那将使眼神暗淡无光;倘若中国人的情感中失去了红色,那将使中国人的情感彻底失去热情与激情。红色是中国人的生命之色。

然而,当红色失去理智的时候,却会酿成狂热。"文革"时期,又是另一番的红,红得让人胆战心惊。书店里,只陈列红宝书;影院里,只放映红色样板戏;电台里,只播放红色歌曲。街道里弄,举目皆红:红色的店面,红色的大院,为的是营造一个向阳红的氛围;红色的横幅,红色的标语,都是表达一个共同的红色意志。至于红旗,更是插遍城乡。中国,已然是一个红色的海洋,被外国人称为红色中国。这还远远不够,挂着红袖章的红卫兵,举起革命造反的红色大旗,刮起无产阶级专政的红色风暴。在这种政治力的作用下,亿万人红了眼,就如被红布煽动的斗牛,狂热暴躁,全无理性。此时的红色,其实是血红,就如被无端撕裂的伤口,喷涌的热血,尽是白流;又如燃烧的火焰,看似火红,却是让疯狂与良知、愚昧与文明同归于尽。

看来,世间之事,皆需尊重人的自由权利,即使颜色,也应是人或人群的自由爱好和选择。这样的自由选择,是人的自由权利。离开了人的自由选择,采取强制的外力,甚至把颜色作为政治标签,如此愚蠢,只能自食愚蠢的恶果。此时的红色,其实早已变了色,善良的人们谈"红"色变,这是外力所意想不到的事。

红,总归是中国人的喜爱之色,这种人之所爱,也是外力夺不走的。当改革开放释放了人之为人的能量以后,红色回归了她的自然之美、纯情之美、本质之美,中国人更加喜欢红色、呵护红色,红,又成为中国永不褪色的颜色。在市场经济、网络社会的今天,红色,既是很多节日的主题色,也是家庭生活的吉祥色,人们钟情于红、信仰于红,自然地鄙视红色的反面——黑色,黑帮、黑手、黑幕、黑社会,把恶劣的事物,冠上一个"黑"字,表达人们的憎恶。

红色乃国色,红色属于人民。中国人以红色为尊严,以红色为骄傲,还将一直红下去。

中国"穷"

中国人穷了几千年。

穷,在中国,因其世世代代地传袭,而成为另一种"国粹",人们认穷认命,安贫乐道。

贫穷,有如传染病。民间的百姓,几乎家家户户都穷:家,是空的;口袋,是空的;肚子,也是空的;更不幸的是,脑袋也空了。

贫穷,永无尽头的贫穷,深深地影响着中国的民俗文化。民间的各种节日,有各种各样的吃,背后其实是穷。而一年一度的春节,则是贫穷岁月的盛大节日。人们辛苦了一年,熬吃省用了一年,所有的积蓄都留在春节享用,包粽子、捣年糕、搓汤圆、炒花生、杀鸡宰鸭,酒肉香味和着欢声笑语,这是中国人一年之中最幸福的日子。春节过后,一切又都归于贫穷。

贫穷岁月,总还有欢乐点缀。中国的许多民间文化,也烙着贫穷的印记:民间乐器二胡、笛子、快板,吹拉敲打出各种声音,让穷乡僻壤也有欢声笑语。与西洋的钢琴、大提琴、小提琴相比,中国人的乐器自然简陋得多。

中国人的生活方式,也处处可见贫穷:中国人吃饭一双简单的竹筷,西方人一副闪亮的刀叉;中国人一双草鞋,西方人再穷也有一双皮鞋;中国人穿长衫、穿褂子,从上到下没有一只口袋(其实穷得也无需口袋),西方人穿西装,里里外外都是口袋。

由于贫穷,中国人都极想做官。只有做官,方能跳出苦海,且不说做官享有的荣华富贵,单单官所拥有的权势资源,也能让同宗同族的人沾光,所谓"一人得道,鸡犬升天",即由此而来。

由于贫穷,中国人抠着钱存钱。钱太少,人太穷,钱便愈珍稀。又由于穷,怕日后更穷,中国人便一毫一厘地抠,一辈子省钱、存钱,节俭地过日子。哪怕到了今日,中国人开始富裕,却还是一有钱就存银行,总是以备不测。贫穷已让人恐惧,人们"富而思贫",一直富不起来。

由于贫穷,普天之下望不到尽头的贫穷,中国人又以为阴间也会有贫穷,死了以后还要受穷。于是,中国人有烧纸钱祭祖的习俗。无论南北,无论城乡,中国人祭奠死者,都要烧纸钱,一串串元宝,一叠叠纸钱,在跳跃的火焰中随风而去。活着的人们便有了慰藉,这是让死者在阴间不受穷。

中国人好讲面子。请人吃饭,不肯说没钱。稀客临门,一定要倾其所有地招待客人。婚嫁喜事,也是挣面子的时候,借钱背债也要做足面子。这种讲面子,不仅民间如此,官府也如此,"穷大方"、"面子工程"、"面子项目",由古至今,总是不会断根。讲面子,其实是穷。因为没有里子,才讲面子。倘若里子好,还须面子来装扮么?一个社会愈是讲面子,愈是穷;愈是穷,便愈要讲面子。贫穷与面子,就如此这般地同根而生。

贫穷在中国,大抵是被人看不起的。城里人看不起乡下人,住瓦房的看不起住草房的,稍微有一点钱的人,看不起穷得没钱的人。钱愈少,便对钱愈崇拜,民间俗语"富在深山有远亲,穷在街头无人问",点出了贫穷社会的世态炎凉。

穷,在中国竟也有翻身的日子。中国人对穷理直气壮,乃至言必称穷,以穷为荣,唯恐穷得不够,是二十世纪五六十年代的事。那时候,曾经富过的人,譬如地主、富农、资本家,乃至小老板、小商人,因富招祸,成为无产阶级专政的对象,从财产到人都被"改造","富"已成为罪恶的象征。厂里的工人、种田的农民,虽然一如以往地穷,然而在政治上已排入"可靠"的一类,贫穷意味着清白,意味着革命,贫穷给了他们"无限风光",因贫穷而有了地位,自然处处保持贫穷的本色。若有人世代当佃农、世代讨饭的,便会觉得祖上传下来的贫穷,如今终于顶用。此时的中国人,不知道何为富,不知道何以富,反把贫穷当作护身的法宝,当作奋斗的资本;此时的贫穷二字,是体现思想、展示精神、亮明身份的有力武器。穷至此,其实是彻彻底底地变穷了。仇富、鄙富,最终又换来人人贫穷。

开放改革,世界潮流涌进中国,世界文明创造的财富,让走入"穷途"的中国人真正地感到自己的一无所有:洗衣机、电冰箱、电视机、西装、领带、太阳镜,这些现在看来是如此普通的物品,当时却是十分稀奇,中国人痛切地感到自己的贫穷。求富的欲望被前所未有地激发出来,对贫穷还来不及反思与反省,就匆匆忙忙地走上致富之路。

市场化改革,在一定意义上就是中国人的治穷工程。"万元户"成为民众奋斗的标杆,"时间就是金钱"成为全社会的价值导向,天下熙熙,皆为利往,在创造财富的道路上,中国人艰难且心酸。财富终究光临,中国人开始富起来了。

然而,中国人之穷,对许多人来说,早已穷到血管里,穷到骨髓里,穷到只知钱而不知其他。时至今日,一些看来是富裕的事,骨子里其实透出一个"穷"字。

已经挣了钱的人,刚一摆脱穷相,就抢着消费奢侈品,国际品牌的时装、香水、挎包、钱袋、手表、首饰、墨镜、皮鞋,只要能穿在身上、戴在身边,只要能显示富贵,一掷千金,在所不惜。许多人对国际奢侈品了如指掌,对世界历史和文化却一片空白。

正在挣钱的人,挣扎于穷富之间,总是透过钱眼看天下,"值不值钱"、"值多少钱"、"给多少钱",如何让钱值钱,已经成为时尚的思维方式和价值法则。书画古董市场的火爆,不是文化内涵的张扬,而是"值多少钱"在起劲地推动;艺术市场也一样,明星不会白白地露脸,歌星不会无端地唱歌,"给多少钱"是不二法则。至于平民百姓今天在股市里追涨抛跌,明天在楼市里跌打滚爬,在银行里一忽儿买国债,一忽儿买基金,人追钱,追得筋疲力尽。

没有本事挣大钱的人,依然有着对钱的梦想。譬如买彩票,每天都有"一夜暴富"的机会;譬如赌一把,打牌、打麻将,一夜之间把别人的钱装进自己的口袋。至于用偷鸡摸狗、制假贩假的手法来抢钱、骗钱,已经很有"挣钱"不问出处的味道。

穷,居然也让没有穷过的人害怕。未成年的少年儿童,已经把钱当作奋斗的理想,"长大要做官"、"长大要当老板"、"长大要当开发商",科学、文学、哲学,这些人类文化圣洁的殿堂,谁会顾得上。

穷惯了,穷怕了,想有钱也正常。一个地方、一个单位,说是发展,往往最后也都落到一个"钱"上,每年必须要增长多少,几年必须要翻上一番,以此作为奋斗目标,年年如此,几十年如此,又如何吃得消?于是,为了每年必须要挣的钱,为了几乎老是抛不掉的一个"穷"字,任何宝贵的资源,任何保命的环境,都被大着胆子用来换钱。除了钱,已别无所求,为了钱,可以奋不顾身。

看来,中国人虽说富,却还是穷,依然为穷所迫,被穷所累,只是今天的"穷",已延伸到精神的贫穷、思想的贫穷。钱已如鸦片,让人空有躯壳,再无精神。

倘若只认钱,我们将永远地穷。

中国"话"

中国人说中国话。

这自然天经地义。祖祖辈辈以来,中国人用中国话表达和交流,中国人离不开中国话。然而,中国"话"却常常误了中国人。

中国人开始学说话,大概和别的国家的人都一样,从咿咿呀呀地学叫"妈妈"、"爸爸"开始,这是最初始却也是最纯情的话了。此后,人长大了,能说的话也多了,从中国人口里说出来的话,竟越来越与外国人不一般。

中国话简洁,是它的一大特点。比如,"赤橙黄绿青蓝紫",7个音节,便把7种美丽的颜色朗朗上口地读了出来,展现了如梦幻一般的景色,若用外国的拼音语言,恐怕要说上一通,不会如此地简洁明了。

中国话内涵丰富,是它的又一个特点。同一个词语,在不同的语境下,便有不同的蕴意。比如"方便"一词,有便利的意思,"提供方便";也有适宜的意思,"这里说话不方便";甚至还有上厕所的意思,"去方便一下"。这样的词汇,一词多义,许多时候只能在中国人之间意会。

早先的中国话,有着致命的硬伤,这种硬伤,拖累了中国人,耽误了中国人。

其一,一地一地的方言土语。几千年来,中国并无统一的、标准的话语。东西南北中,各地有各地的"地方话",一口乡音,非本乡本土,哪里听得懂,甚至隔一条河、背一座山,话语便很不一样。社会的封闭、保守,促成了方言土语的生生不息,而生生不息的方言土语又加重了封闭、保守。

其二,书面语言与口头语言的不一致。上层建筑的典章制度,官方衙门的公文往来,史家的著书立说,文人的华章美文,都有一套亘古不变的书写格式,与民间百姓的口头话语,保持着相当的距离。乡间平民的想法,若以书面表达,便得换一个思维方式,循规蹈矩,苦思冥想,方能成文。这种说与写的不一致,禁锢了各方面思想的交流。民间生动活泼的话语,没有传播的载体和方式,而上层晦涩枯燥的文字,也让民众望而生畏。

几千年来，中国人无法用中国话痛快淋漓地表达自己的思想与诉求，当然有各种因素，然而中国话自身的弊端也是一个因素。到了近代，西方文化汹涌而来，现代的科学、技术、经济、教育、军事、工程等各种术语词汇，闻所未闻，更把囿于一隅的中国话推上了一个尴尬的境地。

二十世纪，现代化的浪潮，也带动了中国话的大发展。先是倡导白话文，主张新文化，说写应一致，中国人可以"怎么想就怎么说"，"怎么说就怎么写"。说写一致，让中国人自在地说话，自主地写文章；然后是推广普通话，这是中国话的又一场自身革命，天南地北的中国人，终于可以无拘无束无阻碍地交流了。

对外开放，东西方文化碰撞交融，又让中国话获得了一股激情四溅、清新四溢的活水，许多新名词、新词汇，其实就是一种新思想、新观念，丰富和创新了中国话。中国话在世界上开始洪亮地发出声音。

中国话应该可以真情地说，尽情地说。然而，中国话注定命运坎坷，就在中国话嬗变为一种生动活泼、举国一统的话语时，另一种中国"话"却以自己的劣根性，顽固地发扬光大，竟然成为社会的"主流语言"，频频在"主流场合"发声亮相。

这种中国"话"，就是套话、大话、空话、假话，不幸而成为如今的"国话"、"官话"和"标准话"。不知有多少人，凭着这四种话，一辈子春风得意。

套话，这是一种惊人一致的话语。现如今，很讲究保持一致，下级要与上级保持一致，个人要与集体保持一致，文件与文件保持一致，话语与话语保持一致，这种种的"一致"，最好的方式就是讲套话。无论何种话语，凡说话都有设定的框架，共同的套路，一样的词汇，一样的腔调，千人一面，既省力又保险。套话让中国话枯燥乏味，了无思想，然而，套话却能让说套话的人始终立于不败之地。

大话，这是一种让中国话"添彩添色"的话语。什么话都往"大"说，大思路、大手笔、大工程、大举措，凡事都"大"，才能体现说话人的宏图大略。争着说大话，这又是中国话的一种"创新"，让中国话似乎气壮如牛，往往能出其不意地获得"开拓者"、"创新者"的美誉。

空话，这是一种让中国话充分体现"技巧"的话语。绕来绕去，空来空去,说了半天,其实都是空话。空话在中国"话"中自成一脉,特别在各种会议场合,人人都能洗耳恭听。其实,空话在现今时候,往往体现了某些人的一种"大智慧"。再矛盾尖锐,问题复杂,而你根本胸无方寸,说上一通空话,云里雾里,空空如也,永远不着边际,却能八面玲珑。

假话,这是中国"话"彻底堕落的临门一脚。一般来说,说假话,总是心虚。然而,中国"话"之中的假话,却能让人争着说,大着胆子说,拍着胸脯脸不红心不跳地说。"大跃进"时期,算是假话盛行的时期,这个说一句"亩产超千斤",那个说一句"亩产超万斤",又会有人来一句"人有多大胆,地有多大产",假话误国,最后酿成千家万户空腹绝粮的大祸。著名的高等学府也无耻地说起假话,北京大学曾经向全世界宣布,该校40天之内,科研成果达到3400多项,其中达到或超过国际水平的有119项,属于国内首创的有981项。如此说假话,让当时的全世界惊诧不已,成为北京大学永远抹不掉的耻辱,学术领域造假,算是开了一个先河。然而,中国"话"中的假话,似乎无人追究,无人问责,无人引以为耻,假话无所顾忌地泛滥起来,这也是中国"话"的一绝。假话说多了,说惯了,就不敢说真话,不会说真话了。

中国人"创造"了套话、大话、空话、假话,便把真话、实话、心里话挤了出去,古已有之,而今更盛。假作真时真亦假,一种话语,到了如此的境遇,自有它的"生存"法则,许多人以套话来贯彻套话,以大话来吹捧大话,以空话来实现空话,以假话来对付假话。当然,最核心的生存之道,其实就是一句话:只要上面有人喜欢听,下面就会有人抢着说。

有幸的是,老百姓依然老老实实地说着自己的话。

中国"结"

中国人喜爱中国结。

中国结,用一根红丝绳曲曲折折地编结而成,造型独特,内涵丰富,是中国人的神灵之结、吉祥之结、智慧之结。

构思巧妙的中国结,源远流长,成为中华文化的一种象征。

大约是受中国结的影响,中国人还热衷于另一种中国"结"。

这种中国"结"是无形的,却又无处不在,那就是中国社会错综复杂的关系网。同学关系、同乡关系、同事关系、战友关系、亲属关系、上下级关系……这种无穷无尽、深浅不一的关系遍布在政治、经济、社会、文化等许许多多领域,关系与关系纠结在一起,结结相扣,又结结相扯,相互依靠,又相互利用,把原本十分简单、直白的关系,弄得扑朔迷离,怪异得很。

古代的中国社会,民间关系其实简单。一镇一乡一村,划地而居,自给自足,"鸡犬之声相闻,老死不相往来",祖祖辈辈囿于一地,不知天地之广、江湖之远。所有的社会关系,走不出方圆几里地。

近代社会,城市与工业联袂而起,中国农民走出世代而居的家园,进入举目无亲的城市,几无社会关系,经商务工,凭力气吃饭,靠本事立足,也就生存了下来。同时,战事频密,社会动荡,民间百姓苟且偷安,到哪里去找关系、拉关系?

中国民间历来以宗亲、血脉为主要关系,其实是人情社会。然而,在上层官僚、士绅领域,却是拉帮结派,一团一伙,有各自的"关系"渊源,此种关系大多在上层作乱,一旦猖獗过头,往往顷刻间土崩瓦解。

"关系"在中国从上层走入下层,出人意料地发展、膨胀起来,应是当代的事了。

照理,科技越发展,经济与社会越进步,人与人之间便越是靠法治和规则相处,世界文明国度,莫不如是。然而,中国却有自己的国情,人情往往大于规则,只要拥有一点社会资源,便看人办事,"靠山吃山",把简单直白的事故意弄得曲折复杂,逼得人求人,逼得人四处找关系、通关系。一个社会不依法依规,当然是"关系"迷漫,"关系"无所不能,甚而至于,竟让中国人如吸毒一般地离不开关系。

中国人之日常生活,如生老病死、择业就学,一桩桩、一件件,本来都可以直线行走,一走就通,却故意设置得弯弯绕绕,如入迷宫,非得让人靠关系去摆平。关系就是资源,关系就是地位,只要有关系,就能呼风唤雨,就能曲径通幽。"关系"有如此神通,中国人当然乐此不疲,其实活得很疲惫:无业的想择业,有业的想赚钱;没有做官的想做官,做了官的想升官;只要有了"关系图",便是一条发达路。于是,有了关系靠关系,没有关系找关系,相互之间拉关系。中国人的时间精力、聪明才智,相当一部分都耗在了"关系"上。

一个社会一旦编织成为一张巨大的关系网,那所有人都得十分辛劳地攀附在关系网上,为着关系的牢固、管用,又得时时培植关系。请客送礼成为各种关系中必不可少的润滑剂。酒店兴旺、礼品店兴旺,加上为着关系而苦苦奔走的人丁兴旺,都是中国兴旺的一部分。

关系千千结,似乎很讲人情,很有温情。其实,各种人脉关系都有三六九等,只是在各自的营盘里拉扯和经营。手握重权的不会和平头百姓扯上关系,赤膊打工的当然也不会和亿万富翁平起平坐。

一般的人只有寻常的关系。比如种田的、打工的、小贩小卖的,每天的辛劳,但求糊口,已是糊口之人,有个糊口的关系也就心满意足。在关系社会里,只能勉强凑上个亲友关系、同乡关系。遇上困难,几个老乡聚在一起,喝一杯酒,抽一支烟,或解忧,或助力,老乡帮老乡,算是人情世界的一份温暖。

有钱的人构筑金钱关系。钱是商品社会最本质的一个要素,以钱铺路,用钱通融,往往能拉拢许许多多的关系,让社会各式人等,拜倒在钱的脚下。当然,凡事聚也快,散也快,用金钱编织的关系网,只要失去了金钱,所有关系便都作鸟兽散。

掌握公共资源的人,相应就有"公共关系"。医院、幼儿园、学校、媒体、以及管电的、管水的、管气的、管房的、管路的、管网络、管电话等公益部门,处于社会的中间,是关系社会的核心纽带。只要公共资源垄断经营,不公正分配,这些人群便永远拥有四通八达的关系网络,左右逢源,春风得意。

拥有公权力的人,便拥有铁打的权力关系。公权力,尤其是失去制度约束的公权力,是中国社会各种关系寻觅的目标。有钱的、没钱的,地位低的、地位高的,一字不识的、学富五车的,都希望与大大小小官场的朋友拉上关系。官场里的人,哪怕坐着不动,也会有各种各样的关系拼命地追上门来。权力关系所具有的社会影响和作用,使它处于各种关系的顶端。掌握权力的人,可以自如地驾驭关系,直到被金钱收买,成为金钱的俘虏。

在中国,关系如此之广,又如此之深,各种关系看似纵横交错,叠床架屋,其实内里的指向十分清晰,目标也是相当一致,无不冲着权和钱,无不为着名和利。弱者从"关系"中获得生存,强者也从"关系"中尽得好处。人人痛恶"关系",人人又离不开关系。"关系"便我行我素,纵横天下:最复杂的是权力关系,最功利的是金钱关系,最丑陋的是权钱关系。当然,也有最纯真的亲情关系,最生死相交的战友关系,最直白的同学关系。只是无权无钱几乎办不成事,逼得各种纯真的关系不得不向世俗叩头,在关系网上谋得可怜的栖息之地。

关系千万重,一如中国结,一根丝绳,绕得九折九曲,复杂无比。在现实的关系网中,其实就是权钱充当主线,把各种关系牢牢地扣在一起。只要把权钱分开,两头扯平,中国社会的关系还会如此地吊诡、如此地势利么?

中国结,智慧精巧,别具匠心。

然而中国"结",看似温柔,却遍布桎梏,看似活络,却是死结。一张关系网,便是权钱称霸的网,便是真情窒息的网。

摆脱中国"结",唯有彰显法制,还每一个中国人独立自由的清新空间。舍此,无他。

中国的狗

狗是没有国籍的。

在狗的前面冠上"中国"二字,不仅是指在中国出生的狗,更多的意思是,这生在中国的狗,便与别国的狗有了不一般的命运。

狗,当然有狗性,普天之下的狗大概都是一样的。而中国的狗,却必得臣服于主人,更多的时候,狗只是主人的狗。在中国,能做上主人的,又不多。于是,这就注定在中国,做狗也是很难的。

狗是人类最亲密的伙伴。最早先的时候,中国人是爱狗的,这从"狗"字的创立上,便可看出。狗,形声字,从犬、句声。"犬"指动物,"句"意为"弯曲"、"顺从","句"形,又活像狗蹲踞的姿态。如此传神地创造一个"狗"字,足见我们先人对狗的喜爱。

狗享有两种称谓,这又可看出狗在中国的待遇:大的狗,称之为"犬",小的称为"狗"。旧时中国人把自己的儿子,谦称为"犬子",这自然也是狗的一份荣耀。

中国人还把狗列入十二生肖,让狗成为自己生命的精神元素之一,作为生命符号,世世代代地承袭了下来。

人喜爱狗,狗便以忠诚回报,义不容辞地挑起了看家护院的重任。宅院的门首,村口的高坡上,狗,翘首而立,威严沉着,专注地守卫着,以自己的勇猛强悍而蔑视鸡鸭猪羊,更以自己不容挑战的天职,警惕地盯着来来往往的每一个陌生人。

不知何时起,狗在中国的命运,竟然被颠覆了。中国人看不起狗,厌恶狗,甚至仇视狗。狗,在中国演变成了贬义的词。

大概是贫富的原因吧,穷人养不活人,又哪里养得起狗?而富人,家境富裕,宅院齐整,除了仆人,还得配上护家的狗。狗便被牵进了富人的家,牵进了官府衙门。门庭显赫,狗也跟着神气,衣衫破烂的穷人,自然成了狗追逐、吠吓的目标,"一犬吠形,百犬吠声",人愈慌乱,狗便愈威猛,穷人纵有打狗棒,又有何用,常被吓得落荒而逃。

因仇富、仇官,而仇起了狗,中国人便特别地恨狗,老百姓常说"狗仗人势"、"恶狗挡道",乃至"恶狗当道"。

狗的命运,从此每况愈下。中国人对狗恨之切骨,甚至把狗身体的每一部分、每一个器官,都拿出来狠狠地咒骂。狗的命运沦落到如此地步,在动物中,殊属罕见。

人对狗的鄙弃,已深深地烙入中国文化:狗胆包天、狗头军师、狗血喷头、狗尾续貂、狼心狗肺、狗屁、狗腿子、狗皮膏药、狗眼看人低、狗嘴里吐不出象牙……狗已不是狗,已然是恶的化身,恶的帮凶。

中国人如此对狗,仍不解恨,除了骂狗的每一个器官,还少不了谩骂整条的狗:老狗、死狗、恶狗、疯狗、凶狗、癞皮狗、落水狗、丧家狗……什么脏话、脏词,都与狗扯在一起。若是看到狗吃屎、狗咬狗、狗急跳墙,中国人就会拍手称快,开心不已。

贫富分野,官民分立,卑微奴顺的狗不幸成为强势阶层的走狗,自然遭受万众唾骂。狗运至此,当不叹乎?

狗运即噩运。在中国做狗,其下场又岂止被辱骂?中国人捕狗、杀狗,大啖狗肉,都是出了名的,这当然也让友邦的狗们,惊吓之余而感庆幸。民间流传,冬季吃狗肉最滋补,冬季也就成了狗的凶季,雪夜围炉啖狗肉。"人类最亲密的伙伴",这样的称号,其实是空的。狗哀号,狗流泪,中国人还是照杀不误,杀而烹之。狗杀得多了,又出现"挂羊头卖狗肉",各种稀奇的事情都会有。

狗还活得下去么?

然而,狗还是活着,一如既往地吠叫。在动荡的岁月,在沉重的暗夜,狗一直忠心耿耿地守护着。风吹草动,狗便竖起耳朵,勇敢地吠叫,粗犷、急促的声音,迎着黑暗骤然而起,让人惊心,又让人警醒。

不变的狗,不变的狗性。

时代变迁,中国人迅速地在变。

现如今,很有人以狗为乐,伴狗为荣,养狗成风,尤其在城市,狗已从"亲密的伙伴"一跃成为"家庭的一员":

狗,一般已称为"狗狗","狗"的后面再拖一个"狗"字,味道便绝不一

般。主人早已放下身段,喊一声"狗狗",显得亲昵柔爱。狗一旦进入家门,又会享有主人给的各种各样的昵称;

狗的使命已从看家护院转型成"宠物",当了"宠物",自然不必张牙舞爪,只需在主人的怀里撒娇逗乐,给主人一份软绵绵、热乎乎的享用;

狗要洗澡,狗要穿衣,狗要遛步,狗要看病,狗要坐着汽车兜风,狗要吃专业调配的狗食,总之,狗要人伺候。一旦养狗,便是一狗独大,一狗独尊。

人世间,有太多的计算与算计,步步烦心,又步步惊心。人与狗,却能坦诚相近,狗不骗人,狗不害人,孤寂之家,少不了活蹦乱跳的"狗狗"。

狗的命运变了,让人学起了狗。

如今,很有人愿意向狗学习。过去,常有人不得已如狗一般地做奴才,学得好的,便是狗奴才、狗腿子,竭尽犬马之劳。现在,向狗学做宠物,从做奴才到做宠物,这大概算是一大"长进"。做宠物,被包养,被爱抚,衣食无忧,享用无尽;只需撒娇,只需逗乐,尽是驯服与奴顺。人与狗,已分不清谁是主人,谁是奴才。

人一旦喜爱声色犬马,狗便也会变了性地来迎合。中国人还会再辱咒狗么?

中国的狗,委实能干。

中国声音

但凡有中国人的地方,便会有高昂的中国声音。

"路见不平一声吼,风风火火闯九州"这是电视连续剧《水浒传》主题曲里的一句响亮的歌词,"一声吼","吼"得高亢有力,掷地有声,直让许多闷闷活着的中国人觉得过瘾,好像扬眉吐气。

中国人喜欢大声说话,是出了名的。若三朋四友凑在一处,便高谈论阔;若一家老小聚在一起,便大呼小叫;若济济一堂,便人声鼎沸。

中国人最不吝啬的是自己的声音,习惯于不分场合想说话就大声说话,甚至在必须安静的场所,如医院、影剧院、展览馆,乃至汽车、火车、万米高空的飞机上,都会旁若无人地高声喧哗。

中国人的不甘寂寞,随着中国人的频频出国而流行世界,却屡遭外国人的白眼。现代文明社会,如何发声,如何说话,都是个人的自由。然而,此种自由只能建立在不妨碍他人的基础上。在公共场所无所顾忌地大声说话,自然是对他人的漠视,遭到外国人的白眼,算是对中国人鄙视之中的客气。

中国人喜欢放开喉咙说话,有其一定的渊源。

中国人高声说话,首先归因于中文的发音系统。中文有一、二、三、四高低轻重各不相同的四声,即阴平、阳平、上声、去声。中国人普普通通说一句话,便会有起起落落,抑扬顿挫,透出说话人的力度与情感。中文的发音系统,让中国声音丰富多变,内涵无穷。

中国人传统的生产方式、生活方式大大强化了高调发音。历史上,中国农业文明惊人地漫长,田间劳作是祖祖辈辈赖以生存的立足方式。在空旷的田间,自然是"甩开膀子,喊破嗓子",人与人的交流,其言语当然粗犷有力。中国人又是祖辈世居,儿孙同堂,屋前屋后,免不了嚷嚷地说话。处家长之尊的男人,更往往以高声调显示一家之长的威严。

中国的文学、文艺作品,在描绘正面人物时,把高调说话作为正面形象的一个显示,如理直气壮、声如洪钟、义正词严、声势浩大、杀声震天、吼声动地等。凡是英雄豪杰,总是气冲霄汉。《三国演义》中的蜀国武将张飞,曾有一声大喝,竟让敌手吓得肝胆俱裂的稀奇案例。在戏剧舞台上,高扬正义之时,总会锣鼓大作,震耳欲聋。这样的演出,演得起劲,看得过瘾。

中国人其实并非是一个吵吵嚷嚷的民族。古代中国就有倡静的思想,认为静是一种内修的功夫。《老子》中有"故圣人云:我无为而民自化,我好静而民自正,我无事而民自富,我无欲而民自朴"。《礼记·乐记》也有"人生而静,天之性也"一说。古代先贤还力倡"言默",认为"默"是更高的一种智慧,"予欲无言",当是至高的境界。

但是,这种倡静言默的人际交流,只是在修养较高的士大夫阶层中出现。占人口绝大多数的草根民众,野田劳作,集市叫卖,总归是喉咙响、嗓子粗。也唯有喉咙响、嗓子粗,才能体现自身的存在,哪里会斯斯文文地细言细语。

当然,在封建专制时代,中国人也并非一味地能大声说话。在皇帝面前,做臣子的敢大声么?在主子面前,做奴才的敢大声么?在地痞恶霸面前,做百姓的敢大声么?在威权力、恶势力面前,一般弱弱的人,哪里敢气壮如牛。

中国人真正旁若无人的一声响过一声、一句压过一句地说话,应是近百年的风风雨雨熏陶出来的。

二十世纪的大半个世纪,大概是中国人激烈革命、无情斗争、群众运动风起云涌的世纪。在这块贫瘠的土地上,生活在底层的贫困百姓,心中的怒火被燃烧,只要有一人呐喊,便会有千百万人呐喊,亿万人的吼声、咆哮声惊天动地。

革命的口号,革命的语言,革命的歌曲,一浪高过一浪,一波激起一波,激情与狂热,鼓动与高亢,成为革命年代中国声音的主旋律。

口号,总得大声地喊。近现代的中国,一代一代的人都是高呼口号走过来的。游行、集会,冲锋、杀敌,批判、斗争,都少不了激昂的口号。口号当中又以"打倒"两字,喊得最响最猛最长久,从二十世纪初的"打倒军阀、打倒列强",然后是"打倒土豪、打倒地主"、"打倒国民党、打倒蒋介石",到二十世纪五十年代以后的"打倒美帝、打倒苏修、打倒一切反动派","文革"中的"打倒"越发多,想打倒谁就可以打倒谁。中国人几辈子都在高呼口号,这嗓门早就喊粗了。

中国的会议多,从当官的到当百姓的,都少不了经常开会。早先,多的是批判会、斗争会,抓住阶级敌人,面对面地开展激烈的阶级斗争,排山倒海一般地声讨,声浪越高,便越革命。后来,批判会少了,又大多是学习会、动员会、贯彻上级精神的会,声音越响亮,便是思想越统一,行动越坚决,上上下下都想有一个雷厉风行的姿态,这声音自然如雷鸣一般洪亮,又如雷霆一般气势。各种会议、各种表态,让中国声音如雷贯耳。

中国人特别爱唱革命歌曲,当代人称为"红歌"。革命年代,激昂嘹亮的歌曲,催人冲锋陷阵、前仆后继。"向前、向前、向前,我们的队伍向太阳","大刀向鬼子们的头上砍去",这自然是中国人民在战争年代"被迫发出最后的吼声"。"文革"时期,表达亿万人民一片忠心的歌曲,同样也是响彻云霄。"大海航行靠舵手,万物生长靠太阳,干革命靠的是毛泽东思想"、"毛泽东思想是革命的宝,谁要是反对他,谁就是我们的敌人",这样的歌曲,响亮、雄浑,很有宣誓的味道,中国人爱唱,一直爱唱,越唱越有劲,成千上万人高声地唱,这自然不仅仅是一种声音的表达。

中国人高调发声,写在纸上,便有不计其数的"!",甚至一句话会连用三个"!!!",这声音该是何等的壮观;唱成歌曲,便是尽情宣泄的最高音符;喊成口号,便是"雷霆万钧",势不可挡。当年天安门广场常有百万群众聚集,"毛主席万岁!万岁,万岁,万万岁!",人们发自内心地尽情呼喊,表达自己无限的忠心,这样的声音,震天动地。倘若毛泽东还活着,人们还会照样地呼喊。

声音的力量,也是基因力量的显示。中国声音饱含着文化的基因、政治的基因。这些基因,深刻地影响着一代复一代的后人。这一代复一代的后人,都把大声地说话,当作自己的一份权力。而高昂的声调,又会在不同的场合显示自己的不同凡响:媒体的高声调,显示的是一种正义、一种教育;当官的高声调,显示的是一种指令、一种号召;争辩者的高声调,似乎就是勇气与真理的化身;小商小贩的高声调,自然是一种推销与牟利;而普普通通的民众,则如"一鸟引得百鸟啼",只要有一个人高声说话,便会有许许多多的人都高声地跟上去。

当西方人在教堂默默地与灵魂对话,在剧院静静地感受音乐的抚慰,在图书馆恬静沐浴在文化雨露中的时候,中国人按自己的情感与习俗,高调高声地抒发自己的心灵与意志,一个大声说话的民族,不会降下自己的声量。

响亮的中国声音,看来并非仅仅是响亮。

中国人不愿笑

中国人不大会笑。

照理,笑是人的本能,人都能笑,也喜欢笑:童年的逗笑,青年的欢笑,成年的微笑,到了老年,也会笑眯眯、笑呵呵,人活一辈子,应该是笑口常开。

然而,中国人似乎真的不大愿意笑。

中国人爱照相,总想把自己的形象留下来,却总是一本正经,一脸的严肃。无论是拍结婚照、合家欢,还是旅行纪念照、团体合影照,常常绷着脸,一点笑容都没有。摄影师总是喊着"笑一笑"、"笑一笑",还想尽法子逗你笑。千呼万唤之下,总算笑了,摄影师便飞快地按下快门,算是拍了一张好照片。

中国人不会笑,这也是许多外国人对中国人的印象,他们总认为中国人缺乏幽默感,笑不起来。而中国人平时就不苟言笑,遇到外国人就更不敢笑。据说:1956年,时任印度尼西亚总统的苏加诺,到北京清华大学演讲,面对秩序井然、神态严肃的青年学生,苏加诺微微一笑地说,"我有一个请求,请诸君笑一笑,因为我们面向一个美好的未来",索求之下,全场总算轰然笑了起来。

其实,中国人对"笑"还是追求的。我们的祖先很有想象力,把人之笑构想成一个"笑"字,便是明证。

台湾《华文辞典》对中文"笑"字追本溯源,作了一个独特的注解:笑,会意,从竹,从夭。"夭",像人的头歪曲的样子。"笑"为喜悦的样子,竹被风吹时,枝体弯曲,好像人笑时屈背的样子。

让人"笑"得屈了背,这大概是古人对"笑"的创意与寄托。

中国人为了"笑",也是动足了脑筋,让人开开心心地笑。从《笑林广记》到现时的小品、相声、幽默剧、滑稽剧,以及民间的东北二人转、江南小热昏等,笑料、笑星演成笑剧,就是想让人哈哈哈哈笑起来,"笑一笑,十年少"。

笑,是开心,是愉悦,人离不开笑。然则到了现代,笑,更成为职业的需求,职业的仪态。宾馆、商场、饭馆、酒楼、火车、飞机等,各种服务人员都必须面带微笑,让消费者感受一份亲切。于是,又有了对"笑"的培训。

据说,服务人员的微笑标准,应是开口而笑,露出八颗牙齿为最佳,这样的"笑",最文静,也最温馨。牙齿露多了,就是笑过了头,成了大笑、狂笑;露少了,皮笑肉不笑,好像还是不笑。这种为了"笑"的培训,当然没有"笑"的欢乐,被培训者一再地露牙、一再地笑,"笑"得非常吃力。

如今当官,也得"笑"。相比之下,官员的微笑,似乎没有露牙的一说,然而必须"真诚地笑",这就更难。通常,官员总是板着脸,深沉而严肃,稳重而严谨,轻易不笑。

所谓"真诚地笑",大概是从心底里笑出来,笑得真实,笑得诚恳,笑得灿烂,这样的笑,其实是笑的本源本意。官员政务繁忙,会有时间笑吗?会有心情笑吗?考察民情,接待来访,上台做报告教育群众,下基层指导工作现场拍板,若都要"真诚地笑",其实难,往往有官员"笑比哭还难看"。

中国社会中,还有另类的"笑",譬如"苦笑"、"赔笑"、"谄笑",无需培训,其实也根本无法培训。这样的"笑",看似笑在脸上,却是痛在心上。

苦笑,大概是一种苦中作乐、却又无可奈何的笑。苦,是辛苦、是悲苦、是凄苦,苦也罢了,却硬要笑,而且不能不笑,不得不笑。中国人世世代代地穷,当然也是世世代代地苦。照理,穷苦人的脸上是挂不住笑容的。然而,笑是人的生理需求,也是人的精神需求。一辈子吃苦的人不计其数,一辈子都不笑的人不会有一个。于是,就有了"苦笑"。早先的苦笑,还是悻悻然地自个笑,后来的苦笑,却是必须要"笑",生动活泼地笑,保持一致地笑。

有一个时期,中国人吃不饱饭,整天饿肚子,直至饿死人,这自然是苦,却得"欢笑",而且得喜笑颜开。已经饿得浑身乏力,还得"欢呼"粮食大丰收,亩产超千斤、超万斤、超十万斤!饿着肚子强颜欢笑,只能是"苦笑"。

赔笑,以笑脸对人,使人息怒或愉快,自然不是发自内心的欢笑。早先的赔笑,多见于青楼的歌女、饭店的跑堂,整天都要赔着笑脸,当然也就失去了人的自尊。如今,但凡是人,都已经到了不得不赔笑的地步:下级见上级,百姓见官员,都得赔上笑脸,笑得越恭顺越好。至于民众之间,赔笑也是少不了的,病人向医生赔笑,家长向老师赔笑,摆小摊的向"城管"赔笑,开车的司机向交警赔笑……赔得很累,笑得很辛酸。

谄笑,是奴才特有的笑容。这种笑,谄媚阿谀,无比的温顺,无比的卑微,专门笑给主子看的。人有各种各样的笑,最难的是"谄笑"。而最有回报的,当然也是"谄笑"。古来因"谄笑"而显赫,甚至飞黄腾达的,又何计其数。只要有主子,必定有奴才。只要有奴才,也必定有谄笑。

谄笑,大概也是一种职业的笑,只是这种笑,不是笑给大众看的,往往是奴才与主子一对一,也只有在一对一时,才会"笑"得无耻,笑得肉麻,让主子无比地受用,因为主子也是仗着谄笑发迹的。

谄之笑,笑而谄,算是奴才中的天才。

笑,总归是人的天性。然而,中国人又总是压抑自己的天性,于是,便有了各种各样的"笑",中国文化对中国人的"笑"却是褒的少、贬的多。翻开笑的词汇,哪里让人笑得起来:冷笑、奸笑、假笑、淫笑、浪笑、傻笑、讥笑、狞笑、卖笑、嘲笑、装笑、赔笑、笑面虎、笑里藏刀、皮笑肉不笑……如此伪装的笑、如此沉重的笑、如此险恶的笑,让中国人的"笑",早就失去了笑的本意和本性。笑,成为许多中国人防卫自己、取悦他人的生存之术,这自然是中国人的聪明。

然而,善良老实的中国人总是居多,在如此厚重的文化背景中,能轻易地笑嘛?

中国人索性不笑了。

中国人爱拍照

中国人爱拍照。

他国的人不爱拍么？当然不是。对照相的爱好，应无国界之分，只是中国人并非一般地爱拍照，而且居然能拍出自己的特色来，倒也是趣事、奇事。

照相的技术从发明到传入中国，仅三四年时间。据说，西方近代科学技术输入中国，这大概算是最快的一种。"不论人物草木楼台殿阁，皆可尽纳于尺幅之中，纤毫毕现，盖其究心于光学也精矣"，话不多，却传神地点出了当时中国人对照相技术的认知。

照相传入中国，对这个文明古国来说，自然是一大幸事。

中国人闲下来，竟也有留住记忆、记住历史的心思。中国历来用文字记载历史，然而，中国的历史很难用笔抒写，往往把正的写反了，又把反的写正了，无端地生出麻烦来，很多事情哪里搞得明白。平民百姓写自己的事，也难。就说写个日记，总算是私密的事，却也会不知不觉地闯了大祸。

中国的文字常常害人。

照相，应运而来，"咔嚓"一下，把原貌原状逼真地留了下来，又省却许多文字的表露，中国人能不喜欢么？

早先，中国人拍照，是花钱的事，普通百姓便选重要的日子、重要的事件，拍个照，留下永久的影像。比如，小孩满月、满百日、满周岁，家境较好的人家，便上照相馆留个影。此后，每年的生日，也都照个相，记载成长的轨迹。被称为"一个中国人连续62年影像史"的福州人叶景吕，从1907年到1968年，每年照一张个人照，整整持续了62年，跨越了晚清、民国和新中国，张张照片饱含了人生沧桑。

中国人对照片，自然也是万般珍惜，一般都是嵌入相框，悬挂在厅堂之上，或置于案头的台板之下。也有的集成相册，珍藏于橱柜之内，偶尔翻看，便打开一个往日的世界。

20世纪五六十年代,照片都是黑白的,人的服装也都是蓝黑的,女人一般都穿列宁装,男的也大都是中山装,精瘦而严肃的脸。若要拍照,便都是这般的模样。

"文革"时期,拍照也要显示"革命",体现"忠诚",于是,捧着红宝书,佩着伟人像,穿着绿军衣,挎着军用包,是那个时代的标准像。照片上的模样,自然较前生动了些,然而,脸总归还是严肃,还是瘦。

此后,是整个中国的青年人,上山下乡,奔赴边疆,战天斗地,照片上有山有水,有田有地,风光了许多,却大多是扛着锄头,挑着扁担,捋起袖子,卷起裤管。与大地合影,大地与人一样单薄;与猪合影,猪与人一样瘦。

改革开放,中国人逐渐富了起来,照相机进入了寻常百姓家。社会多彩,照片也成了彩色,每一个人都有自己的神态,都有自己的神采。照相机开始拍出中国人的人性、个性、真性情。有自由便有多彩多姿的照片。

一样的照相机,有不一样的拍法。然而中国人的文化使然,却又让许许多多的人有一样的拍法。

爱和名人合影。中国人若有机会碰上明星名人,碰上有权有位的,总想凑在一起合个影。当然,名气越大越好,官位越高越好,似乎自己也跟着荣耀起来。至于拍成的照片,千方百计要放置在显眼之处,旁人越羡慕,自己便越得意。

爱拍集体照。无论开个什么会,都要留下集体合影,甚至数百上千的人,竟也能密密麻麻地排了起来,人挨人,脸贴脸,有的只能露出半张脸,照样挤着要拍。这种合影,居中的位置一定留给领导,一排靠椅,让领导昂首而坐,而成百上千的人站着、挤着、贴着,簇拥着领导团团围定,煞是壮观。

出国也爱拍照。中国人跨出国门,照相机是必带的。每到一地,都还没有搞清东南西北,下了车就拍照,恨不得把整个世界都拍进去。拍了照,似乎大功告成,便又急着赶到下一个地方拍照。除了拍照,还是拍照,出国一趟,收获了一大堆照片。

中国人如此爱拍照,自是一种快乐。人生的一瞬间,都被拍了下来,无数个一瞬间,便将人生精彩地再现出来。这样一种快乐,是对以往的快乐,也是对未来的快乐,漫长人生,会因照片而添彩添色。当然,对捕捉名利的人来说,或者,把拍照当作一种恩赐,那也终究会因照片而羞愧不已。毕竟,照相机是如实地记载着各种各样的面目。

常用照相机,便会自觉不自觉地透过镜头观察事物,缺少了对事物全貌的认知。用照相机看世界,便是照相这一现代技术带给我们的意想不到的负效应。

用照相机看世界,往往会带着设定的框框,以自己的文化价值观,去诠释世界,判断世界,其实有害。中国人与世界打交道,用自己的眼光看世界,用自己的心灵感受世界,这就预设了一个前提,常常或自尊或自卑,或慷慨无度,或疑神疑鬼,非友即敌,非敌即友。内中缘由,即以自己的文化价值观看世界,己所欲,以为人也必欲;己所不欲,又以为人必不欲,推己及人,适得其反,在文明多元的世界,总是酿成大错。

然而,能用照相机看世界,毕竟是中国人的一大进步。长久以来,中国人关起门来,有眼不识世界。如今,终于能端起相机,近距离地看世界,离真正看清世界也就不远了。

中国人依然爱拍照。

偌大一个中国,天天都有新奇、稀奇的事,端起相机都拍不过来:

城市的变化让人眼花缭乱,乡村的改变翻天覆地。传统的,顿时成了现代的;熟悉的,转眼变成陌生的;历史飞快地化为现实,而现实又飞快地成为历史。

身边的人,也如万花筒似地在变:一个小贩一折腾,就腰缠万贯;一个小职员一升官,便地位显赫;一个位高权重的,一转眼就锒铛入狱;今天活蹦乱跳的人,明天说不定就会有各种各样的死法在等着他。

这是一个快的时代,也是一个变的时代;这是一个率真的时代,也是一个失真的年代。

端起相机,赶紧拍,只要一瞬间,身边的事物便成了历史。

中国人爱拍照,算是爱对了。

中国人之"最"

中国人有"最"的情结。

无论当官的、做学问的,或者普普通通的老百姓,说话做事,都喜欢和"最"字扯上,总想以这个"最"字,托起现今中国人的一份底气。

最,超越了一切的人或事物,登峰造极,居于首位。

从字的本源上说,"最"字,会意,从曰,从取。"曰"是古"帽"字,"最"字本义为冒险去取得,有第一、顶尖的意思。做人做事,到了"最"的份上,当然是不容易的。古曰:"王者,尊贵之率,高大之最也",可见"最"字给人的荣耀。

中国是一个大国,地广物博,若论"最",自然不会少,比如,中国拥有世界最多的人口,有世界最高的珠穆朗玛峰,有世界最大的城市广场——天安门广场,如今又有高速铁路里程最长、发展最快,移动通信用户最多,互联网网民也最多,等等。一个"最"字,显出了国家的分量和地位。

正因"最"的气派和气势,压倒一切而无人可及,素以内敛著称的中国人,竟无比地喜欢"最"。

"最"的发迹,始于"文革"。在那个激情似火的岁月,"最"字响彻云霄,"最革命"、"最坚定"、"最无私"以致"最亲密的战友"等,无"最"不成文,"最"的运用,到了无以复加也无可退路的地步。然而,根本的"最",还是表达人们对领袖的景仰,只有"最"字,才能喊出自己的心声,"最伟大的导师","最敬爱的领袖","最英明的统帅",亿万人民千呼万唤,犹嫌不足,甚至将几个"最"字合起来用,"我们心中最红最红的红太阳","我们最最最最敬爱的伟大领袖"。"最"的如此叠加,当然是空前的,这是那个时代的文风,但也确切是那个时代最一致的声音。

"最"的遍地开花,当数如今改革和建设的年代。中国的现代化,起步于一穷二白,就如一张白纸,一旦落墨,便是远景的起笔。但凡握笔的人,都想绘出惊人之作、传世之作,其实许多人并不会画画,却都凭着豪情,竟相挥笔,这画纸便色彩缤纷,满满实实,竟找不出一块空白。

中国人太想建功立业,这个"最"字便成了功业的象征。只要建一个工程,搞一个项目,乃至做一件事,便有中国之最、亚洲之最、世界之最,又有本省之最、本市之最、本县本乡之最,还有行业之最、专业之最、系统之最,以至年度之最、新中国成立以来之最、世纪之最、历史之最。如此众多的"最",犹如光彩耀眼的星空,琳琅满目,一双肉眼,哪里看得过来。

打开电视,翻开报纸,满眼都是比速度、抢时间、大手笔、大跨越,各种之"最"相当精彩:世界最快的速度,亚洲最高的大厦,中国最大的开发区,省内最美的乡村,全市最精致的楼盘,人们争先恐后,以各种方式在各个领域内,立头功,争第一。

世间之事,倘能"最",自然是好。一个"最"字,对近代以来总是落在世界后头的中国人,是激励,是攀登,是超越,是在人所未至的前沿,高高地扬起无人可及的旗帜。

然而,天下事,往往多则滥。有很多的"最",其实是好大喜功的代名词。为了一个"最",山可移,水可截,林可伐,江河尽废,蓝天不再,硬拼蛮干,不惜一切代价,甚至不惜断了自己的后路,断了子孙的后路。这样的"最",几乎触目皆是,就其愚蠢且痴狂,自然也是一"最",只是最悬崖之"最",最苦果之"最",徒然在史上留下可笑却也是可怕的一笔。

无论如何,敢用"最"字,总是一种胆魄。

"最"字有创造力,有破坏力,还有出人意料的号召力,感召力。无论何事,只要排上了"最",顿然显得重要而神圣,就能"最大范围地调动最广大的人民群众",人们闻风而动。如此神效,自然被人所用:一场大雪,被称之"新世纪以来最大的风雪";一次大风,被称作"新中国成立以来罕见的最大暴风";一番大雨,被称为"有记载以来的最大暴雨"。暴雪之最,风雨之最,便是抗灾、救灾的功绩之最。一场灾难,因一个"最"字而遇难呈祥,逢凶化吉。

"最",是非凡的,也是常用的,是如今官员最爱用的字。每年一个地方的工作,都是在一片"最"声中拉开帷幕。展望新的一年:将是困难最大的一年,问题最多的一年,也是矛盾最突出、最集中的一年;是改革最艰难的一年,转型最迫切的一年,也是发展最复杂、最关键的一年。这样的话,每年都能听到,当官的只求把话讲得绝,讲到顶,无所顾忌地以"最"作形容、作铺垫,俨然已临深渊,已入谷底,自然是为自己日后的功绩作伏笔。

有最大的困难,便有最大的成就。临近年底,又有一大把的"最",恰到好处地见诸报端,譬如经济增长,可以是"发展速度最快的一年",可以是"近年来最快的一年",还可以是"最平稳的一年",只要是"最",便是好。

近年来,官员自身之最,也屡见不鲜。一个平常的人,得到平常的提拔,报上便有"共和国最年轻的部长、最年轻的省长",以为拔擢了一个不可多得的能人,舆论一片赞叹。"最年轻",在如今承平之时,只不过意味着历练最浅,经验最少,如此重任,竟不知以何胜任,未经千锤百炼,又有何喜可贺。然而,这样的识见,已然成风,"最年轻的市长"、"最年轻的教授"、"最年轻的将军"接踵而来,却往往市长没有政绩,教授没有思想,将军也无战功,其实没有任何的了不起。

"最"字的任意滥用,终究让"最"变得越来越轻浮,越来越低俗:考试得了高分,便是最优秀的学生;学术上得些奖,便是最权威的学者;做过几件好事,便是最有道德的人;捐了一点钱,便是最有爱心的人。至高无上的"最",遍地都是。

人,万不可"最",大凡有点头脑的,对于"最",总是敬畏有加。然而,现如今有多少人痴迷于"最",又有多少人在卖力地捧"最"、造"最"、神话"最",以为真个"最"了。其实"一叶蔽目,不见太山",关起门来称"最",只是自得其乐罢了。

"最"字在现今中国,被这般地热捧,这般地泛滥,这自然是当今国民性格的一个反映。中国传统文化中的含蓄内敛、谦恭礼让已经被好大喜功、出人头地所代替,凡事只想走捷径而登顶,岂不知,登顶之后是险峻,倘有一点悟性,断不会以"最"而沾沾自喜。

宇宙苍茫,星空极目,空间如此辽阔,时间如此幽远,在无边无际的时空体系上,我们只做了点滴之事,何必事事称最。其实,这世上原本没有"最"。

中国当今文化,倘能少些"最",便是一个了不起的进步。

男人的一半是女人

男人的一半是女人，算是如今社会男人对女人的一种认可。

男人与女人，朝夕生活在一起。然而，并非所有的男人都懂女人。

记得当年的孙中山先生，曾经这样对朋友说："平生所爱，一是读书，二是女人。"说得如此率性，如此直白，自然是一个真男人。

中山先生的"爱女人"，一般的人便以为是好色，其实是对女人的真诚。那一个个美丽的、平常的、聪慧的、忠厚的、知性的、朴实的女人，在男人主宰的世界里，默默地承担起男人远不能及的奉献，女人自然应该被男人所爱。

中国的文字，最有中国的味道。譬如繁体中文的"婦"字，便是中国理想女性的形象。"婦"字，由一个"女"字和一个"帚"字组成，生动地刻画出一个手拿扫帚打扫宅居的妇人形象。这样的妇人形象一直传了下来，到如今，妇人总是持家守洁的美好化身。

但凡女人，都是可爱的。中国女人的可爱之处，辜鸿铭先生有极为精到的评说。这位近代中国精通中西文化的著名翻译家和儒学大师，涉足东西方诸多国家，见识不同文化背景下的女性，他说，中国女人的最可爱之处，便是"无我"。这种"无我"的精神，能让女人承受难以想象的苦难与不幸，正如一首英国诗中所说："傻瓜冲进了连天使都畏惧不前的地方"，好女人就是这般的"傻"。辜先生的结论认为，中国的女人"主要生活目标就是做一个好女儿，一个好妻子和一个好母亲。"女人为家庭、为男人而失去了自我。

中国的女人，如此"无我"，却名不见经传。一部中国历史，好像就是男人的历史。开疆辟地，经纬天下，名垂青史者无不是男人。而女人，却一个个从花容月貌时的人见人爱，到人老珠黄后的人见人弃，活在世上，只是为男人完成了一个情色的过程，繁衍生息的过程，这便是做女人的付出与代价。

但凡做女人的，便是苦命。女人在基因、荷尔蒙和生理结构等方面，和男人不一样，女人就是弱者。这样的弱者，却负起了孕育生命、施以母爱的天大使命，把毕生的心血和操劳，都熔铸在生命的每一个细胞中，让生命传承，是女人的第一使命。女人，自然需要男人真诚的尊重和关爱。

中国女性的苦命，并不在于生活之苦、养育之苦，而在于封建礼教对女性的凌辱之苦，"小脚女人"便是女人的悲惨之一，倘若写一部"女史"，便是一部骇人的血泪史。

中国传统社会对女性的奴役和把玩，到了无以复加的地步。他们把拥有女性和拥有财富一样，当作权力的象征。女人是男人的战利品、奢侈品、挥霍品，同时也是媚上的献礼品、上贡品。森严阴冷的封建礼教，成为权力的帮凶，"男帅女，女从男"、"妇人伏于人也"，任人踩躏，窒息了女人追求自由、享有自尊的个人空间。

一个社会是否文明与进步，看女人的社会地位，便可了然。当所有的女人，无论俊的、丑的、老的、少的、富的、穷的，都享有女人的尊严，这自然是文明的现代社会。反之，若美女无比风光，少女无比鲜亮，富家之女无比尊荣，而丑的、老的、穷的女人，遭人白眼、被人遗弃，失去了女人的尊严，那么，这大抵是一个丑陋的社会。

近代中国妇女命运的改变，始于中华人民共和国的诞生。1950年4月颁布的《中华人民共和国婚姻法》，是共和国建立以后颁布的第一个法规，确立了一夫一妻、男女权利平等的婚姻制度，这在中国是千古未有之事。在百废待兴的历史转换时机，首先确立妇女的社会地位，这样的现代眼光，殊属不易。

然而，妇女的解放，是全人类解放的一部分。当整个民族的文明素养、经济水平、法律和制度等，都还没有进入现代化的门槛，中国女性的生存状况，不会得到根本的改变。尤其是中国女性，刚从男尊女卑的旧社会过来，骤然遇上了男女平等的时代，无论男人和女人，都没有思想准备，唯一的意识，就是跟上时代的步伐。

充满革命激情的中国社会，让中国女人也进入了革命的时代。在这个时代，女人的形象，就应该是劳动的形象，艰苦的形象，革命的形象。纤纤弱弱的中国女人，心甘情愿地接受时代的洗礼。

女人不能爱美。爱美历来是女人的天性,"娇红淡粉成春姿,石榴裙映樱桃枝",这样的诗句,恍如一幅古代美女图。苏东坡的"春来赢得小宫腰,淡淡纤眉也嫩描",把美女爱美生动地描绘了出来。到了民国时代,受西洋风气的影响,城市妇女跟着烫起了头发,穿上了高跟鞋,浓妆淡抹,婀娜多姿,如此的女人之美,与新社会劳动妇女格格不入。强大的社会舆论,将爱美之心当作资产阶级的歪风邪气而批判。不梳妆,不打扮,不穿红,不扎绿,粗壮健康,大手大脚大嗓门,是当时女人的时代风貌,在一片蓝黑服装的汪洋人海中,女人与男人,竟无二致。

男女都一样。男女平等,已经被社会理解为男女都一样,"妇女能顶半边天",男人能干的,女人照样也能干。千娇百媚的女人,走进了浩浩荡荡的劳动大军,与男人一样,举起了铁锤,抡起了铁镐。风餐露宿,战天斗地,人拉肩扛,愚公移山;与男人一样,劳动在最脏的地方,捅阴沟,掏大粪,扒炉渣。繁重的体力劳动,将女人磨炼得与男人一样:厚实的肩膀,粗硬的茧皮,粗犷的声调,风霜的脸庞。这样的"男女都一样",是女人的荣耀,也是女人的心酸。

与爱情告别。爱情,是女人的幸福之神,会让女人更温柔,也会让男人更关爱女人。然而,在阶级斗争的年代,人们为革命而激情。戏剧、电影、文学作品中的女英雄、女模范、女战士,只有斗争的情怀,没有男女的情感,这是社会的主旋律,也是女性的价值导向。直到今天,我们也拿不出一部震撼世界的现代爱情作品。人性受到批判,缠绵炽热的爱情为社会所不容。人们所有业余时间,都全部投入到永无休止的政治学习、义务劳动、揭发批判与斗争中去了,人人都紧张地工作,紧张地生活,紧张地做人。爱情,被当作了资产阶级的情调,惊慌地退出了男人与女人的生活领域。告别了爱情,中国女人的情感世界就是工作和学习,婚姻和生育,认真地年轻,认真地老去。

中国的女人,仍然艰难地生活着。

女人到底是什么?似乎鲜有人如此设问。然而人们总把女人当作花,当作水,可谓艳如花,柔似水,是大自然赐予的精灵。

其实,女人就是人,她与生俱来的使命,便是爱人与被人爱。人世间,最伟大的人,是女人。

那享誉天下的科学家、教育家、文学家,所有有创造、有贡献的人,都是女人含辛茹苦地养育出来的。

女人的伟大,就在于她从来都过着牺牲的生活,为生命的绵延不绝做出无与伦比的奉献,这便是女人的价值所在。

造物主眷顾女人,给了女人一份厚重的回报:一般来说,女人的寿命高于男人,这是让女人更多地享受生命的欢乐和幸福。

然而,社会对女人,其实不爱惜。现代社会,女人面临比男人更多的风险和牺牲,非正常死亡的比例远高于男人。造物主的恩赐,被现实残酷地打了折扣,古云"红颜薄命",竟然一语成谶,天生丽质,祸福其实难料。

如今的社会,与传统社会相比,毕竟不一样了。物质的进步,深刻地影响人们的生活方式,电视机、计算机、互联网、移动通信等现代传媒进入家庭,现代文化的气息吹绿了生活的春天。

然而,物质的进步并不代表社会的全面进步,人的现代化,还意味着人的思想、观念和行为的现代化,这自然是一个艰难而漫长的过程。对中国女性而言,现代化的道路更加曲折,她们欣喜地站在现代社会的大门口,一只脚跨入现代化的门槛,另一只脚却被陈腐的传统文化死死拖住,将欲进而未进,这便是中国女人现代化进程的痛苦起步。

这种陈腐的传统文化,在现代社会仍然把女性当作男人的附属,女人为男人而生,为男人而活,独立的女人,往往为男人所不容,为社会所鲜见。这种文化若有进步,便是在把女人从封建礼教拯救出来之后,再从20世纪五六十年代"男女都一样"的压抑个性中,将女人又一次解放出来,女人可以在所有的社会领域充分地展示自己的个性。

然而,女性的进步,有赖于男性的文明。中国的男人有着太多的封建社会色彩,大多没有经历现代文明的熏陶和洗礼,无法从文明层面理解女性特质,只是从性别角色认识女人,既离不开女人,又坚信"唯女子与小人为难养也"。

如果说新社会曾经把妇女的解放,狭隘地理解为妇女劳动力的解放,认为女人的价值在于劳动。那么,现如今的社会文化,则认为女人的价值在于美丽,这是商业社会的需要,也是男性的本质需要。美丽的女人是与生俱来的财富和价值。这样的价值观,渗透在男性主导的社会生活的方方面面。美丽的女人,光芒四射,总是被男人聚焦,被社会聚焦。那平常的、平凡的、平实的女人,自然被社会忽视、无视和漠视。

如今中国的街头广告、电视荧屏上,美女是一切商品的代言人,是所有电视画面的主角,那一个个温淑的、端庄的、挑逗的、狂野的,顾盼生姿,尽情展示美的价值。

新车展示,大概最可以看出如今人们的价值追求。那一款款时尚的豪华车型,都有一个个百般妩媚的美女相傍,星光璀璨,满堂生辉。"珠玉在侧,觉我行秽",那些家境贫寒的、长相平庸的,自然相形见绌。美女豪车,成功男人之夙愿,商业价值引导人生价值。

倘若美女还只是一个广告形象、一个视频角色,也就罢了。不幸的是,中国社会隐然重色,对美丽女人的需求,竟有如饥似渴的味道。

民航客机的空服人员,顾名思义就是在客机上为乘客服务的人员,其实并无太高的要求。外国的航班上,空服人员有壮汉,有年轻女子,也有半老的妇人,胜任即可。中国的空服人员,招录的全是艳色惊人的青春少女,招工即选美,美色也成为服务的必要条件。以色悦人,民航如此,其他服务部门都如此。

电视台的女记者、女主播、女主持,照理,面目端正就可以,更多的却是要求以其思想和语言,征服观众。中国的电视台,选记者先选美,以容貌征服观众。如此选人思路,看似高贵典雅,其实俗不可耐。青春貌美者多如牛毛,享誉世界的名记者、名主持,却难觅一人。

演艺界,则更是美丽女人的逐鹿之地。银幕上的女角色,都是魅力无穷的青春靓女。那种美丽与稚嫩,自然少了演员应有的底蕴与知识。凡是时尚的,总是短命的,青春逝去,便是美的逝去;美的逝去,便是人生的逝去,青春的演员,还未老,又有更青春更娇艳的美女接踵而来。扣人心弦的银幕角色寥若晨星,污秽的八卦新闻却充塞耳膜。

美丽的女人,是无价之宝。这鉴"宝"的眼光,却大多是情色的、粗陋的、世俗的。在社会的公众平台上,我们始终很少见到风度优雅、气质非凡、正气且正义的美丽女人,这样美丽的女人当然与粗鄙的市侩文化无缘。

"女人无才便是德",老祖宗的话又灵验了。对美丽的女人,无所谓知识与才气,无所谓良知与品德,女性矜持的冰心玉洁,在粗鄙男人眼中,不值一钱。现实中的人们,需要的是时尚的美,青春的美,千娇百媚的美,美丽女人的频频出镜,成为现时女性文化的一个剪影。

从公司、厂家到宾馆、饭店以至社会公共服务的窗口,都需要美丽的女人。美丽的女人是如今中国社会的紧俏资源。有需求,必有供应,选美与比美,在中国这个素以内敛、含蓄见长的社会风行了起来:学校有班花、有校花;企业有厂花、有店花;公安部门甚至还有警花,有城市选出一批飒爽多姿的女警察,高头大马,骑行过市,俨然是一道景观。

如此社会文化,美丽的女人自然"以美为傲、以美为尊",抓紧时间"美丽",想尽一切地"美丽",不择手段地"美丽",让稍纵即逝的"美丽",给人看,惹人爱,换取最大的价值,中国的女人其实可怜,美丽的女人更可怜。

人都爱美,此是人之常情。"窈窕淑女,君子好逑",世上之人,无不如此。

然而,社会把美丽的女人当作特别的资源,做尽美女的文章,用足美女的价值。美女如此多娇,引无数人物竞折腰。物到极点必被反,美女被金所吸,被权所攫,被"成功人士"疯狂地追逐。此是美女之幸,也是美女之不幸,荣华富贵,总是过眼烟云。青春终将老去,美女终将不美,江山代有才人出,更年轻更美丽的女人,犹如过江之鲫,竞流而来。女人,所有的女人,都生活在自卑之中、惊恐之中。

崇尚美丽的女人,并非女人的福音。

幸福而有价值的现代女性,源于自己的独立和尊严。若如此,但凡女人,都是美丽的。

男人的一半是女人,这个从多少男人嘴里说出来的大实话,善良的女人为之热泪盈眶,感动不已。

其实,在很多男人的眼里,女人只是一半。

文弱之躯与谦恭之礼

在外国人眼里，中国人大抵文弱、谦恭。

这恐怕有点道理。

中国人一般总是怯与外国人打交道，见到蓝眼睛、黄头发、高头大马的外国人，能避则避，能离则离。这中间除了政治、文化的因素，也有自身的心理因素，终因怯弱，而对外国人更加谦恭。

中国人的这种心态，在国际性的体育赛事中，最能看得出来。一些中国运动员看到虎视眈眈、咄咄逼人的外国运动员，往往未战先怯，心理上先输了一筹。前乒乓球国手徐寅生，曾经写过《关于如何打乒乓球》的文章，通篇讲的是打球的哲学，得到毛泽东的好评。徐寅生文章中说，"在外国人眼里，我们也是外国人"，这就转换了角度，"我们也是外国人"，言下之意就是不必惧怕，给心理怯弱的中国运动员打气鼓劲。

现今的中国体育，自然已非徐寅生写文章那个年代可比，中国已然进入体育强国俱乐部，各种国际体育赛事上都有中国运动员拼搏的身影。但是，稍稍细心地观察，中国人即使逞强，内里还是有脱不掉的文弱之态。

我们不妨看一个在球类比赛上常会出现的有趣现象。

但凡两队须分开而战的比赛，比如排球、羽毛球、乒乓球，在赛场或赛桌中间树起网，比赛双方肢体绝无可能碰撞在一起。这一道网似乎成为隔离网、安全网，中国人便能你打你的，我打我的，一来一往，颇有章法，屡屡获得世界冠军。

倘若是两支队伍混在一起的比赛，比如篮球、足球，在一个场地上，你冲我撞，肢体相逼，既有体力的消耗，更有意志的对峙，近身勇猛地拼抢。中国人便似乎凶狠不起来，球场上竟是败多胜少。

这种现象自然有中国人体质弱的因素，然而，更有心理怯弱的因素。同是亚洲人体质的日本人、韩国人，在球场上的死缠硬斗，又哪里是中国人能比的？

中国人之文弱,大概也有历史的渊源。自宋朝以来,中国人便逐步地重文轻武。宋朝时,孩童启蒙所念的《神童诗》,开篇所言就是:"天子重英蒙,文章教尔曹;万般皆下品,唯有读书高",背经诵典,以求仕进。坊间百姓,居上层的,闲暇时以棋琴书画自娱自乐,若有户外活动,如荡秋千、放风筝,也只是图个乐趣,于野蛮体魄,竟无关系;处下层的,"锄禾日当午,汗滴禾下土";终日劳作,食不果腹,哪里还有运动肢体的闲心。

中国古时虽说也有拳术、蹴鞠一类较为激烈的运动,然而拳术流于江湖,蹴鞠囿于豪门,平民百姓总是弱者居多。

现代体育,其实是西方文化的概念,中国只是引进和推广普及。当现代足球、篮球流行西方诸国时,中国民间却还在盛行斗鸡、斗蟋蟀的活动,让雄壮血性的鸡与鸡、龇牙咧嘴的蟋蟀与蟋蟀,上场搏杀,一赌输赢。围观人群,或鼓掌叫好,或捶胸顿足,看似激奋,却大多纤纤四肢,宽衣长袖,远没有鸡的血气,蟋蟀的威猛。这般的矫揉、迂腐,又何来体质之刚健、精神之锐气?

中国当然有体育强者,也有在竞技场上击败西方人的胜者。然而,在国民大体衰弱的颓势下,这可圈可点而又屈指可数的强者、胜者,总归掩饰不住民众整体下滑的体质和心理。即使时至二十一世纪,中国体育已然踏入世界前列,却仍然怯于篮球、足球那种激烈的人对人的近身拼斗。中国人的体质和心理,还是存在一个难于逾越的障碍。

文弱之身,总归会行谦恭之礼。而由文弱而来的谦恭,却往往是自卑之下的谦恭。

在中国人眼里,西方人似乎总是处在优越的地位,在教育、科技、经济、文化等方面,都具有比之不及的优势。甚至在体质方面,西方人敢于在烈日下曝晒,严寒中奔跑,大潮中冲浪,这般的体魄,远比中国人强壮和野蛮。低人一头的中国人,好像总得仰视,才能交往。

中国特殊的社会文化背景,又经年累月地灌输中国人,必得善待友邦。从古代"有朋自远方来,不亦乐乎"到如今"外事无小事",中国人自己心甘情愿地把外国人抬到了贵宾、贵客的位置上,隆重地供奉。

在中国,"外事活动"四个字,颇有权威性。所谓"外事活动",就是对外宾、外商、外国友好人士的洽谈、接待活动。外事活动,既有政府部门的,也有学术界、经济界和社会组织等方面的,来一批外国人,就挨上了"外事活动"的边,便出手阔绰,尽可住高档宾馆,设豪华宴席,送昂贵礼品。现如今的中国,一直都禁绝吃喝宴请。然而对外国人,吃喝宴请便是正当的。不会有人说个"不"字,这就是"外宾"在中国的尊荣。

中国人还把处理与外国人相关的事务称之为"涉外事务",无论何种事务,只要涉及外国人的,都会慎之又慎。若有外国人在中国违规犯法,哪怕有现成的法规,还是要请示上级,可见外国人在中国又是何等被重视。若有外国人遭难,便非同小可,决不等闲视之。一日本游客在武汉丢失一辆自行车,便当作要案全城巡查,直让中国人羡慕。

外国人在中国让人羡慕的事,其实很多,如,若外国人要参观考察,中国人总是竭尽全力选最好的地方,做最妥当的安排;若得到外国人的夸奖与称赞,中国人便当作喜事一般。车站、码头、商场、宾馆等公共场所,都有英文标注,唯恐外国人看不懂、弄不明。如此种种礼遇,中国人在外国能享受到么?

对人谦恭,自然是好事。然而,过分地谦恭,其实透出的是自己的弱势。而这弱势之中,却又能嗅出隐含其中的奴性和奴气。说是大国之民,其形其状,却是蕞尔小国。

中国人该是到了以强壮之躯、行平等之礼的时候了。

缺远见而多计谋

先说一个笑话。

陕北。黄土高坡。放羊娃悠然地赶着羊群。

一路人问放羊娃:"放羊干什么?"

"赚钱。"

路人又问:"赚钱干什么?"

"娶媳妇。"

路人再问:"娶媳妇干什么?"

"生娃。"

路人追问:"生娃干什么?"

"放羊。"

放羊娃的回答,简单,干脆,把一生要做的事都说清楚了。看似笑话,却是一种现实。其实,这样生活的人,很多。例如,把"放羊"改为"打工",不就是无数的人了吗?

人无远虑,必有近忧。贫困让人只顾眼前,只图实惠,终究缺乏远见,一代又一代的人轮回在闭塞之中。

其实,中国人并非庸庸之辈,应是善于思想而极具眼光。远在上古的夏朝时候,中国人已经细察到太阳和月亮的运行与变化,制订出的"夏历",在世界文明史上留下辉煌的一笔,这自然是中国人的远见。

中国人的这种远见,还体现在对社会的认识上。如今我们所说的"小康社会",也是我们老祖宗的发明。早在《礼记·礼运》中,对"小康之世"就有表述。所谓"小康",即升平世之治,"大人世及以为礼,城郭沟池以为固,礼义以为纪,以正君臣,以笃父子,以睦兄弟,以和夫妇,以设制度,以立田里,以贤勇知,以功为己"。这样的眼光,岂是鼠辈所有?

思想有多远,眼光就有多远。后辈的中国人,实在无颜,千百年来总被困守一地,目光浅短。大部分人忙于蝇头之利,活着已是奢望,若有"舌尖上的快乐",便是大快乐。这般的生活,还会有思想,还会有远见么?

人一旦缺了远见,便会越来越没远见,哪怕如今衣食无忧,文化普及,这眼光绝非一朝一夕能远得起来。

然而,中国人自认为很有眼光,也有见地。那么,我们不妨举些身边已经习以为常的事例,看看现时的一些中国人是如何的有眼光。

先说教育子女。这本来是最为下一代着想的事,自然也是做父母最上心的事,望子成龙,何人不想?然而,大多数人的教育,竟也会出现如本文开头那与放羊娃对话的一幕:

做父母的全力以赴、乃至牺牲自己的一切培养子女→做子女的,也是全力以赴、乃至牺牲自己的天性,苦苦地拼搏→毕业就业,结婚成家,也成了做父母的→这新一代做父母的,又全力以赴、乃至牺牲自己的一切培养子女。

这真是一个活脱脱的为教育而教育的怪圈。

中国做父母的,甚至年轻得还未实现自己梦想的,都有一句很无奈却又心甘情愿的口头语:"我们这一代,也就算了,只想让孩子能好一点",循环往复地下去,这般见识,其实愚不可及。

再说择偶论婚。男婚女嫁,自然是人生大事,找对象,其实是找一个情投意合的人,白头到老。对这样的大事,许多人竟很有眼光地草草苟同。

所谓很有眼光,其实是只看眼前,不顾未来;所谓草草苟同,其实是将终身大事随随便便地就能做一个决定。

中国人找对象,好像都有一个共识:什么时代找什么样的人,只要对上了时代符号,婚姻便成功了一半。20世纪五六十年代,工农兵在政治上有地位,便有机关干部、大学生与工人、农民、军人结婚;后来知识青年上山下乡,扎根农村,接受贫下中农再教育,许多城里人找上了乡下人;改革开放了,尊重人才,尊重知识,知识分子终于成为婚姻追逐的对象;此后,一部分人先富起来了,人们又盯上了万元户、暴发户。婚姻的价值观,跟着时代转。至如今,婚姻的眼光似乎更透彻,更直白,开门见山,明码标价,"要房要车"或"有房有车",成为婚姻的前提,这大概也是时下许多青年人的"远见"。

倘若婚姻家庭的价值导向，竟也是如此随风而变，人云亦云，这最基本的眼光都缺失了，怎么能说有远见。

中国人在日常生活中照样缺乏远见，习惯于听人之见，鲜有独立所见，用"一窝蜂"来形容中国人之无理性，是再形象不过了，小至市场购物，大到股市投资，都是蜂拥而上。又因为蜂拥而上，若遇到风浪，便一哄而散，永无定见。

普通人缺乏远见，也就罢了。倘若为政者竟也缺乏远见，在集中统一的体制下，那就会让许许多多的人跟着愚蠢起来，一样地缺乏远见。

城市建设，这本是最有特色的建设：依山之城，尽显山城之美；傍水之城，展露水城之秀；平原滨海，各有神异。若有远见，以中国山水地理之雄伟、之奇妙，以中国历史文化之悠久、之丰富，中国的一座座城市尽可建得如诗如画，成为人类文化珍奇的瑰宝。然而，中国现如今的许多城市如复制一般，从南到北，几乎一个面孔：一样的楼，一样的路，一样的风景。中国人在600多年前就有了如紫禁城这样的建筑精品，如今来看，仿佛已是绝唱。

城市建设之毫无眼光，算是点中了中国人缺乏远见的命门。我们可以随意拿出一幅在中国许多城市里都能见到的图像：路窄了，拓路；楼少了，盖楼；下水道堵了，通下水道；今天在这里砍树，明天又在这里植树；今年做好的规划，明年又推倒重来；建起的楼房，还没进入记忆，又准备拆掉重建。城市建设犹如揉面团：面干了，加水；水多了，再加粉。看上去到处建设，到处拆迁，天天紧张，年年忙碌，其实是今天治昨天的病，明天又忙着治今天留下的病。如此缺乏眼光，如何管理建设一座城市？

中国真无远见之人么？当然不是，然而在普遍都无远见的情况下，靠一二人之远见，又有何用，一如狂风下的草芥，微弱不堪，尽管苦苦挣扎，终究随风而去。当年北京城市建设，竟将古城墙、古牌坊、四合院这些珍稀遗产，弃如敝屣，通通捣毁。中国文化之精华，竟会如此一劫，自然是无远见者铸成的历史大错。

逝者既已逝去，而来者仍无远见。为了图谋一时之发展，许多地方不惜劈山断水，填湖毁林，亿万年传下的江山，任意砍伐。鼠目寸光到如此地步，连子孙后代的生存之地都不要了。

人若缺了远见,就如猴子追逐自己影子中的尾巴,奔腾跳跃,却全然无用。

倘若因无远见而无作为,倒算是幸事了。

中国人虽说缺乏远见,却颇多计谋。上至达官贵人,下到坊间小贩,但凡中国人没有不会用计的。

计,当然有好坏之分,从奇计、巧计、妙计直到心计、奸计、诡计,何人何时施何计,都极有讲究。

中国人用计,烂熟于心,这自然仰仗中国源远流长、盘根错节的传统文化。

在中国,若要选一部家喻户晓、尽人皆知的小说,上下五千年,非《三国演义》莫属。这部通篇都是权谋机巧、尔虞我诈的小说,又以戏剧、评话的形式,广传民间,对中国人的影响极大。

若说《三国演义》还只是后汉时期军阀贵族的权谋之争,那么《三十六计》则将中国历代计谋与谋略集大成,"且诡谋权术,原在事理之中,人情之内",虽为兵书,其实尽可广而推之。

《三十六计》开篇第一计"瞒天过海",此计意为只要达到目的,便什么样的欺骗和谎言,都可使出来。这种以谎言和欺骗为代价的计策,若是两军交战,自然兵不厌诈,老实反被打。若是在政界商界,这样的计策,当然是无耻之计。然而,却被许多人奉为上乘,宦海浮沉的政客,巧取豪夺的商贾,甚至连炸油条、卖羊肉串的,都在"瞒天过海",真可称为天下第一计。

中国的计,其实凶狠。有些计,光听名字,就已吓人,如"借刀杀人"、"趁火打劫"、"笑里藏刀",这样的计策,诡异险恶,防不胜防。一旦中计,全盘皆输。

当然,也有温柔之计,如"美人计"。以美女诱人,"以佚其志,以弱其体,以增其下之怨",温柔美貌之女,竟也暗藏了杀机,岂不可怕。勾践以美女西施取悦吴王夫差,便是极为成功的美人计。看来,但凡是计,只要达到目的,无所谓正义,无所谓诚实。一如"美人计",敢将女人作为权争之秘器,中国男人用计,已经卑鄙到无以复加的地步了。

大多数中国人文化不高,学养有限,却总归热衷于用计,"心生一计",

"千方百计"、"锦囊妙计"、"眉头一皱,计上心来",这些广传于世的俗言俗语,足见中国人对计策的倚重。千难万难,只要有应对之计,便能一招制胜,事半功倍。

有机可乘,有计可施,这大概是许多人立身处事的法宝。

平民百姓都喜欢用计,这计谋自然从刀光剑影的宫廷、金戈铁马的军阵,来到民间,这计便眼花缭乱,一发而不可收。人人有计,处处是计,看似平常的事,却总像被设了一个局,布了一个套,足以让人步步惊心:

请客吃饭,便有"鸿门宴"之嫌;

礼尚往来,便有"图穷匕首现"之凶;

与人交往,有"捧杀"之计,又有"棒打"之策,还有"拖人下水"之险;

生意场上,看似财大气粗,其实摆的是"空城计",一旦破局,便"走为上计",一逃了之;

甚至,穷得一无所有的叫花子,也会使出"苦肉计"。

中国人的计太多,计来计往,不胜枚举,便又有了"将计就计"、"连环之计",以你之计,破你之谋。一计套着一计,一计又高于一计,这人的心思,都用在了计谋上。

现代社会,照理按规则办事,凭实力取胜,用不着花太多的心思。然而中国人依然惯于用计,让祖宗传下的计谋越来越发达。

"上有政策,下有对策",是现时的流行语,简简单单的八个字,却露出时下许多人的狡黠,也衬出而今社会的"精彩"。我们不妨略举一二。

"拉链夫妻"。夫妻,若非感情因素,便是一辈子的组合。可如今的一些夫妻,只要有利可图,夫妻关系便有如拉链一般地能分能合,这是"下头"一些老百姓的"创造"。如此神奇之计,被用来对付"上头"的住房政策。当上头规定结婚才能分房,便找一个人抢着结婚;当上头规定一户可买一套房,便抢着离婚、买房,房产交易完成之时,便是夫妻"破镜重圆"之日。二〇一二年国家的房产政策频频调控,竟有数之不尽的夫妻,掀起惊人的"离婚潮"、"结婚潮"。

"阴阳合同"。合同,是市场的契约行为,双方达成一致,便相互制约,又相互受法律保护,同时也受法律的制约。堂堂正正的交易,便有堂堂正正的合同。中国人的"创造"无所不在,这合同,竟也能搞出阳一套,阴一套。这阳的合同,专门对付上头,可谓规规矩矩地骗人;这阴的合同,便是私下的交易,躲过法律、绕过政策的交易,"弃明投暗",算是又一种对策,也是如今社会流传甚广的对策。产权交易、房屋买卖、合伙投资等等,都有"阴阳合同",这其中的逃税避税、折扣回扣,都在阴错阳差中,流到了个人的口袋,中国人竟会如此精于算计。

类似的对策之计,在民间其实很多,尤其是关系切身利益时,便会有各种匪夷所思之计,从平平常常的百姓中脱颖而出:若被拆迁房屋,便会有"偷梁换柱"之计,给破房子涂脂抹粉,抬高要价;若被土地征用,便会有"无中生有"之策,胡乱栽上一些秧苗,漫天要价;若有企业转制,便会有"浑水摸鱼"的,趁着乱,尽可抓一把。上头一个政策,下头万般对策,许多正经之事,竟被"对策"搞得面目全非。

当然,中国人也有好计,也有大计。一个富于智慧的民族,一旦着眼长远,便会无畏艰险地创造出安邦之计。当年凤阳小岗农民冒着杀头坐牢的风险,写血书、盟血志,以联产承包责任制,为中国农民开了万世之计。现如今,已经难得有人会以如此的勇气创下如此的良计、伟计。

不幸的是,许多中国人缺远见而多计谋。一事临头,不究事因,不明事理,便急谋对策。以眼前之计对天下之事,而对天下事之规律、之大势,却知之甚少,甚至一无所知,如此多计多谋,实为祸也。

一个智慧的民族,其实智慧在眼光的长远上。远远地看,远远地谋,顺着天下的规律,稳稳地往前走,一直走。

人世间,以真相聚,以诚相待,本不必有如此多的奇计、妙计和心计。

争着不要面子

讲面子,是中国人的特点。

中国人无论贫富,都极讲究面子。富人讲面子,有经济实力支撑,倒也罢了。穷人讲面子,可就累了,往往图的是一个虚荣心,中国人称之"穷大方"、"死要面子活受罪",这面子其实不好挣。然则,内里却也有争一口气,守住一点尊严的意思。

中国人的面子,大概指的是表面形象:没钱的,要混充有钱;没文化的,要装作有文化;没背景的,想方设法也要扯上一个显赫的关系,炫耀一下也好。

中国人历来穷,却又羞于穷,耻于穷,便拿个面子来遮掩,外表光鲜,内里却是辛酸。

如今,中国人开始富了。照理,有了一定的实力,面子也该名副其实了。哪想到,有许多中国人竟然不要面子,倒是一大奇事。

这不要面子,自然是从人的外表形象、举止、喜好开始,我行我素,不在乎别人怎么看。其实,是自损形象,自取其辱。

性情与形象 中国素以礼仪之邦自称,讲究礼义廉耻。书香子弟以琴棋书画陶冶性情,温文尔雅,彬彬有礼。普通人家子弟虽无书卷之气,也有敦厚之义。社会上有刁蛮泼皮,却总被人鄙夷而不入流。谦恭、勤劳、善良的中国人,传承了中国文化几千年的血脉。如今,这相当一些人,渐渐开始变脸,温良恭俭让的好性情已然稀缺。社会评价被扭曲,性格暴躁,视为刚烈;形象粗鄙,视作率直。而暴躁粗鄙之人,人偕惧之,往往得利甚多。由是,凡暴躁者,人皆被暴躁;凡粗鄙者,人皆被粗鄙。大众形象就如此这般地被贬损糟蹋。

言谈与举止 中国人对说话历来十分讲究,言为心声。做官的,应言必有中,言出法随;年长的,应言传身教;为师的,应言近旨远,言简意赅;普通百姓,也应言辞恳切,言语端正。而对于举止也有讲究,人要有人相,立如松,坐如钟,不亢不卑,不倨不恭,是为君子。这言谈举止,最是人的面子。如今,虽说文化水平高了,不少人的言谈举止,却比早先没文化的人还要粗俗、粗野,满口粗话、脏话,通篇谎话、假话。举止轻佻,行状粗鲁,奴颜婢膝,人格猥琐。这样的人,已经无所谓面子了。

喜好与追求 中国人在精神气质上,自古便有鲜明的追求,"有一段血气便有一段精神"。崇尚"居天下之广居,立天下之正位,行天下之大道",富贵不能淫,贫贱不能移,威武不能屈,以此为民气之标杆。如此正气,方能挺起中国之脊梁。如今浩然正气当然有,乌烟瘴气却也有市场。邪气、奴气、戾气,已从角角落落弥漫到公众场合。尤为惊骇的,不阴不阳的怪气,也能被热捧。一个蹿红的明星,很能说明问题。男不男、女不女的怪腔浪调,翘首弄姿、扭捏作态,博得全场掌声。被外国人称为"丢尽中国男人脸面"的演艺角色,风靡全中国。如此多的人,竟然追求如此角色、如此形象,岂不怪异么?

其实,不要面子的人,总是少数。然而,这少数,就如一股污浊,搅浑一池清水。劣币驱逐良币,无耻之徒驱逐君子之风,这要面子的人,竟也不知不觉地跟着不要面子了,甚至抢着、争着不要面子。

从国内不要面子,到国外也不要面子。中国人自在散漫惯了,随地吐痰、随手抛物、随便找个隐蔽处方便,公共场合喧闹、吵骂,这都是司空见惯的。即便走路,也让人嗤之以鼻,光着膀子走路,穿着睡衣睡裤走路,一边抽烟一边走路,一边剔牙一边走路,这些丢尽脸面的模样,随处可见。如今,中国人能出国了,这些恶习疏而不漏地搬到国外去:候机大厅、宾馆大堂,你要宁静么?中国人给你一个喧嚣鼎沸,不得安宁;自助餐厅、酒楼饭店,你要干净节俭么?中国人给你一个吃一半剩一半,满桌狼藉;公共场合,你要有序排队么?中国人给你一个一哄而上,人挤人,人推人,整个秩序乱作一团。如此不要面子,友邦自然惊诧。

从地下不要面子,到天上也不要面子。如今的人,脾气暴躁,一言不合,就破口大骂,甚至拔拳相斗。什么君子风、斯文相,这都是面子上的事,对不要面子的人来说,还有什么不敢做?这样的场景,时时都在发生,都已经见怪不怪了。中国人不仅在地下丢面子,还能到九霄云外去丢面子。在飞机上为靠椅、为行李箱这样的小事,吵得面红耳赤,打得鼻青脸肿,辱骂空姐,调戏空姐,殴打空姐,把高雅精致的飞机,当作耍泼动粗的街头巷口。

从单个人不要面子,到集体性不要面子。如今,有些人为了钱,什么面子都不要。乞讨致富,卖淫致富,欺诈致富,偷拿致富,口袋里的钱,是丢尽脸面换来的。这样的人,自然可以说是"个别"的,然而,集体性的不要面子,竟然也出现了:贫困县的帽子争着要,哪怕脱贫了,还是非戴不可;国有企业亏损累累,照样大把花钱,挥霍无度。这样的地方、这样的企业,想方设法诈国家的钱,还会要面子么?

不要面子,已从市井街头窜到了知识殿堂。学者剽窃、教授掌掴、论文造假、校长贪腐,知名学府、知名博物馆丑事连连,这面子已然是撕破了给你看。

最不要面子的,大概要算是混进官员中的官员。只要能提拔,什么肉麻的话都会说;只要能捞钱,什么下流的事都敢做;只要能扬名,什么面子上的事情,都会用尽一切手段去做。不受监督的权力,让原本无耻的官员,竟然神奇地有了"面子"。

一个社会,倘若不要面子而得实惠、甚至不要面子而名利双全,这社会就会有更多的人争着不要面子,一如滚雪球,越滚越大。那些洁净无瑕的白雪,要么远远躲避,要么同流合污。

争着不要面子,其实就是争着无耻,争着猥琐,乃至无耻到不知道无耻,猥琐到不知道猥琐。中国文化若要崛起,这样的国民,配么?

面子,总归还是要的。而要面子,当自官员始。"刑不上大夫",其原意是官员若到了刑罚的地步,其实是朝廷的耻辱,官员应保住面子而自我了断。现如今一些无耻的官员,有这般自我了断的血性么?

全球时代,国与国的比较,最根本的是国民与国民的比较,文明时代当有文明的素质,中国人该自重了。

救救面子。

与生俱来的命数

暗夜,星空。

寒风猎猎,吹尽了城市的喧嚣。遥远的天际,跃出一线光亮,划破了厚重的黑暗。

地平线苏醒了。

"哇啊,哇啊!"新生婴儿的啼哭,宣告又一个新生命的到来,分娩室内外充盈着温馨与幸福。

大自然循环往复,生命永无穷尽。

自从有了人类,大自然便有了自己的生息与劫数。而万物之灵的人类,却也以自己创造的文化,注定了自己吉凶祸福的命数。

何为命数?古人云:命也,数也,"玄之又玄,众妙之门"。生命之秘,命运之玄,可以无穷地追问,无限地遐想,却总归离不开天地、环境与时代对生命的安排。借用马克思的经典之话,"当你还未踏上社会,社会就已经决定了你的命运"。这大概就是人的命数。

婴儿"呱呱"坠地,倘若落在当代中国的大地上,大部分人便有了相同的命数:你独子一个,集万千宠爱于一身,却又得担起万千的期盼于双肩,生命之重,不堪承受;父母曾经给你加倍的爱,你必得加倍地承担扶养老人的责任,你拥有了甜蜜的童年,你也注定会有孤寂的晚年;你生命的词汇里,已经没有兄弟姐妹、姑姑婶婶、叔叔伯伯,你看似幸福,其实少了亲情;你要从人丛中挤出来,过上像样的生活,必得在如汪洋大海般的人群中永无穷尽地拼搏。但凡中国人,恐怕逃不脱这样的命数。

人,生了下来,便怕死。而生在中国,必得学会不怕死,这又是中国人的一个命数。

中国人自然也是怕死的,却生生地造出一个不怕死的文化。但凡志士仁人,英雄好汉,都是不怕死的,也正因为不怕死而能舍生取义,便立于庙堂,载于史册。文官死谏,武官死战,是做官的使命;"民不畏死,奈何以死惧之",鼓动民众慷慨赴死,是做"民"的价值;乃至民间百姓为自家一寸土、一片瓦相争相闹,也是"大不了一死",不惜以血还血,以命抵命。提倡不怕死,便一定鄙视怕死的。贪生怕死,为万民所不屑。一个男人若被骂为"怕死鬼",便是一种羞辱,足以让你无地自容。

一个民族若以不怕死为荣,宁折不弯,宁死不屈,这自然是一种极为震撼的力量。中国历史上,与外国、外民族凡有争斗,往往酿成战争,求战者总是正面的、坚强的,求和者必是负面的、软弱的,谈判、妥协便是贪生怕死,被历史所不容。古往今来,征战无数,杀人无数,"宁为玉碎,不为瓦全",无穷无尽的财富毁灭,无穷无尽的生命遭殃,这是注定了的命数,怪得了谁?

如果说,敢于为正义而赴死,或者因为正义而不怕死,这自然是好事,也是壮举。然而,往往因为不怕死,竟至演变成对生命的轻蔑,这又是一种可悲,由这种可悲而来的命数,似乎也是注定的。

满怀新生希望而来的婴儿,其实从小要有准备:命,在父母的怀抱里是珍贵的,离开了自家父母的怀抱,无非就是一条命,并不稀罕。

中国社会的一些大人们其实是想让孩子去送死,当然不能是自己的孩子。各种书刊、影视,让孩子去做战争年代举刀杀人的小战士、和平年代抢救集体财物的小英雄。到了大人们想赚钱的时候,也拿孩子性命作牺牲品,假疫苗、假牛奶、假奶粉,各种各样的假,首先对着孩子,最弱小的生命,是最赚钱的对象。中国的孩子从小就得学会把命豁出去。

对生命的轻蔑,并不局限于孩子,其实但凡中国人都能享受"命即非命"的待遇:医师胡乱地开药,司机胡乱地开车;污水废气胡乱地排放,危楼危房胡乱地搭建;青山绿水胡乱地开发,地下资源胡乱地采掘;市场上油盐酱醋胡乱地作假、胡乱地卖,餐桌上酒肉鱼鲜胡乱地喝、胡乱地吃。有多多少少的人,如寻死一般地以胡乱对胡乱,人已非人,命亦非命,最终每一个都逃不脱胡乱的宿命。

这般的胡乱,命还会值钱么?

"死生有命,富贵在天","死生,命也",中国传统文化的强大惯性,即使进入现代社会,中国人对死生富贵仍然抱有听天由命的心态,无端地贫贱,无端地富贵,皆是命数使然。正是有了这种命数,现今社会便有了别

样的"新生代":

"红二代",因父辈早年参加革命,打了天下,后辈理所当然地享有万众景仰,也不枉父辈以命换来的江山。一代红,代代红,只要天下红,子孙自然红;

"官二代",父辈做官,握有实权,享有特权。世上无难事,只怕有权人,如此的权力,自然而然地荫泽子孙;

"星二代",父母唱歌唱成了歌星,演戏演成了影星,"星光灿烂",万众追捧,更有做官的力捧,经商的力挺,子孙还不光亮么?

"富二代",父辈亿万富翁,财通四海,更厉害的是,"有钱能使官推磨",钱能打天下,钱能传子孙,子孙当然享有无尽的荣华富贵。

照理,父母显赫,与子孙何干?然而,中国社会依然是父传子、子传孙的社会,穷与富、平凡与显赫,似乎与生俱来。众生平等,还是一个遥远的理想。

命数,并非迷信,它实际上就是社会对人的命运的安排。我们每一个人都可以试着去争取自己的权利,都可以试着去改变自己的命运。但是,千百万人的命运,却是时代的潮流所决定的。

当然,当千百万人自己掌握命运的时候,潮流自然已经变了。这大概就是当今中国人将要有的命数。

简单人生与复杂社会

从人性说,中国人并不复杂。

绝大多数中国人,生儿育女,忙忙碌碌一生,并无过分的奢求,其实活得很简单。

中国人爱吃。逢年过节,最大的乐趣是吃,一张丰盛的圆桌,亲朋好友,团团围定,谈天说地,百无禁忌,"羊羔美酒千杯醉,领取人间万岁春"。中央电视台拍出电视纪录片《舌尖上的中国》,天南海北,各种吃相、各种吃法,都活灵活现地拍了出来,是中国人爱吃贪吃的真实写照。中国人多少的时间和精力,都耗在了舌头尖上。

中国人爱玩。普通的百姓,玩的也就是打牌、打麻将,牌技、牌术其实简单,然而,许许多多的中国人都玩得不亦乐乎。当年的胡适先生,称麻将为"国戏",揶揄"男人以打麻将为消闲,女人以打麻将为家常,老太婆以打麻将为下半生的大事业"!将近一个世纪过去,"国戏"照样盛行,被胡适所瞧不起的麻将,现今的人们,远比先辈还热爱。

中国人的信仰也简单。大多信佛教,常常是见寺庙就进,见菩萨就磕头,点上三炷高香,只求神明保佑,只求菩萨施恩,不会有西方人上教堂那种忏悔、感恩的境界。至于佛教的教宗、教义,博大精深,玄之又玄,一般的人谁都不明白,也不想搞明白。

中国人还有把复杂的事情简单化的本事。中国的文字,林林总总,有六万之多,浩如繁星,认不胜认,中国人日常只取用了几千字,更多的字被打入冷宫,成了生僻字;汉字难写,一般都有一二十划,多的竟有二三十划,恍如天书。现代的中国人,删繁就易,简化汉字,方便书写,又省事了许多;中国的语音复杂,一县乃至一乡便是一种方言土语,一国之人,各说各话,哪里听得懂。如今大力推广普通话,十多亿人共讲一种话语,人与人之间的沟通,顿时简单了。

中国人对烦琐的事物,又会有天生的抗拒之心。哲学,是关于世界观、价值观、方法论的学说，思维和存在，精神和物质，是哲学研究的核心，精粹深奥。这样的学问，不仅复杂，而且无法赚钱谋生，中国人望而却步，束之高阁。这么一个大国，有各种无法计数的"家"，却鲜见哲学家，哲学成了"冷学"。中国的历史，绵延不绝，总把新桃换旧符，中国人似乎习惯，冷看过往烟云，你争我夺的历史，太烦，忘了才好，甚至几十年前惊心动魄的事，后来的人都已忘却，只管过自己的日子。一部华夏史，在许多人眼里，直如一张白纸。

中国人大都简单地生活，简单地思想，将黄金般的时间换取简单的快乐，以毕生之力追求简单的人生。以中国人朴素的意愿，投之于简单，自然希望报之于简单。

人生尽是幽默。简单的中国人，面对的竟然是一个复杂的社会。而这种复杂，有时候往往是亿万人的简单而构筑起来的。

中国人的文字简化了，然而由文字组成的文章却无比的复杂：既要四平八稳，又要突破创新；既要稳重厚笃，又要一鸣惊人；既要锋芒锐利，又要立于不败；既要瞻前顾后，又要气势磅礴。唯有这样的文章，才算是好。文章写到这样的地步，自然复杂。

中国人的语音简单了，然而由语音组成的话语却无比的复杂，中国人的话，大概只有中国人听得懂：开会说空话，对下说套话，对上说大话，似乎信誓旦旦，却往往是假话、谎话。还会见人说人话，见鬼说鬼话。什么山头唱什么歌，什么时候说什么话，见风使舵，随机应变，头脑再简单，也懂得祸从口出的风险。

中国人对复杂枯燥的哲学毫无兴趣，却精于自己的处世哲学，很多人既无唯物论，也无唯心论，却有自己的唯关系论。同学关系、同事关系、同乡关系、亲友关系、血缘关系、上下关系、战友关系，每一个人都能扯出一大堆关系。所有这些关系，又和经济关系、政治关系、权力关系、工作关系，千丝万缕地联结起来，构成了庞大骇人的关系网，一个一个简单的人，不得不攀扶着这张网络，求助于这张网络，构成了复杂的人情社会。

中国人常常得意于中国历史之久远，却无意探究历史之形成，只把朝代当历史，记住几个皇帝，便以为记住了历史。相比复杂的历史，宁要简单的现实，也即如今人们常说的"实惠"。所谓"实惠"，便是"得益"。偌大一个社会,大家都想事事得益,处处得益,时时得益,社会上便有了无数得寸进尺、得陇望蜀的人,人与人便有了利益之争乃至生死相争,简单的人如此这般地复杂了起来。

中国的人很简单,身份却很复杂。一个机构,一个单位,都是一样的人,然而内里的身份、编制,却五花八门,眼花缭乱。企业有干部编制、工人编制。干部编制跟党政机关的官员级别挂钩,工人编制只是跟企业挂钩,有正式工、临时工、合同工、临时合同工,还有借用工、聘用工、劳务输出工,同是做工的,却有不同的身份;至于事业单位,有参照公务员的,有公益性的,公益性事业单位又分纯公益性的、准公益性的,还有自收自支的、企业性的事业单位;至于公务员,有党委机关的,有群团组织的,有政府部门的。最复杂的是当官的,本来就有级别,不知何时开始,又在一个级别上派生出"相当于某某级"、"享受某某级",一个正局职官位,竟会孪生出四五个正局级级别。各种身份、编制后面,相应的是千差万别的福利待遇。繁复的机构,混杂的编制,悬殊的身份,纵横交错,一团乱麻,只是人已并不重要,身份却无比的要紧。

中国人的思想原本就简单,并不复杂。然而简单的思想却面临复杂的社会:

许多人其实不懂什么是社会主义,什么是资本主义,却偏要凡事都问姓"社"还是姓"资",把政治领域的概念,引入寻常百姓的生活、生产上来,简单的事情,便徒然地复杂起来;许多人其实判断不出历史的趋势与时代的潮流,甚至分不清对错,却要嗅出思想领域的左与右,"左""右"之争,几乎左右了大半个世纪:有"左倾"冒险主义,又有右倾投降主义;有"左倾"盲动主义,又有右倾机会主义。席卷全国的反右运动,有50多万人被戴上了右派的帽子。"文革"时期,还有左派、右派,还得反左、反右,既反左又反右,同时要反极"左"思潮,又要反右倾翻案风、反形"左"实右。若是左右分不清的时候,便认定左是方法问题,右是立场问题,许多人便宁左莫右,甚至还有"打左灯、往右拐"一说。一个社会被忽左忽右、又左又右,搅得是非难分,方向难辨。社会如此复杂,一般的人若不复杂,便跟不上形势。时时看风向,轧苗头,见机行事,明哲保身,成为许多人的行事准则。

复杂的社会,还因简单人的简单思维,变得更加复杂:许多人用上个世纪的思维解决现实问题,越解决越复杂;用20世纪乃至上上个世纪受屈辱的眼光看当今世界,越看越复杂;用人治替代法制,社会越来越复杂;用虚伪换取真实,人心越来越复杂。中国式的复杂,既有社会变迁、文化转型的时代特征,也有国民自身的因素。当千百万人的简单聚集在一起,酿成的竟是惊人的复杂,一如中国人若人人都简单地买一辆汽车,中国的地盘便是灾难。

各种各样的复杂,在中国社会流淌、浸淫,现代与传统,法制与道统,科学与愚昧,文明与陋习,正义与无耻,善良与邪恶,盘根错节,叠床架屋在一起,相互揪扯,虽难以迈步,却也有了倒不塌、垮不掉的特异功能。

令人可喜亦可忧的是,许多人在复杂之中,宁愿简单。

人人都在跟人走

中国有全世界最庞大的人口，一个省甚至一个市的人口，便可绰绰有余地超过一个中小国家。

令人惊奇的是，这么多的人，都能人跟着人，规规矩矩地前赴后继。

汉字的"从"，恍如中国人走路的图像，传神而逼真。其形，即如两人相随；其意，就是跟着走。

这个"从"字，但凡中国人，不仅都认识，而且中国人的精神和行为，竟都与"从"挂上了钩。

古时候，"从"，是中国人恪守的一个规矩，为人处世，若能"从"，又会"从"，便是一个完人。

譬如做学生，在师长面前，要低首下心，《庄子·田子方》曰："夫子步亦步，夫子趋亦趋"，这"亦步亦趋"便是"从"。

譬如做女人，一家之内，总归低人一等，古训"三从四德"，核心就是"从"：未嫁从父，既嫁从夫，夫死从子，一辈子从一而终，算是尽了妇人之德。

但凡做人，都有"三纲五常"的伦理，"君为臣纲，父为子纲，夫为妻纲"，这自然指的是：为臣的要从君，为子的要从父，为妻的要从夫，这样的"从"，便是纲纪有序，国泰家和。

一个"从"字，在国与家如此繁杂的关系中，构筑起了一个威严的服从体系，把朝野城乡贫富贵贱的人，如网一般地编织了起来，唯上是从，各安其分。

天下熙熙，总有领头的人，后面的人只管跟着走。

这个"从"字，是为中国人量身定制的。有了"从"，便有了跟从、信从、听从、依从、服从、顺从、遵从，甚至误从、盲从、胁从，只要是"从"，便总归是跟人走。

在威权社会，封建礼教还有不少"创举"，其意便是让每一个人都老老

时代缩影的观察

实实地跟着走：

女人缠小脚，三寸金莲，"芊芊作细步"，跟着男人走；

太监被去势，不阴不阳，喏喏嚅嚅，自然是皇帝卑微的仆从；

权威在上，任何人都得跪拜叩头，匍匐而行。

缠小脚、去势、跪拜叩头，在在都是毁损人的尊严，如此礼教和王权，中国人还敢不"从"么？

因为"从"，而跟着走，一路走下来，竟然成为中国人精神文化的一份遗产。到了现代社会，许多人还是习惯于跟着走，即便泯灭个性、失去自我，也要跟着走。

跟着走，便是听话，这在如今的中国，仍然到处可见。

一个自由自在、无拘无束的孩童，欣喜地跨进幼儿园，那是率性的天地、童真的世界。然而，做父母的都会一再地叮嘱：一定要听话。这一"听话"，便从幼儿园、小学一直"听"到中学和大学，"听话"的人，不会反思，不敢怀疑，自然也就没有创新与探索。

好不容易从学校毕业，满怀壮志地进入工作单位，总想在新的人生路上，依着自己的个性和想法，放开脚步，一展身手。然而，周围的环境，只是跟着做事，领导怎么说，下属怎么做，没有个人挥洒的天地。若想走自己的路，往往"头破血流"，碰壁而回。怀抱高远理想的青年，一心要改造社会，可最终，却被社会所改造。到头来，还是无可奈何地跟人走。

中国的社会，形形色色，林林总总，看上去百舸争流、万马奔腾，似乎都很有主张，难以驾驭。其实，中国人大多听话，不会有想法，而且社会也要求"听话"。老一辈的人，从战争年代过来，昔日军旅的思想和行为方式，都带到了和平建设的年代，从工厂、机关到学校，都必须"服从命令听指挥"、"下级服从上级，个人服从组织"、"指向哪，打到哪"，每一个人都要争当"螺丝钉"，哪里需要便拧到哪里。人一旦成为螺丝钉，当然"听话"，不会再有"妄想"。然而，若离开了国家这部大机器，这小小的螺丝钉也就失去了价值。

人人都在跟人走。这个"人"，在如今社会自然是领导。相对芸芸众生的"人人"，领导无比重要，这从中国人创造的这个名词，便可看出来。所谓"领导"，其词义便是"率领"和"引导"，这样的人，站高望远，能"领"能

"导",一般的人只需跟着走。"火车跑得快,全靠车头带",这便是如今中国人特有的前进方式。

看来,中国人走路,离不开指路人、带路人。其实,在如今中国人的眼里,指路人、带路人就是领导。领导即权威,跟着领导走,便是跟着权威走。

是权威,便有极大的统摄力、号召力,领导的权威与百姓的听话,缺一不可:百姓因权威而听话,领导因百姓的听话而更有权威。领导只管号召,百姓只管往前走,这便是中国如此庞大社会的一个稳定之道。

然而,百姓的只管"听话"、只管"跟着走",于中国社会和人的进步而言,终非福音,一批"听话"的国民,一个"听话"的社会,往往因威权而听话,其最终的宿命,或是悻悻然地"不听话",或是木木然地"不思进"。

先说"不听话"的宿命。

中国人的"听话",某种意义上其实是人性的压抑。这种压抑,被强烈地控制和约束,一旦有了发泄的时机,便如火山一般地爆发出来,具有骇人的破坏力和杀伤力。当年的"文革"便是如此,在"革命无罪"、"造反有理"的口号鼓动下,一直以来小心翼翼、惯于听话的人群,竟然都无所顾忌地咆哮起来,将曾经的领导与权威,统统拉下马,进而疯狂地打砸抢。虽然有"要文斗,不要武斗"的指示,然而,只会"听话"的人,又哪里能"文斗"?一贯"听话"的人,竟难以置信地成为暴戾的人、无法无天的人,整个国家和社会付出了无法估量的惨痛代价。

从跟着权威走,到敢把权威捅下台,这样的惊人之变,只在倏忽之间,看似偶然,实是必然。只会跟着走的人,其实是认人不认路,以为只要是跟对了人,便是找准了路,中国历史的循环往复,大多是因了这种思想的宿命。

再说"不思进"的宿命。

中国人的"听话",从另一种意义上讲,也是精神和意志的扭曲,是长期的驯服和压制形成的扭曲。从小到大,只知道唯唯诺诺地跟着前辈走,跟着师长走,跟着权威走,天长日久,既无创新之念,也无开拓之志,安于现状,满足于现状,一如笼中之鸟,虽不愁温饱,却只是扑腾在可怜的小天地里,再也不会展翅天下,鹰击长空。近现代世界诸国,但凡国势强盛,必有开疆辟土的拓荒者、敢为人先的创造者、励精图治的苦行者。国家崛起,其实是国民崛起,只会跟着走的国民,又何以崛起?

从人人听话,到不思进取,从人人跟着走,到只会亦步亦趋地跟人走,这其中的因果,既直白又深刻。

然而,为人父母的,却总是希望下一辈的人听话、跟着走。

人人都在跟人走,不如此,又如何?

第 二 辑

所谓"柔韧",即"柔"字当头,"韧"为内核,形成"开放、融合、创新、变革"这些新的文化元素,对强势的西方文化采取了吸收它、改变它的姿态,在吸收中改变,在改变中生出新的文化生态。

这种柔韧的文化元素,首先从社会生活的细枝末节上,对西方文化尽情地显露出吸收它、改变它的奇异作用。

这种柔韧的文化元素,在关乎国计民生的大事上,照样对西方文化采取吸收它、改变它的方式,显出自己的弹性与张力。

柔韧的中国文化在坚持自己的同时,也在改变自己。

跨入选择的时代

恍然间,中国人开始跨入选择的时代。

在浩如烟海的中文词汇中,"选择"这个中性词,普普通通,毫不起眼。

然而,选择,对于什么都缺、什么都穷的中国人,却是罕见的稀缺品,中国人从来无可选择、无法选择。在中国,倘若可以凭着自己的意愿自由地选择,自然是一个翻天覆地的大进步。

选择,就是在众多的比较和鉴别中,选而择之。选择时代,意味着物品的丰富、需求的多元、思想与文化的活跃。这样的时代,当然应是现代的社会了。

与选择相对应的,是分配。中国人的选择时代,是由分配时代过来的,也就是计划经济的时代。在那个时代,权力高度集中,商品极度匮乏,由此形成自上而下的分配体制,让每一个人都难以独立生存。

计划经济时代,人最基本的食品和生活用品,都实行严格的配额制,从粮食、食用油、肉类、白糖到棉布、肥皂、火柴等,都要凭票供应。不胜枚举的票,有的是以斤以两计量,如粮票、油票、肉票等;有的是以尺以寸发放,如布票,每人每年一丈六尺五寸,从夏天的短裤、汗衫到冬天的棉衣棉裤,一年三百六十五天,就靠这一丈六尺五寸的布片来遮挡了。许多人至今还保留着当年的票证,以作为困难时代的见证。

如果说,商品紧缺造成人的基本生存都别无选择的话,那么,社会的等级制度,则又从另外一个角度,揭示了人的社会地位的别无选择,这种别无选择,让人更加无奈和无望,极大地压抑和窒息了人的发展空间。

人的社会地位的无可选择,在当年很大程度上体现在户口本、家庭出身、工作单位上。若以现今的眼光,这三者对人的发展根本无足轻重,然而在当时,却成为人不可改变的决定因素,人生的酸甜苦辣、悲欢离合,尽在其中。

户口本。这个手掌一般大的本子,却是人的命根所在、命脉所系。城市户口与农村户口有着不可逾越的鸿沟。若有幸生在城市,拥有了城市户口,就拥有了赖以生存的食品等配额,拥有了就业分配的可能,在无法选择的时代,比农村户口多了一些选择。至少,城市无法立足,还可以选择下乡,农村户口便没有了这种福分:农民除了种地,还是种地。

家庭出身。这在当时,无比重要。家庭出身构成了社会等级,这种社会等级是天生的,不可选择的。革命家庭出身,便自然拥有革命的光环,也就有了非同一般的人生道路。而基于社会底层的普通民众,除了做工人,就是当农民,不会有更多的选择机会。至于反动家庭的出身,就成为被教育改造的子女,遭受种种的歧视与限制,唯一选择就是与家庭划清界限。

工作单位。人参加工作,就有一个单位。农民所在的生产大队,也相当于一个单位。单位,对于当时的中国人,无所不管。结婚,要单位出具证明,单位同意,方可成婚。外出,要单位开介绍信,凭介绍信才能找旅馆住宿。子女入团、入党、入学、参军,都得父母所在单位政治审查。每一个工作单位,都设置了相应的管人、管思想、管政治的部门,单位可以根据每个时期不同的政治运动,监管人、审查人、批斗处分人。人在单位,关键的选择就是老老实实地工作。

计划经济其实排斥了人的自主选择。它的制度框架在本质上是自上而下,上与下的关系就是分配与服从的关系,指令与执行的关系。在那个年代,一些响亮的口号,就是这种自上而下体制的呼应,如"一颗红心,两种准备","所谓"准备",就是服从分配的"准备",最声势浩大的分配应是上山下乡,一道指令,几百万学生全部分配到乡下当农民。又如"出身不由己,道路任选择",这是鼓励反动家庭出身的子女背叛家庭,这才是唯一选择。还有很多喊得很响的口号,"扎根边疆,扎根农村"、"做一辈子革命的螺丝钉"等等,人们都自觉地去做,就如螺丝钉一样,默默地拧在社会这部大机器上。

无自由,即无选择。计划经济体制之所以被中国人坚决地摒弃,就在于这种经济体制,从根本上扼杀了人的创新思维和创造活力。这样的体制,最后选择的竟是"崩溃的边缘"。

走投无路的计划经济终究过去。中国人选择了改革开放,选择了市场经济,这大概是中国人有史以来最有意义的选择,揭开了中国现代文明灿烂的一页。

于无声处听惊雷,巨大的进步竟是从细微之处阵阵地爆发,选择的力量,推动了历史沉重的车轮。

取消家庭成分。家庭成分,曾经是中国人政治面貌的一个重要标志。以家庭成分划定人的政治等级,决定人的社会地位,本不该有的阶级烙印深深地打在了人的灵魂上。取消家庭成分,把人从沉重的桎梏中解放出来,让所有的人生而平等,这是"文革"结束后,打破人的精神枷锁的重大举措。这一天悄然而临,没有欢庆的鼓乐,没有铺天盖地的宣传,人们以尊严迎接到来的尊严:有尊严才有真正的选择。

允许自主创业。自主创业,其实是人原本应有的权利,天经地义。然而在当时,自主创业,实现自己的选择,竟要冒天大的风险。凤阳小岗村十八户农民,为了获得对土地自主承包的权利,在一个谁都没有察觉的夜晚,写下了震惊中国的农民血书,这一夜,竟演绎了中国历史上可歌可泣的惊天事变,实现自主选择竟是如此悲壮。所幸,计划经济大厦已然摧枯拉朽,小岗村农民血的突破,催生了波澜壮阔的全民创业:个体承包起来了,乡镇企业起来了,市场起来了,中国人的选择时代开始了。

倡导思想解放。思想解放,思想的闸门一经打开,便会激发全民族的勃勃生机,一个国家之发达,无不始于此。举国上下敢于思考、敢于实践,成为不可抗拒的时代潮流。中国人迎来了亘古未有的好时代:一个科学的、进步的世界就在眼前,灿烂的人类文明如此近距离地让中国人亲身感受。中国人开始了选择。

有选择,才有发展,才有进步。

中国人选择了市场和商品,便有了全世界都为之惊讶的商品海洋,昔日凭票凭证的困窘与苦难,已然冰消瓦解。

中国人选择了贸易和投资,便有了不可思议的世界之中国、中国之世界,昔日举步维艰的无助与无奈,自然一去不回。

中国人选择了开放与融合,便有了令人欣喜的和谐与进步,昔日的困守之国与困顿之民,已然融入了世界文明的洋流。

中国人选择高速公路、高速铁路,便有了一举崛起的高速路网;中国人选择移动通讯，便有了全球瞩目的移动网络，古老辽阔的国土，有了全新的时空概念。

中国人选择出国留学，便有潮涌般的学子，出现在遍及全世界的大学课堂里，让科学与文化无国界之分。

中国人选择出国旅游，便在世界的各个角落都能看到中国人活跃的身影，成为世界的一员。

中国人获得了选择的权利，便谱写出如此壮丽的神话一般的历史。

走上选择之路的中国人，不会后退了。

从未有过的"我"

"我",人的自称。

"我",从字形上看,左为"手"字,右为"戈"字,合在一起,以手持戈,即为"我"。这样的"我",自然是顶天立地,威武雄壮。

然而,现实中的"我",却并非如此。"我",只是一个个体,形单影只,独木难撑,离开了集体便一无所成。

"我",其实微不足道,似乎从来如此。

倘若世间有专门研究"我"的历史,那么,最近的历史便最新鲜,一些曾经耳熟能详、牢牢地主宰了"我"的往事,大浪淘沙,不知不觉地淡出了人们的视野。

我们姑且回顾一些历史的剪影。

我是谁?这么可笑的问题,在过去却得由组织上来回答。"介绍信"曾经是一个漫长时代的重要证件,只有介绍信,才能真切地说清"我是谁"。

介绍信,极具权威,有着统一的公文体格式,白纸黑字,写清了你的身份、政治面貌、去哪里、干什么,鲜红的单位公章,证明了你是谁。在祖国的大地上,没有单位的介绍,"我"便无法逗留。乡下农民甚至外出逃荒讨饭,也得生产大队的介绍信证明。

我在哪里?这是一个近乎荒诞却是不能回避的问题。我,可以在这里或那里,但那只是我的形,不重要。真实的我,藏在神秘的档案里,档案是我的魂。

档案,由上级组织所立,由一个个卷宗组成,紧紧地锁在厚实的铁箱里,无声无息地居于单位的保密之地。每一个人都有一份属于自己、而自己永远看不到的档案,不可更改地记载着连自己都不认识的"我":个人历史问题、家庭历史问题、我在历次政治运动中的表现、组织审查的结论,都一一赫然在案,甚至还有朝夕相处的同学、同事、同伴,对"我"曾经的言行给予毫不留情的检举信、揭发信。

　　档案,神秘的档案,威严的档案,记载了我,控制了我,决定了"我"这一辈子应该待在"哪里"。

　　我在干什么？这也是一个无法说清的问题。人们整天地忙,日日夜夜、加班加点地忙,却总是摆脱不了贫穷。为了公,贡献了私;为了集体,牺牲了个体。忘我的劳动,是我的全部价值。

　　"我是一颗永不生锈的螺丝钉,哪里需要就拧在哪里",这是社会的倡导,是每一个人的使命与责任。在计划经济这部大机器中,人只是机器的附件,就如螺丝钉那样微不足道而又必不可少,这便是每一个个体存在的全部意义。

　　有什么样的现实,便有什么样的文化,我们不妨以当时人们常见的一些活动,来剖析这些活动背后的文化心态。

　　大型团体操,这是重要的节庆开幕式中的一个必备的庆典活动。成千上万的人,聚集在运动场上,随着指令,整齐划一地做着规整的一招一式,所有参与者都无须表露自我,更无须自我的创新与创造。严格的命令与服从,有效的配合与协调,是团体操的精神内核。在这里,集体的意志是每一个人的意志,统一的步伐是每一个人的纪律。大型团体操以体育艺术的方式,塑造出中国人应该具有的价值导向和追求。

　　大合唱,这是中国人常见的一种娱乐形式。男男女女,老少兼宜,无数的人,一个挨着一个,一排贴着一排,整齐的队形有如人墙,大家一个调门发声,一个声音唱歌,千百个声音,成了一个声音。任何个体的声音,都只能依附在整体的声音上。整齐的声浪,淹没了每一个自我,这也是无须展示自我的活动。

　　团体操与大合唱,如此生动而传神地点出了"我"在集体中的地位和作用,个性的"我"被溶入了集体的大洪炉。战争年代的豪言壮语:"领导指向哪里,我就冲向哪里",在和平建设的年代,依然有着压倒一切的分量。

　　人人是"我","我"是人人,在崇尚集体主义、而把张扬个性贬为个人主义的时代,每一个人都是一样的:唱一样的歌,看一样的书,穿一样的衣,说一样的话,走一样的路。千百万的人,一样的人生,人人都日复一日、年复一年地为计划描绘的大厦添砖加瓦,大干苦干。加入劳动大军,是每一个人唯一的夙愿。

倘若没有改革开放的勃然兴起,这千千万万的"我",永远只是计划经济那庞大数据中的一个微弱的人口数字,只有在统计意义上,亿万万地集中起来了,才有惊人的震撼。

中国的改革开放,本质上是人的改革开放。充满活力的市场经济,天然地需要人的活力、想象力和创造力。

中国人终究迎来了属于自己的时代,有了从未有过的"我",这是独立的"我",个性的"我",努力实现自我价值的"我"。在一个可以自主的时代,每个人都是自己的上帝。

封闭僵硬的土地,因"我"这一人类历史上最有个性、最富创造的独立力量的崛起,而展现出开放与进步的活力。

从20世纪80年代开始,无数的"我",便如波涛一般地,奔腾追逐,飞扬拍岸,冲决着传统的藩篱。

家庭承包责任制。穷极困顿的中国农民首开先河,义无反顾地告别了压抑农民积极性的人民公社制度,走上了"我"的道路:"我"是土地的主人,"我"是时代的主人,"我"是我的主人,只有"我",才能改变贫穷,拥有未来。

自谋职业。城里的"我",勇敢地挣脱了计划经济的严重束缚,开始了"我"的历程:自己的"饭碗",自己创造;自己的前程,自己决定。他们从低微与贫寒之中,显现自己的独立与自尊,"我"的觉醒,便是命运的转折。

"下海"。有独立意识的公务人员自断皇粮,跃入市场经济的汪洋大海,在竞争的浪潮中,体现自己的潜能。无论如何,他们都是成功的,因为他们拥有自我,实现了"我"的精彩。

一部改革开放史,便是"我"的解放史、奋斗史。无数人的自我实现,创造了中国社会的空前进步。

中国人以介绍信介绍自己,以档案决定命运的时代,全然过去了。一个自己证明自己,自己创造自己的时代,悄然来临。

当我们以欣喜的眼光,打量人世间那一个一个的"我",竟然如此丰富多彩,如此昂然而立,且看如今的"我":

在教育背景上，可以是学士、硕士、博士，他们开始具有全球的视野，独立的思考。

在专业职称上，可以是工程师、经济师、会计师、律师、研究员、教授，他们以独有的自我，成为名副其实的专业人士。

在经济与社会领域里，可以是股东、董事、职业经理人、独立撰稿人、志愿者、慈善者、个人理财顾问、健康保健顾问、法律咨询顾问，有无限的发展，便有无限的"我"。

在个人爱好兴趣方面，各种摄影协会、书法协会、作家协会、美术协会，体育健身协会、收藏协会等，为"我"展现了多姿多彩的生活情景，"我"的价值被充分地展现了出来。

"我"不仅有名有姓，还有"号"：手机号、微信号、QQ号，以至银行账号、股市账号、身份证号、汽车驾照号，现代社会的这些"号"，成为"我"的身份与权益的又一象征。

这便是"我"，是中国历史上从未有过的"我"。

上古的中国，早就对"我"有美好的向往。孟子曰："万物皆备于我矣"，指的是世上的一切完全为我所有，万事万物都可以由我去思考，去认识，去探索。古代先贤如此精辟的思想，在专制社会自然只是空想，一个只需要奴隶和奴才的社会，不会有自我的天地。

"我"的崛起之时，便是中国的崛起之日。

惊人之变与惊人不变

这是一个最有变化的时代,这也是一个最少变化的时代。

这看似矛盾,却是当今中国的真实图像。

中国文化从本质上崇尚变,古云:"在天成象,在地成形,变化见矣","穷则变,变则通"。一部《易经》,其实就是一部"变经",通篇贯穿变的哲学。先秦的社会,是清末以前中国变动最激烈的社会,各种思想和观念,激荡风云,有力地推动了社会的变革和进步。

中国人却也有固守不变的传统。秦汉以后,中国的社会结构如凝固了一般,鲜有变动。在思想文化方面,变的观念也相对地少了。长达二千多年的封建社会,中国人被"统于一尊",只有朝代的更替,却无思想文化之巨变。

清末以后,在西方文化冲突下,中国终究开始变了,"夫中国亦何尝不变哉!","不知孔子而处于今日,亦不得不一变",朝野人士,无论何种心态,都不得不面对变革的时代。

或是饶有生气地变,或是墨守成规千年不变,最终难以维持而不得不变,这便是中国历史演进的特有格局。

始于二十世纪八十年代的改革开放,是中国亘古未有的历史巨变,天翻地覆,华夏每寸土地,都经受现代化的暴风骤雨般的洗礼,天下物事,无不在变。

一个商品奇缺、定量供应的票证大国,三十余年间,便成为一个商品极大丰富的生产大国、消费大国、出口大国。

高速公路从零公里起步,又是三十余年间,便在辽阔的国土上建起了四通八达的高速公路网络。高速公路方兴未艾,高速铁路又呼啸而来。

还是短短的三十余年,中国成为移动通信大国,十多亿人编织起举世罕见的通信网络,"移动通信"最终"移动了中国"。

三十余年时间,在历史长河中只是挥手之间,在中国,却能万众一心,拔地而起,移山填海,点石成金,亿万农民告别了苦守千年的黄土地,数亿城市人过上了现代的都市生活。

国家意志与人民创造凝合在一起,汇成了波澜壮阔的时代潮流,一穷二白的中国,开启了中国历史上从未有过的惊人之变。

今日之中国,天天在变,时时在变。然而,令人惊讶的是,但凡有变化之处,便有不变之处,恍如正在生长之树,却总被藤蔓杂枝牢牢地缠住,无法自由地成长。

惊人之变与惊人之不变,竟然如此不可思议地盘绕在一起。

中国的城市建设日新月异地变,美丽的城市,整洁的设施,与欧美国家的城市几无二致。中国人的陋习却一成不变:在公共场所随地乱扔垃圾,随地吐痰,污损公物,大声喧嚷,争先恐后地挤挤攘攘,一言不合便争吵斗殴,现代文明的环境,任意糟蹋,充塞着粗鄙的陋习。

中国人的联系方式前所未有地在变:移动通信彻底改变了人的通话方式,远隔千山万水都能瞬间听到真实的声音。然而,中国人讲真话依然是难能可贵的品质;电脑打字改变了人的书写方式,键盘和网络将文字快速地传输。然而,先进的技术手段无法表达人的真实思想,千篇一律的官样文章、八股文章,年复一年地写,真实的思想总是躲在文字的后面。

中国经济和社会的结构在快速地变化,资源的市场配置,人的自由流动、自由选择,已经成为不可改变的时代潮流,市场经济让中国活力四射。然而,经济和社会的治理方式却依然是僵化的计划经济时代的模式:用文件统一思想,指导工作,用会议部署落实。永远不变的是,无数的会场在开无数的会议,无数的会议在教育无数的群众。自上而下的治理方式,上智下愚的思维方式,一代一代地沿袭下来,中国人身体进入了二十一世纪,脑袋却还停留在上个世纪。

耐人寻味的是,中国的历史,现在也在变,更确切地说,变得离真相越来越近。千年的封建史,百年的近代史,被掩盖、被谎言、被扭曲的,实在太多。史料的发掘,信息的公开,理念的进步,原有的历史知识,不能不变:中国的现代文明,就是在继承优秀传统的基础上,向世界先进文明学习的成果;中国的历史,归根到底是人民创造的,人民推动了历史的进步,从来就没有救世主;中国的进步,本质上就是沿着人类进步的方向,不可逆转地前进着。历史在改变,然而,中国人的历史观却依然不变:中国人仍然迷信暴力,认为唯有暴力,才能改变历史;仍然迷信个人的力量和作用,而无视历史潮流的趋势与方向;仍然迷信权力,而不问权力的来源和权力的正义。

倘若睁大了眼睛仔细看,惊人之不变,在社会生活的各个角落竟有如此之多:

在快速发展的航空业,卫星导航,精确控制,现代科学技术几乎到了无可挑剔的地步,中国民航的客机惊人地没有准时的概念,几十年不变地误点。

在体现秩序的现代城市,各项管理规则如影随形,人们却依然无视最基本的秩序,把都市当荒野,习以为常地乱穿马路、乱闯红灯。

在快速变革的现代社会,中国人依然喜欢吃、喜欢喝,依然喜欢日日聚会,无节制地吃喝,以享受"舌尖上的中国"为快乐。

在高楼栉比、人流密集的都市,人们依然不计后果地用农耕时代的方式寻乐,点爆竹、放烟火,烟雾腾腾,火星四窜,每每付出惨重的代价,也无法改变这种低俗的快乐方式。

在热闹的广场,在宁静的社区,人们还是喜欢一群一群地高唱往日的歌曲,沉浸在狂热的岁月里,而无视他人,无视秩序。

在乡村,在城市,都能看到大幅的标语,口号即权威,各种鼓动式的、任务型的、告示性的标语口号,永远不会退出人们的视野,居高临下地指导一切。

在人际关系上,依然崇尚门第和等级,以家族的荣耀为荣耀,以父母的显赫为显赫,现代社会,仍然刻印着封建的色彩,背景和关系依然胜于能力。

中国人的文化心态没有变,还是喜欢"三国"中的权谋、"水浒"中的暴力,依依不舍地看着成百上千的嫔妃与皇帝的艳情,津津有味地看着贯串历史的阴谋与权争。历史糟粕依然是中国人的文化养料。

惊人之变与惊人之不变,大概是我们这个时代特有的景象,现代文明与传统的农耕文明历史性地交会在一起,就如入海的潮流,总在奔腾与回旋。

激浊扬清,所有的不变,总是要变的。

家庭生活的现代与传统

家庭是中国传统文化的堡垒。

曾经有日本学者在对中国长期研究后说过,即使攻破万里长城,也攻不破一个个由传统文化构建的中国家庭。

中国家庭恪守几千年的文化传统,如万里长城般坚固密实。世上尚无一种力量能够从外部攻破中国家庭的文化堡垒。

如今有了。一种新的强大的力量,正在挑战中国家庭的传统文化。即现代的生活方式,撼动了中国家庭传统的根基。

二十世纪八十年代开始,现代化的浪潮汹涌而来。封闭的、贫困的中国人,以无比的欣喜,迎接现代化的洗礼:

新式的公寓楼房取代了老墙门、大宅院,一户一居,厨房、卫生间、阳台、卧室,完整的设施,私密的空间,一个个温馨的小家庭,解构了传统的大家族;

洗衣机、电冰箱、煤气灶、电视机,登堂入室,传统的家务劳动、家庭娱乐有了全新的概念。家庭,除了亲情,又增添了更多的闲暇。

电话机、计算机、互联网,给家庭构筑起信息网络和虚拟世界,成为网络社会的一个结点,由家庭看世界,世界竟如此的逼真,如此的丰富。

空调、电扇、微波炉、热水器、电吹风、电熨斗等大大小小、各种各样的家用电器,成为家庭生活密不可分的一部分,让人享用,让人便捷,让人容光焕发。

中国平民百姓的家庭,自古以来,家徒四壁,一贫如洗。家庭不过是糊口之地,困守之地,传宗接代之地。中国传统文化不可思议地让家庭成为一个个顽强无比的文化堡垒,自有许多因素,其中之一便是,即使如此破败困顿的家庭,已然是中国百姓苟且生存的最后一隅。绝地求生,自然便有了堡垒的硬实。

现代化浪潮给中国家庭带来了翻天覆地的变化。由家用电器产生的新的生活方式,让中国人掀开堡垒,来不及抖掉身上的陈腐,便迫不及待地张开双臂,迎接全新的生活。

这是物质的,也是精神的。家用电器这一科学技术的成果,是家庭的物质财富,体现出家庭的经济实力和现代气息。同时,它们又激发出精神财富,改变着人们的思想和行为。

这是独立的,也是联系的。家用电器让每一个独立的家庭更独立,让人真正成为生活的主人。同时,家用电器又让无数个家庭紧紧地联系在一起,人们必须适应社会化的生存。离开了各种自然资源、社会资源,家用电器不过是一堆废弃件。

这是私密的,也是开放的。家用电器是家庭私有的,电话、电脑有专设的号码、邮箱,是人的私密空间。同时,它们又是开放的,是人与人、人与社会沟通的管道、开放的平台。这种私密与开放并存的双重属性,不仅体现了器物的价值,更体现了人的价值。

这是享受的,也是学习的。家用电器调节住宅的寒暑,减轻家务的负荷,展现荧屏的丰富多彩,点击网络的精彩纷呈,让人充分享受现代的家庭生活。同时,人操作机器,就是一个学习的过程,家用电器不断更新换代,人就得不断学习。而电视、电脑,则更是人终生学习的良师益友。

这是家用电器节约人时间的方面,也有让人沉湎其中的方面。家用电器把人从繁忙琐碎的家务劳动中解放了出来,有了相对的闲暇和自由。然而,人们却又把更多的时间沉湎在电视、电脑和网络中。人节约了时间,时间又以另一种方式控制了人。

家用电器时代产生了新的生活方式,给家庭生活、家庭文化引来了深刻的变革。弹指之间,中国人已然跨越煤油灯照明、河埠井边洗衣、劈柴烧火做饭、露天搭台看戏的传统时代,开始享受现代生活。

这种现代的家庭生活,与消费社会紧密联系,人们追求时尚,追求品牌,追求个性。人们的喜好,既是潮流的,又是多元的,就如阳光下的滚滚大潮,每一个水珠都会透出斑斓的色彩。

这种现代的家庭生活,与商品市场紧密联系,没有国界、地域的限制。人们在西门子冰箱里放置美国的可口可乐、在松下洗衣机里洗涤中国毛衣,在飞利浦彩电里欣赏NBA球赛。家庭生活首先步入了人类共同文明的时代。

这种现代的家庭生活,洋溢着浓厚的文化气息。电视机、影碟机、音响、电脑,将各种各样的文化产品带入家家户户,是欣赏,是休闲,是陶冶,是人心灵的净化与提升,善良、公义,民主、自由,逐步成为人们共同的价值观。

然而,中国现代家庭生活,却是萌发于中国传统文化的土壤。由这块土壤滋润成长的枝芽,亦即新的生活方式,自然带有传统文化深深的印记。

这种传统文化所烙的印记,有其正面性,支撑着中华民族生生不息地坚守正义、乐善好施、勤劳传家,成为中华民族万世不衰的成长基因。

凡事自然有两面性。传统文化的负面性,本来已随社会进步而日渐式微。却又因家用电器的大量普及而卷土重来:

电视机,无异给每家每户立起了清新、向上的文化窗口。然而,播放的却是宫廷恶斗、江湖仇杀、劫富济贫一类的影视,鼓励暴戾,崇尚权争。即使现代作品,也张扬官以民为本,官为民做主,官能救民于水火,官能为民谋福祉,真把公民当臣民。先进技术成为陈腐文化的载体,封建腐朽思想得以大规模的传播。

洗衣机、电冰箱,节约了时间,让人们有足够的闲暇阅读、学习。然而,人们反以这种闲暇,更投入地打牌、打麻将,三五成群,通宵达旦。一个热衷于麻将桌的人群,自然是浅陋的视野,温良的顺民。器物的进步,并不等于精神的进步。

电脑、互联网,给家庭打开了一个现代的信息世界,人类文明从未如此真实、如此迅速地展现。然而,人们却以传统眼光看世界,认定只有永远的敌人,却无永远的朋友。在开放的信息社会,又让自己孤独地封闭了起来。

无论如何,家用电器总是带来了新的生活方式,让家庭有了现代化的气息。家庭堡垒的门户打开了。

然而,封建文化的毒素,依然如鬼魂一般地在徘徊。

现代与传统,还是在对峙。

灵巧和谐的筷子王国

中国是一个筷子王国。

谁都无法统计,中国有多少筷子。若把古往今来的筷子都统统堆积起来,恐怕是一道吓人的筷子山脉。

与中国人一生最有缘分的,大概是筷子。这门吃饭的工具,是人生首先学会的技艺。一副一副的筷子,竹制的,木制的,朴实简单,忠诚地伴随着主人,品味人生的酸甜苦辣。

筷子,是中国人的一大发明,自有文字记载,已有 3000 多年的历史。从原始人用手抓东西吃,到用筷子吃饭,自然是中国文明的一大进步。英国学者罗伯茨在其所著的《西方人眼中的中国饮食文化》一书中援引雷蒙德·道森的话:"区分文明人与野蛮人有一个明确的界限,就是看餐具的变迁,从原始社会用手抓取食物,到文明社会开始使用筷子,直至后来出现了刀、叉。"看来,简单的筷子,却划出了野蛮与文明的界限。

筷子在中国人手中,灵巧无比。那捏筷子的动作,直让外国人看来比高难度的体操动作还复杂:一副筷子把人的五指分成三部分:拇指、食指在上,无名指、小指在下,中指在中。使用时,用食指和中指灵活地操纵筷子,其实就是手指的延伸,灵巧和谐,伸展自如。

筷子,古名是箸。富贵人家有金筷、银筷、铜筷,还有象牙筷。《史记》十二诸侯年表:"纣为象箸,而箕子唏",意思是纣王使用象牙筷子,而箕子忍气吞声地叹气,可见筷子在上古的时候,还能显出身份的不同。然而,筷子更多的是竹筷、木筷。愈至社会的发达,筷子的使用也便愈趋向一致。至如今,无论是身价亿万的巨富,还是打工谋生的平民,无论吃的是山珍海味,还是粗菜淡饭,都是靠一副竹筷子、木筷子,算是社会诸多不平之中的"筷子平等"吧。

古人对筷子特别钟爱。在汉字中,"筷"和"箸",几乎不与其他的汉字组词搭配,显出这两个字的专用属性。在使用时也有讲究,不能用筷子指点他人,不能用筷子敲打碗碟桌面,用完筷子要轻放,不要发出响声,如此等等,显出筷子的各种礼数。穷人一无所有,乞讨为生,随身一副碗筷是最后的财产。富人腰缠万贯,进阴曹地府,也给带上筷子。马王堆汉墓、四川大邑东汉墓出土中,都发现制作精美的竹箸和铜箸。

筷子在中国古文化中,还常常充当特殊的道具,给后世留下深深的文字印记。《三国演义》中,曹操与刘备两大政治对手煮酒论英雄。曹操用手指指刘备,又指指自己,说:"今天下英雄,惟使君与操耳!"刘备大吃一惊,手中之筷惊落于地。时正值天雨将至,雷声大作,刘备趁机俯首拾筷,一句"一震之威,乃至于此"把刘备的紧张慌乱掩饰了过去。古典小说《金瓶梅》中,也有将筷子作道具的生动情节。西门庆与潘金莲初识对酌时,为勾引潘金莲,有意无意地将筷子掉落下去,正好横在潘金莲的脚背上,西门庆俯身拾筷,趁着酒性,借机在潘的脚背上亲昵,一根小筷子竟成就了西门庆与潘金莲的一段孽缘。

在古代的种种筷子中,承担最凶险使命的是银筷。银筷,通常是短短细细的,一副筷子的顶端,一般都是以精美的银链拴在一起,平日里不常使用,显出它的尊贵。银筷能测毒,因而为主人走上鉴毒辨毒的第一线。富丽堂皇的宫廷,是阴谋与权争的中心。皇帝虽有九五之尊,却也常常祸起萧墙,各种惊心的凶杀防不胜防,银筷与刀剑都是护卫皇帝的战器。

筷子在民间还有特殊的象征。朋友之间,或为同心协力成一番事业,或表示忠心耿耿,矢志不渝,便会折筷结义,立誓盟志。民间还常以筷子来显示团结的力量,所谓一根筷子,一折就断;一把筷子,千折不断,就是一个形象的比喻,只要人心齐,抱成团,任何外力都无可奈何。

自古而今,中国人的生活方式与日常习俗,不知道变化了多少。譬如穿衣,从长衫马褂,到中山装、西装、休闲装;譬如做饭,从烧草、烧柴,到烧煤、烧气、烧电;譬如出行,从骑马、坐轿,到自行车、汽车、火车、飞机,社会越发展,生活方式也越进步,举凡目光所及,一切皆在变化。让人拍额称奇的是,唯独用筷子吃饭,却是亘古不变。筷子王国,超强地稳定。

一种生活方式,若千百年地传袭,恍若生命的一部分,那么,这种顽强的生活方式一定有其独特的基因,独特的存在价值。筷子便是如此,这简单得不能再简单的器物,却现出中国式的生存之道。

但凡会使筷子的,都知道筷子的生命在于协调和平衡。两根筷子相依为命,缺一不可。拨动时,一根主动,一根从动;一根在上,一根在下;全凭手指的拿捏与把握,收放与调节。据说用筷子时,竟能牵动人的80多个关节和50条肌肉的运动。这种天生的协调与平衡的本事,让西方人惊羡不已。当年美国总统尼克松访华前,曾经苦苦地习练使用中国筷子。没想到,这双全世界权力最大的手,却拿不稳中国的木筷子。

中国人通过筷子从小学会的协调与平衡,成为思维和行为的潜意识,在家庭生活和人际关系的处理中,常常被这种潜意识所影响。古代中国人在自身修养上,提倡"张、节、弛",就是张放、节制、弛紧的意思,这是做人之道,也是筷子之道。

中国特有的圆桌,也体现了筷子那种协调与平衡的意识。一张圆桌,亲朋长幼,济济而坐,融洽自在,一团和气。圆桌上加放转盘,缓缓转动,再多的菜肴,这桌边的人都能举筷而挟。圆桌与筷子,其所透出的协调与平衡,竟是异曲同工。

筷子在中国人手中,愈几千年而不废。质朴无华的两根棍子,从农业文明撑到工业文明,从乡村陋屋撑到摩天大楼,竟然撑起了永不倒塌的筷子王国,自有丰富的内涵。倘若筷子有生命,其生命基因,是享有了人所给予的自由:两根小棍子,在人的主导下,自由地分工,自由地合作,它原本极其简单的素质,一经组合,竟被神奇地成倍数地放大。

在和谐稳定的筷子王国,没有窒息的氛围,没有严酷的管制,用什么筷子,怎么用筷子,全凭个人的意愿和选择。在威权政治下,专制的权力无处不在,譬如一支笔,不是什么都能写;譬如一件衣,不是什么式样、什么颜色都能穿,严格的规制,限制了种种的自由,窒息了种种的活力。而唯独筷子,虽有穷富之分,却无等级之别,每一个人都能自由自在地使用,专制社会这难得的自由空间,竟让筷子生生不息地传承了下来。

筷子的这种自由,还表现在高度的灵活性和丰富的想象力。梁实秋说:筷子"能夹、能戳、能撮、能挑、能扒、能掰、能剥,凡是手指能做的动作,筷子都能。"中国人的筷子,因为享有自由,便有如此难以想象的功能,忠心耿耿地承担起人所负有的使命。

筷子王国,因自由而永存。

快生活与快餐文化

"时间从我们的头顶飞驰而过,但是把它的影子留在了身后。"这是纳撒尼尔·霍桑的名言,气势无穷,回味也无穷。

如今的中国人,竟也进入了"时间从我们的头顶飞驰而过"的境界,偌大一个社会,飞快地转动了起来,快得惊人,快得都让人把握不住了。

中国人历来以慢生活著称。男子穿长衫,踱方步;女子缠小脚,移金莲;家家户户日出而出,日落而归。起居谋生的范围,也仅百丈之内,慢慢悠悠地打发时间。

大概是慢得太悠久了,慢得让人好像始终活在历史中,竟然想不起还有未来。

二十世纪后期,沉重的国门打开,中国人终于惊醒,开始了追赶时间。这一追,就再也停不下来,好像一口巨大无比的时钟,上紧了发条,快马加鞭,时间飞起来了。

高速公路从零公里甫一起步,便迅即在全国形成网络,把在普通公路上的汽车速度提高了一倍以上,汽车飞奔起来了。

高速公路建设的尘埃还未落定,高速铁路来了,把高速公路的速度又提高了一倍还要多。火车飞奔起来了。

交通网尚在形成之中,流量惊人的信息网已横空出世。如果说有形的交通网以小时计算速度,那么无形的信息网,则以分以秒地计算速度,天量一般的信息瞬间而至。信息飞奔起来了。

城市在飞奔。自行车、电瓶车、摩托车,高架、轻轨、地铁,都在争分夺秒飞快地行走。城市的形象在飞快地改变,古老的、传统的,眨眼之间都现代了、时尚了。

经济在飞奔。股市牌价瞬间涨落,黄金价格、外汇牌价夜以继日地盯着国际市场,财富在快速地流动。企业也在高速地发展,"抢抓机遇,抢占市场",争着挤着走上生死竞争的不归之路。

这一切的飞奔，其实，是人在飞奔。人创造了快速的器物，快速的器物又让人更快地奔走。在快生活的急速旋转下，人生漫长的生活，被一段一段地切割，每一段都是飞快而来，转眼即逝。

上学的，要有好成绩，要考好学校，于是有了连绵不绝的考试：期中考、期末考；摸底考、模拟考；中考、高考。大大小小的学生在各个不同的考场里，飞快地奔进奔出。

打工的，要使之有长久的勤勉，于是有了两年一聘、一年一聘乃至一事一聘的快速合同制。潮水一般的临时工，永远都在争来挤去地找工作、签合约，在城市、在企业流来淌去。

当官的，要有丰富的历练才能提拔，于是在各个不同的岗位，走马灯似地旋转。庄严神圣的职位，都成为锻炼学习的平台。铁打的营盘流水的官，来也匆匆，去也匆匆。

人生原本有欢乐甜蜜的童年，有充满理想和活力的青少年，有稳重厚实的中年，还有晚霞灿烂的黄昏暮年。人生的每一段都值得细细地去体味、去享受。然而，在快生活的驱赶下，人生之路竟是狂奔之路，每一段人生都还来不及品尝，便已流星般逝去。

被切割的生活，自然带来被压缩的时间与空间，新的生活形态也就随之而来：购物消费，只要上网点击，就会有特快专递飞奔而来；家政劳务，只要电话预约，就会有按小时付费的钟点工应召而至；专业培训，有各种各样的速成班、强化班，让你快速成才；种植养殖，又有如神话一般的科学催生法、速长术。快生活主宰了人生，所有的人都如飞一般地奔跑，甚至连怡情养性的观光旅游，也是马不停蹄，一天观光一座城市，十天游历十个国家，风一般地刮过去，又风一般地刮回来。

慢不下来的中国人，便会有慢不下来的文化相配。这种慢不下来的文化，姑且称之快餐文化。

快餐，是一种能够迅速提供食用的饭食，简单实惠，片刻之间，就填饱了肚皮。于人而言，也只是长力气而不添营养。

快餐文化，只是一种快速消费的文化：能解饥饿，却往往只是果腹，无助于固本培元；能显热闹，却也只是浮光掠影般的热闹；能流行天下，却又是一阵风、一风吹，留不下半点印记。

快餐文化，是一种快速的文化，唯有快，才能在快生活中吸引人，打动人。微博、微型小说，几十个字、上百个字，高度浓缩，只把要紧的说出来、写出来。创作快，阅读也快。文摘，也是如今热销的文化产品。一篇论文，一部作品，摘成短短的几行字、几段字，只把最精华的显露出来，只望吸引眼球。可怜作者苦心孤诣的长篇大作，谁也顾不上多看几眼。

快餐文化，是一种简单直白的文化。如今流行的文化已如快餐一样的能复制，能批量，让成千上万的人同一时间吃同一的食物。手机短信群发，算是快餐文化的典型。逢年过节，都以短信致贺。一样的祝愿，一样的恭贺，手机一按，便几十份地群发出去。千篇一律、味同嚼蜡的祝词，已无远亲近邻之分，也无同学师长之别。这种简单的文化，对人生大事也一样地简简单单。婚庆殿堂，都是可复制可套用、千人一面的证婚词；葬礼告别，一百只、一千只花圈，都是一式的挽词："某某某千古"，"某某某永别"，只有落款的不同，绝没有内容的变化。人已无需动脑，也懒得动脑。

快餐文化，也是一种消费的文化。消费文化最大的一个特点，是迎合人的口味，无视文化本身的内涵。血腥的暴力、离奇的打斗、香艳的宫廷、风情的军旅，是如今影视作品的主打题材，各种匪夷所思，却都登上大雅之堂。编创者无所谓严肃与荒诞，不顾忌真实与谎言，消费者自然也只是图个快乐，图个刺激。看一部悲剧电视，还没来得及体悟悲情的震撼，下一时段的喜剧作品便在哈哈大笑中登场。悲惨与欢乐，都只是一种消遣。

快生活与快餐文化下的中国人，无论想什么、做什么，只是想着快些、快些、再快些。快，已然成为时下中国人的生存方式。

中国文化素以持重深刻而别具一格，多少经典之作立千古而不朽。如今在快餐文化的冲击之下，新出现的文化竟如鸿毛一般地轻盈，随风飘荡而无定性；又如焰火一般地眩目，灿烂一阵便灰飞烟灭。

虽如此，快餐文化却依然强势。

当文化不再厚重地沉思，人便简单而快乐地活着。

如影随形的信仰

中国人还有信仰么？

这是一个现今人们经常会设问、自问的话题。

信仰，是人类生生不息的精神支柱。真正的信仰，会让人坚信、坚毅、坚忍，有理想有目标地活着。

中国人自然有信仰。

一般而言，信仰包括人生信仰、政治信仰、宗教信仰。不同的信仰，便有不同的世界观、人生观和价值观。

人生信仰，是做人的一种较高的境界。一个人若愿意以毕生的努力，去实现自己的人生理想和目标，体现人生的价值和意义，这自然是一种正面的人生信仰。当年毛泽东曾经要求革命队伍的同志，都要做"一个高尚的人，一个纯粹的人，一个有道德的人，一个脱离了低级趣味的人，一个有益于人民的人"，在一个普遍贫穷而又盛行理想主义的年代，这样的人生信仰，便是一种莫大的激励。此后的雷锋精神、雷锋时代，便是这种人生信仰的体现。

如今的人们，具有这样的人生信仰，已然难能可贵。丰富多彩的商品经济，波澜壮阔的全球化以及瞬息万变的信息化，人们的价值取向，再也回不到往日的纯粹和单一，理想主义的情怀被物欲社会的现实无情地取代。许多人抛弃崇高，追逐实惠，为蝇头小利而不顾人生大义，稍有点地位的人，不择手段追名逐利，甚至居庙堂之高的人，竟无青史留名之念，也偷鸡摸狗，男盗女娼，直让普通百姓不知崇高为何物。没有理想信念的庸庸之徒，似已成为社会之大流。

大国庸民，情何以堪？缺乏健康向上的人生信仰，必会被庸俗所销蚀，失去人伦、人性和人格。现如今，社会上假话充塞、假货泛滥，一切真实皆可假冒，一切纯真皆可欺诈，目的卑鄙，手段更卑鄙，如此种种，便是人生信仰缺失的佐证。

宗教信仰，是人与所谓"超越力量"之间的关系。虔诚的信众，通过神秘的宗教，获得心灵支持和慰藉，克服对未知的恐惧和未来的焦虑，面对神灵反省人生，感恩人生，这自然是一种正面的宗教信仰。

中国人在诸多的宗教信仰中，信佛教者居多。但凡寺庙，都是人流如潮，看上去万分虔诚与敬畏，却大多不懂佛教的教义，不明佛教的学理，不守佛教的戒律，见庙就叩头，见神就上香，只求富贵与平安，在菩萨面前大行实用主义。说是信众，出了庙门便入凡尘，照样你争我夺，尔虞我诈，其实无所谓信仰。

中国人的宗教信仰中，掺杂着大量的迷信。无论达官贵人，抑或升斗小民，都信八字算卦，信面相手相，信巫婆神汉，信墓穴、宅居的风水，信包治百病的气功大师，在高度现代化的今天，依然盛行算卦的网站和软件。如此迷信，只是助长人的自私自利、贪图富贵的卑贱的价值取向。迷信在中国人的宗教信仰中，扮演了认命、信命的角色。

中国人如此的宗教信仰，没有带来忏悔思过、虔诚处世的精神境界，没有抑制无尽索取的贪婪之心，人的灵魂堕落，宗教也无法拯救。

政治信仰，就是一种政治理想，是中国的主流信仰，有着从上至下覆盖中国的极为庞大的人群。在革命和战争年代，政治信仰就是夺取政权，建立人民民主的国家，人人有工做，人人有饭吃，这种真诚而朴素的政治信仰，激励无数人前赴后继，以忘我的牺牲精神，实现如史诗般壮丽的中国革命事业。

中国人把实现共产主义作为政治信仰的崇高目标。新中国建立后，天真烂漫的孩童，当系上红领巾的一刻，就宣誓要为共产主义奋斗终生，人生道路还未踏上，政治道路已然展现：今天参加少先队，明天加入共青团，长大了要入党，共产主义的理想信念，就是自己的行动纲领。

共产主义的理想来自于人类社会的发展规律，马克思主义的理论作了经典的阐述。只有系统地、科学地学习马克思主义理论，才能坚定共产主义理想和信念。然而，中国人对马克思主义理论的理解，连一知半解也谈不上，普通的工农大众，就其可怜的文化水平，根本无法涉足马克思那深邃而广博的理论体系，在他们眼里，马克思主义与共产主义一样的遥远，一样的陌生。

无论如何，马克思主义就是中国人政治信仰的核心。让亿万人民信仰马克思主义，国家的法律，党的章程都做了明确的规定，中国人的思想应该统一，必须统一。毛泽东对马克思主义的理解，代表了全党的认识，"马克思主义的道理，千头万绪，归根结底就是一句话，造反有理。于是就斗争，就反抗，就干社会主义"。毛泽东的一句话，把马克思主义理论和中国当时的现实结合了起来，中国人的政治热情被成百倍地调动了起来，许许多多不知政治为何物的人，都大张旗鼓地投入了政治斗争，狂热的政治信仰让人的思想简单、意志坚定。

阶级斗争的时代终于过去，中国人进入了改革开放的新时代，"把国民经济搞上去就是最大的政治"，这是动员，也是宣誓，人们的政治信仰随着政治坐标的转变而转变，随着政治任务的丰富而丰富。如今，政治是政治，经济也是政治，经济更是看得见、摸得着的政治。经济与政治平起平坐，相互影响，曾经冷落的金钱终于扬眉吐气。当然，政治仍然是灵魂，只是灵魂深处已经有了金钱的地位。

政治与经济，政治与现实的结合，让政治更务实，让经济变崇高。政治信仰，就是一个随时势不断变化而不断调节的信仰，始终让人生活在现实之中。

至高无上的政治，还让许多人直接把政治理解为权力，政治信仰最终变成权力信仰，前呼后拥的权力，指挥一切、调度一切的权力，让一切人顶礼膜拜的权力，成了一些人政治信仰的最终归宿，未当官的，想当官；当了官的，不顾一切爬上去，当大官。政治没有边界，权力也就没有边界；政治没有监督，权力也就没有监督。政治信仰，在和平年代，成了无约束无风险的信仰，投机钻营的人成为政治信仰中的弄潮儿。政治信仰终被无情地亵渎。

现在的人，都说中国人失去了信仰。

其实，中国人还是有信仰的，这个社会的正义与正气，就是坚定的信仰在支撑。

当然，信仰的滑落与投机，也是不争的事实，社会的种种恶形恶状，便是没有信仰的报应。

如影随形的信仰，总是很现实地因时而变，因人而变。

柔韧的文化元素

波涛汹涌的大海，汇聚成洋流，追逐奔腾，滔滔不尽，显出无比的生气。

当今国际文化颇有海洋的气势，宏大包容，激浊扬清，一如无地域国界之分的洋流，让硕大的海洋融会贯通，结成了互依互存、密不可分的生命体。

中国传统文化在世界文化中自成一脉，与世无争，逾千百年而浑然不觉。

然而，二十世纪注定是中国脱胎换骨的世纪，尤其是改革开放和全球化时代的到来，中国传统文化遇到了自己强大的对手——国际现代文化。这种文化以其在自然科学领域、经济领域和人文领域无可比拟的优势，极大地获得了在人类文明进步中的主导地位。国际先进的产品、技术和管理，借着资本和国际规则的力量，全方位地进入中国大陆。

经济力量的背后是文化力量。国际现代文化中的西方文化、西方生活方式和价值观，进入中国人的生活。

东西南北，庞大的公路网，疾驶而过、数之不尽的是，各种款式的外国名牌汽车："奔驰"、"宝马"、"别克"、"丰田"、"法拉利"、"宾利"，全球顶级的汽车，在中国大地上展示工业文明的力量。

万里云空，冲天而起，呼啸而去的是美国的"波音"、欧洲的"空客"，庞大的机体，轰鸣的引擎，在在显示西方强大的科技和制造能力。

"微软"、"谷歌"、"苹果"，这些深刻影响人类的品牌，体现了高科技与想象力完美的结合，把中国人引入了全球的信息时代。"肯德基"、"麦当劳"、"星巴克"，则又让中国人体验到了西方别具一格的生活方式。而"好莱坞"大片，又通过曲折的情节、逼真的影像和高科技制作，以艺术的方式，向中国人输出了美国人的价值观。

西方的思想和文化进入中国大陆的方方面面，中国人在不知不觉之中，把这些文化当作自己生活的一部分，甚至以西方文化来标识中国事物。大至一座城市,如"东方的日内瓦";小至房地产楼盘,如"某某的威尼斯"。英语也大量出现,如,在宾馆的招牌上标示"Hotel"、警车、警服上印上"Police"、公共停车场地树起"STOP"牌子,英语词汇频频地出现在网络、报刊、书籍、广告、商业品牌、影视之中,现今世界最通行的语言——英语,与中国文化如此奇妙地融合,这中间自然有中国传统文化创新求变的因素。

文化有如一道丰美的大餐,青红绿黄,酸甜咸辣,由许多不同的元素组成。中国传统文化的元素,如仁、义、礼、智、信,撑起了传统文化的主体。如今面对滚滚而来的西方文化,中国传统文化的元素,不屈不挠地求新求变,尽显了柔韧的一面。

所谓"柔韧",即"柔"字当头,"韧"为内核,形成"开放、融合、创新、变革"这些新的文化元素,对强势的西方文化采取了吸收它、改变它的姿态,在吸收中改变,在改变中生出新的文化生态。

这种柔韧的文化元素,首先从社会生活的细枝末节上,对西方文化尽情地显露出吸收它、改变它的奇异作用。

超市。即超级市场,也叫自选商场。这是欧美国家一种新型的购物方式,一般不设售货员,由顾客自行选取所需商品。在国外的超市购物,宽畅,安静,消费者自行选购,而商品则都是包装、捆扎妥帖,一切都是井井有条。超市进入中国以后,一样的商品丰富,一样的自行选购,却又在许多方面别开生面,与国外原来意义上的超市相比,已经大相径庭了。

中国的超市,商品奇多,人也奇多。很多货架前,都有售货员,起劲地推销商品。喇叭声声,也是一遍又一遍地叫卖商品,人头攒动,人声鼎沸,超级的喧闹。更有中国特色的是,超市居然卖起了活鸡、活鸭、活鱼、活虾,现买现杀,雪亮的刀,沸腾的水,血淋淋,湿漉漉。至于炸油条、蒸馒头,炒面条、烤鸭子,忙得不亦乐乎,买得也不亦乐乎。这般热闹的超市,国外会有吗?

圣诞节。每年12月25日,是西方基督教徒纪念耶稣基督"诞生"的节日。如今,许多的中国人也开始过起了圣诞节,却又让圣诞节变成了中国的味道。

圣诞节,是西方文化的一个象征:白色、绿色、红色,是圣诞节的主题色,如白雪、绿树、烛光,代表着纯洁、生命和希望。圣诞节之夜,常绿的圣诞树,白须红袍的圣诞老人,如童话一般地向儿童分送礼物。圣诞节,是西方人的欢乐之节、希望之节。

中国人也过圣诞节,却无所谓圣诞的主题与内涵,基本以吃喝为主。各大宾馆饭店都会早早地推出圣诞大餐,有生猛海鲜,有歌舞表演,有摸奖助兴,但都得掏钱买票,用钱买一份圣诞的欢乐。当然,最尽兴的还是吃喝。西方人喝酒,在轻音乐和烛光中细细品味,款款轻语。中国人喝酒,大圆桌,呼隆劝酒之声,不绝于耳。这样的圣诞,国外会有吗?

西装。西方人特有的一种服装式样。作为男人的正装,精干,挺括,气度不凡。西方人珍爱西装,至今仍然保留着手工缝制的方法。西装在正式场合作为男人的体面服装。穿着之时,极有讲究,必得与衬衫、领带配套,还需发型的端正、皮鞋的光亮。

中国人也穿起了西装,却又是另一种味道。西装从流水线上生产出来,低质的面料,低档的价格,为的是让低消费的人群也能穿上。这样的西装,已经没有了神采,瘪塌塌,皱巴巴,不拘形式、不论场合地穿西装,甚至在建筑工地光着膀子穿西装。这样的西装,国外会有吗?

这种东西方文化的遭遇,只要稍稍留意,几乎举目皆是:

欧式的楼房,内里供奉的却是关公像、祖宗牌位,香烟缭绕。

豪华的西式轿车,内里悬挂的却是佛像,佛珠,保佑平安。

演艺场内,挎着长枪跳芭蕾,中国故事嵌入古典芭蕾;嗑着瓜子听音乐,中国市民与西方音乐,中国式的娱乐欣赏。

商品广告,大都是"洋人"脸面,国际影星、体坛巨星,放下身段,推销起中国商品。

这种柔韧的文化元素,在关乎国计民生的大事上,照样对西方文化采取吸收它、改变它的方式,显出自己的弹性与张力,市场经济在中国,便有中国式的搞法;经典理论到中国,便有中国式的理解;奥林匹克到了中国,便有"举国一致"的体制面对这人与人的竞赛。

强势的西方文化与柔韧的中国文化,继续如戏剧性地冲撞与融合。当中国人在担心被"西化"、西方人却是担忧被"中化"的时候,东西方文化都已被巨大的洋流所冲击、所吸引,融入了改变世界、改变人类的全球化之中。

柔韧的中国文化在坚持自己的同时,也在改变自己。

连绵起伏的家文化

在中国这块广袤的土地上,江河平原,气象万千,更有那逶迤不绝的崇山峻岭,这是国土的神魂所在,历尽沧桑,岿然屹立。

这恍如中国传统家文化的全景图:古朴苍凉,安之若素;连绵起伏,生生不息。

有人,便有家。有家,便有家文化。中国的家文化,自然来自于古往今来莫可指数的家庭、家族。无论富贵,无论贫寒,中国人的家,始终稳稳地固守农耕社会的价值标准。王朝自有兴替,家族更有兴衰,而家文化却百攻不破,历久弥坚。

中国现代思想家殷海光先生致力于中国文化研究,对家文化有独到的见解,他曾经指出:"家族是中国传统文化的堡垒。中国文化之所以富于韧性和绵延力,原因之一,就是由于有这么多攻不尽的文化堡垒","在所谓'专制时代',中国就是以一个家族作中心统治着所有的家族"。

日本学者稻叶君山也曾经感慨地说:"保护中国民族的唯一障壁,是其家族制度。这制度支持力之坚固,恐怕万里长城也比不上。"

中国的国学大师钱穆先生,更是一针见血:"中国文化,全部都从家族观念上筑起。"

这些学术大师所指的"家族、家族制、家族观念",自然是家文化的重要内容,这些思想光芒,折射出家文化在中国社会无比重要又无可替代的地位和作用。

中国的家文化有如此生命力,其灵魂便是"孝"。"夫孝,三皇五帝之本务,而万世之纲纪也。"在中国传统社会,所有的道德规范中,孝为众德之本,"大行之美,以孝为第一"。孝,维护了家庭秩序,约束了个体行为,持续了家族命脉。

所谓孝,其实是人类的基本感情,无论何种文化、何种社会,都有基本的孝道和孝行。然而,中国家文化中的"孝",却经由礼教和传统的特殊强化,已然具有祖宗崇拜的宗教色彩,列祖列宗的墓地、神像和牌位,是子孙顶礼膜拜的精神寄托。而在家庭现实生活中,下一代为上一代尽孝,子子孙孙,莫不如此。老有所养,老有所敬,自然是好。然而,这代代相袭的孝道,便也构成了家族威严的服从体系,一家之长便是一家之尊、一家之主,家长制无可撼动。

家文化在体现家庭秩序与长者权威的同时,也构筑了家庭的温情与和谐,展现出家庭生活的无比魅力:承平时代,有男耕女织,勤俭持家,严父慈母,耕读传家;家族创业,有三兄四弟一条心,门前黄土变成金,三兄四弟各条心,家中黄金变成土;危难岁月,有上山打虎亲兄弟,上阵杀敌父子兵;烽火连三月,家书抵万金;慈母手中线,游子身上衣,临行密密缝,意恐迟迟归。这些遍布民间的格言警句和渗透浓浓家情的诗句词话,至今仍然流传,可见家文化强大的统摄力和持久的凝聚力。

中国传统的家文化,如磐石一般地坚稳,又如帛绸一般地绵柔,任凭岁月的风吹雨打,任凭历史的千磨万击,天不变,道也不变,既不辞劳苦地滋润、呵护着家庭,也约束、控制着全部家庭成员。

然而,天下事岂有一成不变?历尽千年而盘旋不进的家文化,终于遇到了从未有过的强势力量,陷入了岌岌可危的境遇。

二十世纪五六十年代,特别是"文革"时代,严酷的政治风暴主宰了中国社会。冷酷的阶级斗争,闯进温情脉脉的家庭,政治立场与家庭出身的严厉审查,如暴风骤雨般地刮起。数不胜数的家庭,父子反目,夫妻成仇,"划清界限,背叛家庭"成为"可教育子女"的唯一选择,中国人世代承袭的家庭伦理,如摧枯拉朽一般,轰然倒塌。现任北京博圣律师事务所的律师张洪兵,当年听到母亲在家议论领导人的言论,年仅16岁的他,"大义凛然"地写了检举信,两个月后母亲竟被枪决(载于2014年6月23日《羊城晚报》),这样"血淋淋"的阶级斗争,虽然是个案,然而,背叛家庭、大义灭亲,却是那个时代的主流。无孔不入的阶级斗争,推翻了家庭的伦理关系。

"文革"对家文化的毁灭性破坏,首先是对着对家文化颇有建树和传承的知识分子、工商业主以及农村的富裕家庭,欲伐其树,必先断其根脉,他们的子女被逐出学校,被下乡,被劳教,逼迫划清界限。中国以孝为魂的家文化,在险峻的政治漩涡中,生死沉浮。

中国的家文化,终于熬过了"文革"的噩梦。伤痕累累的中国家庭,刚站立起来,便迎来了浩浩荡荡的世界潮流,土生土长的家文化,又面临土崩瓦解的危局。

社会深刻变迁,中国家庭的巨变开始了。

工业化的浪潮,吞噬了传统落后的小生产,生产的家庭化,变成了生产的社会化。人们从土地、从作坊,如潮水一般地涌入了大工业、大机器的生产流水线,人离开了传统家庭无所不包的笼罩与依附,成为决定自己命运的主人。

城市化的浪潮,推动亿万的人自发地背井离乡,融入现代城市的生活。世代祖居的人们,终于抛弃了大家庭、大家族这个老态龙钟的体系。中国的家庭,变小了,变"瘦"了,变得更加精干了,三口之家成为普遍的家庭模式。

信息化的浪潮,荡涤中国的传统文化,让千家万户经受现代文明的洗礼,中国家文化赖以生存的封闭之门,挡不住奔腾的信息潮流,扑面而来的现代文化,让无数家庭既欣喜又紧张,既新鲜又彷徨,中国人的家,在密集的信息风暴中,飘荡与挣扎,寻觅而再生。

令人拍案惊奇的是,中国的家文化于沉浮起伏之中,竟然倔强地露出了水面,面对排天而来的现代大潮,灵活地找到了自己的位置。

中国人还是把土地、住宅,作为人生的首要。农村的宅基地、城市的公寓房,是人们不惜以毕生的力量而追逐的目标。有恒产,方有恒心,现代的人们,仍然向往有一个永远的家。

中国人还是把传宗接代的子女放在压倒一切的位置,"不孝有三,无后为大",让下一代事业有成,是无数家庭的夙愿,人们不惜以所有力量,培养下一代。现代的人们,仍然向往出人头地,荣宗耀祖。

中国人还是有"一人当官,全家富贵"的家族认同,把家中人的荣誉,当作自己的荣誉。在权力即富贵的社会中,只要有一人发达,原已分散的家族,便又迅速地聚合起来,不择手段地蚕食乃至占有社会公共财富,一人腐败,全家腐败。现代的社会,又有了"一人犯法,株连九族"的家庭悲剧。

中国的家文化，有其荣，有其耻，无论如何，它都顽强地生存了下来，而且更有溢出、扩张的势头：一个和谐的单位，被称作"职工之家"；一个模范的员工，被誉为"爱厂如家"；家庭内的称呼，都被响亮地叫到了社会上，"老爷子"、"哥们"、"小姐妹"是同事之间亲热的昵称；旧的传统的"家长制"，也被一些做官的人欣然沿用，一把手俨然成了"大家长"。在社会生活的方方面面，家文化的痕迹，随处可见。

看来，家文化是不会消失的。无论革命年代的革命手段，无论现代浪潮的现代冲击，家文化依然连绵起伏，这样的力量，自然是人性的力量。

但凡建筑在人性上的文化，是永难击溃的。

苦苦坚守的哲学

哲学,在当今中国,很孤独。

几乎所有的人,都在紧张地生活,紧张地工作,已经没有心思,去顾及那似乎虚而又虚、玄而又玄的哲学话题。

哲学,作为一门学科,自然也是尴尬得很,年轻人热衷于工程技术、经济、贸易一类的学科,好像都不愿走进森严、枯燥的哲学殿堂。教哲学的招不到学生,学哲学的找不到工作,哲学陷入了窘境。

一个普遍追求实惠的社会,哲学自然被冷落。

然而,哲学在中国,命运并非如现在这般,曾经也有很红火的时候。

20世纪六七十年代,正逢"文革",文化遭殃,哲学却一枝独秀,被惊人地得到重视,"让哲学从哲学家的课堂里和书本上解放出来",这是号召,也是行动,哲学迎来了自己前所未有的命运。

学哲学,讲哲学,用哲学,形成了热潮。哲学的课堂更多的是在田间、地头、工厂、车间,一字不识的老农民、老工人,用锄头、用榔头捅开了哲学的神秘,也能成为学哲学的标兵。浙江省江山市勤俭大队,男女老少一起学哲学,早上出工前要学,下午收工后要学,晚上点起油灯还要学,是全国学哲学的先进典型。

思维和存在,精神和物质,这些构成哲学的本质关系,需要人们深邃地思考,永无穷尽地去感悟。哲学,自然非一般之学。然而在当时,哲学走向大众化,这自然是好事,但是连文盲也可问津,这恐怕让哲学自身都不会想到。

在一个思想控制的时代,哲学作为思想武器,自上而下地武装了亿万人民,更加统一了思想,让至少一两代中国人的思想观念,甚至人的潜意识之中,牢牢具有当时哲学所灌输的思想基础。

中国的普罗大众,总归贫困,没有基本的物质生活,也没有像样的精神生活。在那个时代,突然来临的哲学思想,且是大众型的哲学思想,自然欢迎,很有如饥似渴的模样,似乎只要占据了精神生活的高端,精神变物质,便会创造出巨大的物质财富。

哲学来了,一个时代来了。

博大精深的哲学思想,竟以极其通俗而又不容阻挡的方式,进入到敦厚朴素的工农大众之中,这恐怕足以让穷尽一辈子苦研苦学的哲学家瞠目结舌。

对中国大众影响至深的是一分为二的哲学观。所谓一分为二,即是对对立统一规律所做的一种通俗表述。从学理上说,任何事物都包含着两个相互对立而又相互联系的对立面。对立面之间又统一又斗争,在一定条件下各向相反的方面转化。从通俗来说,就是要全面地看人、看事、看物,既要看到事物积极的方面,也要看到消极的方面,还要看到积极与消极相互转化的方面。

中国人善于把复杂的事情简单化。大众意识中的一分为二,就是把复杂的哲学极其简单地理解为:事物有坏的一面,又有好的一面,好事能变成坏事,坏事也能变成好事。天下之事,尽在好坏演变之中,哲学竟是如此神奇。

这一分为二的哲学观,让中国人在艰难、艰险、艰危的岁月中,照样坚韧地活下去,始终相信否极泰来,坏事都能变成好事。这样的精神观念,养成了中国人"熬"的本事,熬穷,熬难,熬危,坚信总有一天,会熬出头。

当年知识青年上山下乡,全国达1600万之众,占城市人口的1/10,是人类现代史上罕见的从城市到乡村的人口大迁移。整整一代人,在正需要学校的时候,被失去了学校,痛苦地改写自己的青春与人生。即使在如此的境况下,人们照样地熬着,照样以一分为二的思想,解释自己的命运,从倒退中寻找进步,绝望中寻找希望,把艰苦的生存环境,当作人生历练的机会。几十年之后,这一代知识青年,以没有知识著称,却还坚持认为,上山下乡,坏事变成了好事,吃苦是人生难得的财富。

这种遇到了坏事就熬的处事方式,其实很多。一旦熬过去了,便又把坏事当作好事。这样的精神安慰与价值选择,自然无可非议。然而不幸的是,这种精神安慰与价值选择,竟让中国人忘却了反思与反省,忘却了历史付出的沉痛教训。

十年"文革",是被党中央全盘否定的十年"浩劫"。这场浩劫自然是有百害而无一利。中国人总算熬过了这黑白颠倒的岁月,却又有人拿出坏事中有好事、坏事变好事的信条,竟然怀念起"文革"时代:

——"文革"时代,官员廉洁,没有腐败;

——"文革"时代,工人农民有政治地位;

——"文革"时代,举红旗,唱红歌,是激情燃烧的岁月。

这都是普通百姓的眷恋,他们忘了"文革"时期的普遍贫穷、普遍混乱,无论任何人都失去了尊严和地位,国家和民族为此付出了永远无法偿还的代价。

除了一分为二的哲学观,人们还把哲学理解为斗争哲学,把哲学范畴的斗争性,一概引入到自然和社会领域,提倡与天斗、与地斗、与人斗,斗争无所不在,斗争贯穿始终,人类社会的光明前景,是斗争出来的。

这所谓的斗争哲学,让中国人极其的"好斗":人定胜天,蔑视一切自然规律;敌我分明,始终坚持革命与斗争的手段。

人定胜天,这是中国人向大自然斗争的宣战书,"喝令三山五岳低头",天地山河,都是可以按照人的意志来改造的,充分显示中国人与大自然斗争的豪迈与激情。亿万年生成的大江大河、大山大脉,在如此豪迈的斗争中,改变了自己的原生态。

敌我分明,开展全面、深入、持久的阶级斗争,是全社会行动的总纲。有敌人要斗,没有敌人,找出"敌人"也要斗。一旦开展人与人的"斗争",便一定是严肃的,无情的,你死我活的。

进入现代化建设的年代,阶级斗争完成了自己的使命。然而,斗争哲学终究铸在了灵魂深处,人们始终认为思想领域的斗争是长期的,复杂的,不以人们的意志为转移的。一方面,全方位地对外开放,引进西方的资本,学习西方的技术和管理,西方的思想和文化不绝而来;另一方面认定西方亡我之心不死,时时警戒西方敌对势力的各种破坏和渗透,充满疑惧地参与全球化的进程。

斗争哲学同样也在社会成员中间展现,实施一项创新,推进一项改革,甚至发表一篇文章,阐述一个观点,都有姓资姓社、姓公姓私、爱国还是卖国的问题。"左"的错误、"右"的错误时时困扰在身边,人们高度紧张,如履薄冰,生怕滑入错误的深渊。

　　哲学的本意,是让人更聪慧更明白地看世界,而中国人一知半解地学了一些哲学,又让一知半解的哲学深深地影响和控制了自己,让原本复杂的事情,简单了。又让原本简单的事情,复杂了。

　　看来,苦苦坚守的哲学,还会苦苦地坚守下去。

总被忘却的前事

人倘若总是忘却前事,其实悲哀。

中国人早就有智慧。《战国策·赵策一》曰:"前事之不忘,后事之师。"这一千古名句,警示人们要从得失成败的前事中,汲取经验和教训。

这么直白的真理,可惜总是被后来的中国人有意无意地遗忘,前事之训,总是不足为训。

中国封建王朝的精英,便是一批不会吸取教训的人,但凡改朝换代,无不都以战争和杀戮的方式,暴力夺取,以致尸骨遍野,生灵涂炭,万户萧疏鬼唱歌。前事未息,后事又来,这个死亡怪圈的每一个轮回,都导致生产力的大破坏,民众生命的大屠杀,如此教训,从不引以为训。

朝廷如此,家庭也如此。俗话说,富贵不过三代,这又是中国式的悲剧,子孙相传的家业,决不会越传越兴旺,总是脱不了衰败的气息。为富不仁,居官不正,虽门庭显赫,必有坍塌的一天,这样的教训也总是屡屡不息。

兴许中国人太会忘,民间便生出一些话来,如"滴水之恩,涌泉相报""刻骨之仇",提醒人们千忘万忘,恩仇不能忘。然而,中国人却往往能"一笑泯恩仇",似乎有君子风度,其实前人旧事,尽可一忘了之。

中国人的忘性,大概也是遗传的基因,直到今天,电脑都可以记忆了,中国人的记性,照样好不起来,经历过的事,一概地忘。

人生在世,出事故,特别是人命攸关的事故,最让人铭刻在心。如今,各种各样的事故出奇的多:安全事故、交通事故、医疗事故、工伤事故,惨不忍睹的事故,几乎天天都有。照理,这么大的国家,这么多的人,事故总难免。然而在中国,同样的事故,竟能接连地出。旧事故的教训还没来得及汲取,新事故又跟着来了。翻开报纸,总有令人震惊的事故,白纸黑字:"深刻的教训""沉痛的教训""沉痛的教训""血的教训""永不能忘的教训",似乎痛定思痛,信誓旦旦,其实说过就忘。

譬如,中国人逢年过节爱放爆竹,这本来也只是找乐而已,但是,时有乐极生悲:爆竹的生产厂家、爆竹的存放仓库,每年都会有骇人的大爆炸,一条条的人命,一群群地死。至于放爆竹时的伤人、死人,房屋被炸、被烧,实在太多,如此痛苦的悲剧年年上演。前头的人死去了,后头的人循着老法一样地去找死。

譬如,汽车超载引发的车毁人亡的恶性事故,到处都是,连年发生。货车超载、客车超载、校车超载,活生生的人一车一车地走上不归路。前车之鉴,后车又超载,又翻车,又是一车的人命转眼逝去。超载这种最能避免的事故,在中国却成了屡治屡犯的顽症,再惨的教训,好像都难以教训。

再譬如,各种相同的工伤事故,竟不知夺走了多少工人兄弟的性命。一波未平,一波又起:修路,路塌方;筑桥,桥断裂;煤矿接连爆炸,油管不断起火;化工厂总是泄露,工地上总在死人。死了一批,痛心地报一个数字,连个姓名都没留下,成串的数字便是这些微薄生命的符号。

类似这些人命关天的教训,人们往往痛苦一阵,便又安之若素,显出惊人的定力,照样从头再来过。

对前事的健忘,对教训的冷漠,让许多人不会反思,不敢反省,依着前人的路,在"教训"中行走。

从20世纪五六十年代过来的人,半是辛酸半是欣喜,在社会剧烈的震荡中,总算艰难地走了过来,人生的经历大多被忘掉了。人自然有记忆的功能,也有忘却的功能,该忘却的忘却,活得便轻松。只是中国人往往重蹈覆辙,深刻的教训,若轻松地忘却,有朝一日便又沉重地来临。

我们忘掉了那饥荒的岁月。那是一个人人贫困的时代,由计划经济主导的"大跃进",终于酿成全社会的大饥荒。穷极了的人,饿极了的人,面黄肌瘦,皮包骨头。极其有限的食品、生活用品,被严格地按人凭票供给,计划经济已经"计划"到每一张嘴,每一个人都无法离开这个被计划的生存体系。

凡有可怜,必有可悲。我们走在绝路上,还是坚持"宁要社会主义的草,不要资本主义的苗",空着肚子战天斗地。

我们忘掉了计划经济的大劫难,至今还津津乐道当年没有贫富的差距,没有腐败的风气,不知道"贫穷才是最大的罪恶",不知道计划经济已经扼杀了所有的生机和活力,一穷二白是国民经济的真实写照。

我们忘掉了曾经有过的折腾。那是一个疯狂的年代,工厂停工,学校停课,政府部门停止运作。亿万人民狂热地走上街头,在自己的国土上打砸抢;在自己的同胞中,毫不留情地展开残酷的斗争;在自己的家园里,粗暴地践踏赖以生存的精神文化传承。我们自以为是无产阶级革命者,以革命的名义,摧毁了一切的法制和秩序,鼓动民众对自己的国家实施暴力,最终将国家推入了崩溃的边缘。每一个身历当时的中国人都要沉重地反思,理性地告别过去。

十年浩劫,十年国殇,多少民族的精英,多少无辜的同胞,在这场史无前例的"文革"中含冤死去,甚至连国家的主席也难逃一劫。死者长已矣,活着的,不知还有多少人为之痛心疾首,为之幡然悔悟,为之忏悔罪己。

我们忘掉了曾经有过的无知。那是千百万知识青年上山下乡的时代,那些本应在知识的海洋中遨游,在世界先进文化潮流中追波逐浪的青年一代,都被荒唐地送到乡下,"扎根农村,接受贫下中农的再教育",在最需要学习的年华,被永远地离开了学校。一个无知决策,造就了整整一代人的无知。

无知者无识见。当年的知识青年,终究以无可弥补的知识差距步入人生之谢幕,他们被蹉跎了十年之久,他们自然地缺乏系统的、正规的、与世界同步的教育。因为无知,而饱受歧视,可见社会已然忘却了知识青年这一段人生之辛酸。更可悲的是,连他们自己都忘了,却把十年的无知当作自己人生宝贵财富,这样的记忆,比忘却更可怕。

忘却,惊人的忘却,不可思议的忘却,如幽灵一般地在徘徊。

江河湖泊,清理了,又糟蹋;再清理,再糟蹋,哺育生命的湖泊,被一遍又一遍地污染毒害。

锦绣河山,乱挖、滥伐,修补了;再乱挖、再滥伐,再修补,一代一代地挖山不止,滥伐不息。

政府官员,腐败了,身陷囹圄;又腐败,又身陷囹圄,前腐后继,一批又一批地被抓、被关、被杀,如灯蛾扑火一般,毫不犹豫地飞向毁灭。

各种各样的恶性事故,难以遏制地一发再发,最为珍贵的生命无端地死去,哭声、喊声、叹息声,以至面对教训的发誓声,余声未息,同样的事故又来了。

其实,中国人这般的忘性,追根究底是中国落后的传统文化中,对生命的不尊重、对生命权力的任意掠夺,由此而来的生命黑洞,至今还在阴阴地洞开着。

只有对生命至高无上的尊重,我们才能从不断被教训的荒诞中,真正地接受教训。

屡屡忘却的教训

中国人好像总是不断地有教训,却又能不断地忘却教训。

忘却,有时也是好事。沉痛的教训,血的教训,历史的教训,倘若都是牢牢地记住,人大概也无法泰然地活下去。对普通百姓而言,能忘则忘,也是生存之道。

然而,善于忘却,且忘却太多,甚至连不能忘的,也忘了,教训便不断地来。同样的教训,一而再,再而三地发生。这般的忘性,自然是一种悲哀。

教训,总是钟情于不吸取教训的人,如今社会,这样的事,实在太多。

今日中国,骗子很多,骗人、骗财、骗色,无孔不入地行骗。其实,向一般老百姓行骗,骗术也一般,并不高明,稍一辨识,便能识破。况且,受骗上当的案例,报刊上、电视上,天天都有;提醒受骗上当的警示,到处都是。即便如此,中国人还是络绎不绝地抢着上当。

自从有了高层住宅,便终日不断地有小孩堕楼的惨闻。蹒跚学步的幼儿,欢蹦乱跳的孩童,自然不知道高处之险,更不知道那身为父母的,其实愚鲁。未入人世,便粉身碎骨而去。这种本不该有的悲剧,一边还在呼天抢地的痛哭,一边便又有人接连地跌下来。

打开电视,翻开报纸,每天映入眼帘的便是各种各样匪夷所思的事故:楼不断地倒,桥不断地塌;山接连地崩,地接连地裂;工厂一再地起火,矿山一再地爆炸;医院老是配错药、开错刀,法院老是判错案、杀错人;掌权的免不了滥,当官的免不了贪。一桩事故未了,一桩事故又跟上。天大的事故,都扛得住、化得了、过得去。只要过去了,便照样从头再来过。

人类社会,不论何国何族,教训总是要碰到的。有教训,有反思,便有进步,教训是人类进步的特别阶梯。而中国人对教训的习惯性健忘,大概也是中国人之独特。教训,好像总也教训不了中国人。

中国人怎么就对教训如此的健忘呢？这恐怕与中国人日常所受的文化影响有关。

中国人从小缺乏反思精神。学会走路，这大概是孩童进入人世间的第一步，我们常会见到已经见惯不怪的教育方式：一个蹒跚学步的孩童，或者是路不平整，或者是碰上了挡路的桌椅，跌倒在地，哇哇大哭。这时边上的大人便会一边扶他起来，一边或跺地或敲打桌椅，责怪它们让宝宝摔了跤。这样的场景几乎代代相传，让中国人还不会说话就学会了推卸自身的责任。

中国人缺乏对自身的反思，几乎贯穿生命的全过程：若是学习成绩不好，便是选错了学校；若是家境贫寒，便是祖上无能；若是事业无成，男人便是娶错了老婆，女人便是嫁错了老公。中国人有种种抱怨，却唯独不会抱怨自己。

中国人惯于隐恶扬善，不愿出丑丢丑。教训，意味着失败和损失，总是不光彩。而不光彩的事，若提了，便是揭伤疤，揭老底，谁也不肯做这种不讨好的事。捂住伤疤，便是厚道，便是宽容。这样的社会生态，自然是好了伤疤忘了痛，同样的教训又在前面候着。

中国人有一种大事化小、小事化了、一了而百了的社会文化。天大的事故，会变着法子拖，拖过了风口浪尖，这大事便一步一步地变小，直到无声无息，就像从没发生过一般。这种看似聪明的小伎俩，其实以小失大，让中国人失去了敢作敢为敢担当的气概。

中国人还相信命数，认为冥冥之中，一切皆有定数。把躲不过的灾难，避不开的教训，当作命中注定，在劫难逃。现如今的中国，若论非正常原因的死亡，首推车祸。车祸即人祸，每天每时，数以百千计的鲜活生命，争先恐后地走上绝命之路。前车之鉴，永远无以为戒：高楼上抛物砸死人，广告牌掉下压死人；潮水来了卷走人，山洪暴发冲走人；甚至下暴雨淹死人，坐电梯碾死人；各种各样的事故，没完没了地死人。大祸临头，却有许多中国人竟然归之于命数。命该如此，虽是一种精神慰藉，但与还活着的人来说，终究是百无一益。

中国人对教训的健忘，还有一种更大的力量来自于集体性的失忆。民族的苦难、岁月的危难、因折腾而酿成的灾难，这数之不尽的沉重的教训，通通会因时光的流逝，无声无息地进入了历史。对健忘的人来说，历史只是历史，总归无法警示后人；教训也只是教训，最终不过又付了一次学费。

遗忘归遗忘，历史和教训却总是清清晰晰地存在着。倘若连最切肤之痛的教训都能忘却，自然是到了无法教训的地步。

中国人最血腥的教训，莫过于连绵不断的内战和暴力。中国五千年文明史，一大半被血浸透着。每一朝每一代，都有血淋淋的内战，兄弟相伐，同室操戈，生灵涂炭，尸横遍野。国家崇尚战争，百姓便迷信暴力，为争一分利为夺一寸土，都可以棍棒相见。这一代一代撕裂伤口般的教训不会吸取。时至今日，面对矛盾和对立，还是没有学会民主的方法、协商的方法、妥协的方法，打、砸、抢总是盛行。

中国人最愚蠢的教训，莫过于对文化的轻蔑。中国说是文明古国，却最盛行禁书、毁书，最会拿士林开杀戒，这又是历朝历代决不会改的恶行。对文化的轻蔑，其报应自然是普天之下的愚蠢。这千百年的教训也不会吸取。对文化的轻蔑，以"文革"为最，换来的是惊人的愚昧。如今，让文化赤裸裸地媚俗和赚钱，文化变得从未有过的低俗和腐臭，这又是一种对文化的轻蔑和羞辱，这种轻蔑文化的教训，好像总不会反思。

中国人最不可思议的教训，莫过于折腾。所谓折腾，颠来倒去，是人自找的。平民百姓的折腾，只是拿自己折腾。而为政者的折腾，折腾的是公帑和江山，折腾的是大众百姓。从当年"亩产十万斤"、"十五年赶英超美"的穷折腾，到如今"移山填海，一年一个样，三年大变样"的瞎折腾，没完没了。每一次都是教训，又每一次不可思议地被再折腾。

中国人最反反复复的教训，莫过于对权力的崇拜。崇拜权力，大概也是中国人屡屡被教训的祸根之一。古往今来，多少人如飞蛾扑火一般地投入权力的怀抱，以权渔利，却总被权力所毁灭。社会越进步，权力越谦虚。但凡崇拜权力，自然已是权力的奴才，必被权力所教训。如此明白的道理，却总是置之脑后：一当官，便滥权；争着当官，又争着出事。如此的教训，根本不当教训。

中国人的教训，一直就多：有"左"的教训，又有"右"的教训；有形式主义的教训，又有弄虚作假的教训；有说假话的教训，又有说大话的教训；有整人搞人的教训，又有错用小人错用坏人的教训；有亲者痛仇者快的教训，又有恨铁不成钢的教训。痛定思痛的教训，总归拂之不去。

　　屡屡地被遗忘，当然，也只能屡屡地被教训。这大概也是一种逃不开的规律。

现代语境下的官本位

官在中国,有着极为丰富的内涵。

现代社会,官就是人民的公仆,体现人民的意志,无论什么样的官,都得仰视人民。

有一位叫丹尼尔·B·贝克的美国人,从名闻世界的政要、学者、作家的演讲和著作中,收录近4000句有关权力方面的警句,出版了畅销全球的《权力语录》。毛泽东语录:"人民,只有人民,才是创造世界历史的动力",被收录其中。美国的林肯总统类似的语录也登载在该书上:"人民,也只有人民,才是国会和法院的合法主人",毛泽东和林肯的这两段话虽有不同,却都把人民放在了至高无上的位置。

官在民之下,这大概就是现代官员的合法地位。从来都是威风八面的"官",在现代法治社会,终于成为人民公仆。

然而在中国的现实中,官终究还是官,即使颇有民本意识的官,也常会说:"当官不为民做主,不如回家卖红薯"。在"官为民做主"的社会里,无论大官小官,文官武官,只要管辖一方,便能调度一方,左右一方,平民百姓,对这些官总是敬而仰之,这大抵也是不争的现实。

中国人有官本位之说,就是以职位高低、权力大小来衡量一个人的社会地位和价值。通常认为只要当官,便是有本事,当了大官,便是有大本事,这自然与现代语境下的官是人民公仆的思想格格不入。只要有高高在上的官,就不会有站立起来的民。

中国的官本位,其实很倔强,很有市场,甚至在一定意义上,官本位维系着全社会的价值观。

在当今,一个普普通通的人能当上官,自然不容易。从成百上千的竞争者中,考出一个公务员,便踏上了漫长而又艰难的仕途,由科员、主任科员,副科长、科长,副处长、处长,副厅长、厅长,每一个台阶的攀升,都至为关键,都需要一定的任职年限、一定的工作资历,以及无数同僚无形却又激烈的竞争。一个基层小公务员,若想顺风顺水地升至部级官员,在现有的制度设计上,几乎不可能,"出师未捷人已老",一般的人哪里能晋入高官之列。

中国的官员,一路滚爬,一路历练,只要在官位上,哪怕尸位素餐,庸官一个,照样高居于平民百姓之上。而平民百姓也极自然地把那遍布城乡、莫可指数的官,当作人中之杰。毕竟,只要是官,便拥有让人称羡的权力,在权力主宰的社会,微薄的权力,也足以让人肃然。

现如今,官仍然有官的气派。地位决定尊严:那高高在上,居于首位的,是官;那前呼后拥,昂首挺胸的,是官;那高瞻远瞩,指点江山的,是官;那被闪光灯打亮、被摄像机跟踪、被掌声包围的,也是官;那被部属奉迎、被记者追逐、被访民苦等的,还是官。各级各部门的官,不知疲倦地作重要讲话、批重要指示、定重要决策。为人一生,倘能做官,自然体现了自身的价值。

金光闪耀的官本位,毋庸置疑地覆盖了平民社会的方方面面。

学校、医院、研究机构,本来都有自己的专业,享有专业的荣誉。然而在官本位的体制下,这些以学术、专业见长的机构,非得配上行政级别,方能显出机构的权威。官衔进入学术圣地,让无数学者竞折腰,学富五车的科研人员,争抢科长、处长职位。专业学术领域,弥漫着官场气息,部级校长、厅级院长、处级所长充斥其中,科研干部也配上了顶戴花翎,学术拜倒在权力下。

企业,是谋利营利的经济组织,本与官场无关。但是,中国的企业从计划经济脱胎而来,行政级别是企业不愿剔除的符号,曾经有县团级企业、地师级企业之称,如今来看,这样的称呼怪怪的,在当年,却是一种荣耀,企业职务、官员级别和部队军阶捏在了一起,自然显出企业的分量。而今的国有企业虽然经过企业改革,却依然有着浓厚的官方背景,有部级公司,便有部级老总,那些董事长、总经理,戴着乌纱帽,游走于市场,又经商,又做官,自然让人仰慕。

专业技术职称,如教授、研究员、工程师、经济师,也都与官职、官级挂了钩。一个专业技术职称,便可以"相当于某某级"、"享受某某待遇","两院院士"就享受副部级待遇。这样的制度设置,是为了"尊重知识,尊重人才",可见中国的人才,非得带上官帽,挤入官秩,才算"人才"。倘若没有官帽的压阵,专业技术人员甚至连院士这样的科学家,也会黯然失色。

各种校庆会、校友会、同学会、同乡会,其实只是民间的聚会,借此重温昔日的情感。然而,只要同学、同乡中,有人做了官了,这普通的聚会,便摆起官场的架势,以官职论尊卑,让显耀者更显耀。一些著名高校的校庆会,居然也世俗地势利起来,主席台专为当上大官的校友而设,而那些官也毫不谦让,从容接受台下普通学友的仰视和鼓掌,这一切都很自然,都很合理,因为学校的价值观便是当官即人才,当大官就是大人才,大人才越多,学校越荣耀。

官本位,如一张巨型的网络,居高临下,盘根错节,硕大无朋,恣意妄为,缠绕着各个不同的利益群体,顺官者生,逆官者败。谋取一官半职,成为无数人的价值追求。

天下熙熙,皆为官往。官寡民众,这官员的资源便最稀缺。中国人总有智慧,做起了官位的切割之术:这官员的职位可分为实职、虚职、或者相当于某某级、享受某某级,官员的阵容便成倍地扩大,遍地都是乌纱帽;这官员的待遇又可分为政治待遇、医疗待遇、用车待遇以致开会、看文件的待遇,种种待遇如云里雾里,普通人哪里看得懂。

天下事,若过了头,便会昏了头。如今一些官员的讣告,为了体现官员身价,竟然写上:"享受副省长级医疗待遇,按省长级标准报销医疗费",这是在昭示阳间,还是通知阴间? 如此搞笑,却是讣告的庄严用语,中国的官本位已经腐臭不堪了。

全球化时代,中国人还用官本位的眼光看世界,其结果往往只见官,不见民;只重官,不重民。美国的"WHITE HOUSE",即英语"白房子"之意,官本位的中国人却译作"白宫",以为总统住的房子,一国之君,自然是"宫殿",白色的房子变成白色的宫殿,中文的翻译悄悄地塞进了自己的价值观。

官本位,其实害人,哪怕是官,也在被害之列。官有大小之别,官本位作怪,一辈子便被官级弄得昏昏然,纵然大官,也有痛苦。陈毅元帅的儿子曾在报上披露,提到父亲葬在八宝山,母亲因为级别不够,只能另葬别处,可怜陈大元帅,竟然与妻"分居",也够凄惨惨的,人死了还被官本位牢牢地管住。

如果说,封建时代的官本位,让百姓匍匐在地,臣服不已,那么,现代语境下的官本位则继续地让人精神叩头,成为现时代的另一种"精神鸦片"。

腐而不朽的官本位,终究将摧枯拉朽,那给予致命一击的,就是"权为民所赋"。

权力一旦来自人民,官本位自然冰消瓦解。

现代浪潮下的鬼文化

毛泽东曾经颇为豪迈地说:"中国人死都不怕,还怕鬼么?"

这样的话,很让人提神、壮胆。天不怕,地不怕,鬼不怕,中国人还怕什么?

其实,一般弱弱的中国人,在中国传统文化的浸润下,总归还是怕鬼。阴森狰狞的鬼,恐怖地笼罩在人们的灵魂深处。

中国历来有鬼的文化。

中国民间相传,人死归土后,灵魂无所依附而独存的,称为"鬼"。据说,有人见到过鬼,极其可怕,这样的传言,根本无法考证。更多的人,仅是听说而已,从未见到过。然而,见不到的东西更恐惧,人们宁可信其有,不可信其无,恪守孔老夫子的戒言,"敬鬼神而远之"。

老祖宗造字的时候,极富智慧。一个"鬼"字,竟把传说中的鬼的形象生动传神地刻画了出来。中文的"鬼"字,是象形字:"鬼"字的上半部,一个"由",黑黑的几个窟窿,活像骷髅,见字如见物,让人心悸;下半部的"儿",像人的肢体,却又飘逸轻扬,显示"鬼魂"有形无形的身段,在黑暗阴森中倏地而至,又倏然而逝。鬼,如此惊骇,敢不怕么?

中国古代经典中,多有对鬼神的信仰。如《左传·僖公二十六年》:"鬼神不灵则不祀",《墨子·明鬼下》:"古圣王治天下也,故必先鬼神而后人者",《大戴礼记·曾子天圆》:"圣人为天地主,为山川主,为鬼神主,为宗庙主"。这些经典古籍中对鬼的著述,自然为大众百姓迷信鬼神提供了依据。

在中国的传统文化和民间习俗中,鬼,自然地享有一席。农历七月,称为"鬼月",相传鬼门关在此时开放,各种鬼魂便趁机幽幽地飘荡了出来。农历七月十五日,称为中元节,也即"鬼节",旧俗有烧衣包、祭祀亡故的亲人等活动。每年的清明、冬至,中国人也必要祭扫祖坟、祭祀鬼神,祈求平安、福祉。

时代缩影的观察

中国古典小说中,似乎都有"鬼"的踪迹,从《三国演义》、《水浒传》、《西游记》、《红楼梦》等四大名著,到《封神演义》、《拍案惊奇》、《今古奇观》等通俗类小说,但凡写到人间的生死祸福、因果报应,都会浮现出阴间的鬼来,月黑风高之夜,便是鬼魂出没之时。最著名的鬼怪小说当推《聊斋志异》,被郭沫若先生誉为"写鬼写妖高人一等,刺贪刺虐入骨三分",作者蒲松龄笔下的鬼,或人或妖,或鬼或怪,出没无常,凶险难测。尽管也会惩恶济善,彰显正义,然终究是鬼。直到如今,夜读《聊斋》,仍会让人惊恐不已。

千百年来,鬼在中国这块古老苍凉的土地上,肆意横行,从未遇到让其生畏的力量。无论封建专制的皇权体制,还是小农经济的农业社会,无论饱读经书的士大夫阶层,还是生活在底层的贫苦大众,都需要一个高悬头顶、飘荡四周的鬼,让所有的人都信它、怕它、敬它。鬼,是中国封建社会强大无比的恐怖力量。

鬼,无可匹敌么?

中国的鬼,终于遇到了竟然让鬼也害怕的力量。

二十世纪五十年代,中国刮起了破除封建迷信的疾风暴雨,并无多少科学知识的革命群众,被从未有过的气势发动了起来,平祖坟、砸祠堂、烧牌位、毁祖庙,平日谈鬼色变的人们,意想不到地敢于打鬼、驱鬼。凡与鬼有关的行业,巫术、巫师、星象师等都被清除;凡与鬼沾边的戏剧、电影、书刊,都被禁绝。中国的鬼文化,在如此凌厉的攻势下,终于土崩瓦解,销声匿迹。

迷信群众运动可以剿灭鬼文化,自然落入了以新迷信去破除旧迷信的境地,只能加剧迷信。而一旦新迷信的幻影破灭,旧的迷信便又卷土重来。宗教意义上的鬼,是无法用暴力铲除的。

在中国现代化浪潮风起云涌的年代,中国的鬼文化竟然死灰复燃,只是这种鬼文化,充分地借用了市场经济和科学技术的平台,鬼文化居然有了新面目。当然,也有了新尴尬。

中国人逢年过节,还是照样地拜鬼、祭鬼,哪怕学富五车的文化人,也是磕头不已。倘若办丧事,更要祭鬼。只是如今的祭鬼,已经有了市场的模式和专业的水平,殡葬业成了新兴的产业。

如今的中国人,倘要进鬼门关,还得花大把的钱。一旦咽下最后一口气,殡葬公司便闻风而来。从灵堂设置、祭品祭礼、花圈冥纸到上香的、念经的、号啕大哭的,一应俱全。只要付钱,死者的灵堂,便会站满悲痛的"孝子贤孙",哀伤的后事,都可以公司化运作,于死者而言,这是一种体面;于市场而言,竟也构成了新的需求。鬼文化搭着市场经济的载体,兴旺了起来。

中国人总是有疑鬼、惧鬼的心结。现代社会灾难频发,人们的心理更脆弱,惧鬼之心更甚。避鬼镇邪的产品便大有市场,这自然算是鬼文化的"创新"。

如今,避鬼镇邪的产品出奇的多:有镇宅的,石狮、铜牛、宝剑等;有助风水的,神像、神座、玉石等;有护身的,玉佩、挂件、手链等。更有一些周易命理类的店铺,专门按人的生辰八字和阴阳五行,量身制作避鬼的器物,价格畸高,而买者心甘,无所谓产品的质量标准,但求得自身的福佑平安。

人性有时候也怪异,既怕鬼,却又想寻找见鬼的刺激。影视制作公司便会满足人们的这种心理,巨资拍摄惊悚影片。现代的影响设备和拍摄制作技术,派上了用场。青面獠牙的鬼,在电闪雷鸣的惊骇时刻,在荒郊野外的坟茔之地,在古宅危楼的夜半时分,突然地显现在银幕上,观众便掩面尖叫,惊恐无比,花钱买了恐怖的刺激。千年的鬼文化有了崭新的视觉效果,竟不知是科学的尴尬,还是鬼文化的幸运?

中国的鬼文化进入现代,似乎有了不受约束的发展。许多"创新",竟把鬼文化推波助澜了起来。如今中国人惯用的腐败手段,竟然也用到了鬼上面,开发出了许多让人啼笑皆非的冥制品:鬼也寂寞,于是开发出纸糊的二奶、洋妞;鬼也爱财,于是印出了冥间的美元、银行卡;鬼也该有房地产,于是扎起了纸质的洋房、别墅。至于给鬼送上电脑、手机,其实让鬼尴尬,地下的世界能用么?

鬼文化还给现代社会制造了不少麻烦:中国传统习俗,死人出殡逢单(日)不逢双(日),若双日出殡,死人也要成双,便大不吉利,这就让殡仪馆在单日忙得不可开交,而双日却又门可罗雀;中国人怕鬼怕死,数字中的"4"是死的谐音,电话号码、汽车牌照尾数是4的,没人敢领;清明节、中元节、冬至日是鬼节、鬼日,子孙都得上山扫墓,祭烧纸钱,烟火缭绕,常常酿成山林火灾。尽管如此,人们还是笃信鬼文化,将鬼神高高地供奉了起来,让平素无所畏惧的人,有了心灵的约束。

有鬼吗?有鬼文化吗?

其实,只要有未知的世界,只要科学尚不足于普及世界,便会有鬼,便会有鬼文化。崇尚科学的无神论者,自然还肩负着繁重的任务。

狰狞无比的鬼,盘踞的其实是愚昧孱弱者的心灵。

渐渐远去的自行车

清晨,太阳正在升起。

整洁的街道,幽雅宁静。粗壮的梧桐树,枝叶茂密,偶尔一阵凉风,让人神清气爽。

里弄,小巷,胡同口,一辆一辆的自行车,响着清脆的铃声,鱼贯而出,在宽阔的大街上,汇聚成浩荡的车流,来来往往,时有分流,又不断地合流。

城市苏醒了,新的一天开始了。

这是20世纪七八十年代,在很多地方都能见到的城市图景,只是这幅图景,已恍惚成了遥远的过去,如今的街道,早已是另一番景象。

自行车,又称脚踏车,进入中国,大概有一百多年的历史。1897年,上海租界为庆祝英国维多利亚女王登基60周年,举办了一次自行车比赛,让上海人连呼稀奇,"车则钢丝如雪,轮则机括维灵,一升一降,不疾不徐,如鹘之飞,如鹰之隼,瞬息数里,操纵于两足之间"。

早先的自行车,是富人的专享,甚至传说宋氏三姐妹的父亲宋耀如,是上海第一个拥有自行车的华人,将宋蔼龄说成是第一个拥有自行车的中国少女,这当然只是一种传说,属实与否,对现时来说,已经毫无意义。然而,在当时,自行车是一种珍贵而稀少的舶来品,却是不争的事实。

自行车终究进入寻常百姓家,成为亿万中国人快乐的"代步器",是二十世纪五六十年代的事了。上海产的"永久"牌、"凤凰"牌自行车,天津产的"飞鸽"牌自行车,轻盈简洁,是浩浩荡荡的自行车王国里的主力军,中国人踏着自行车开始了自己的人生之路。

自行车,作为交通工具,在中国竟有着长久不变的形态。首先是价格不变,从二十世纪六七十年代的凭票供应,到八九十年代的随处可买、随时能买,普通自行车的价格始终在一百多元一辆,普通的工薪阶层买得起;其次,外形也不变,它的构造始终是一个车身、两只轮子,"操纵于两足之间",只要凭着自己的力气,便能轮转车行。

自行车以自己的朴素、朴实,遍布城乡,中国人离不开自行车,自行车也一无所求地任人使用。车轮滚滚,竟然滚出了一个自行车文化。

自行车不疾不徐,正是其奥妙所在。疾者,即与凶险同行,一旦失控,便会头破血流;徐者,即无法行进,也会车弯人倒。不疾不徐,循势而进,这是自行车的前进方式,其实也是做人的前进方式,世间之事,快不得,慢不得,不疾不徐之为上。

自行车唯力而行,这又是其魅力所在。自行车的速度是人踩踏出来的,脚踏轮转,一分脚劲方有一分速度。人踏着车,争到了速度,却也造就了人的体能与毅力。物质社会,既要借助物质,又要唯力而行,尽力而为,此是人在物质世界的存亡之道。

自行车谦卑处世,这更是它的品德所在。它不横冲直撞,不强凶霸道;无论大路、小路、田间的路,只要有路,它都能依路而行;它卑微而立,在大千世界,只需微薄的一席之地;它供人役使,却无所索求;它给人方便,却不污染人间;它简洁朴实,没有贫富的差距,让骑车人心态平和。

自行车是人们漫长岁月的坚守者,艰难行程的助推器,它陪伴中国人缓慢却不停顿地从贫困通往富裕,直到汽车进入普通人家。而今,自行车竟然淡出了中国人的视野,渐渐地远去。

中国人已经不会安于自行车的速度,也不看重自行车的价值。汽车成为社会的新贵、新宠,铺天盖地,不可一世,并且很快取得了自行车从未享有过的地位:一条一条道路由它驰骋,一片一片空间由它占有。飞驶而来、绝尘而去的汽车,根本不会把自行车放在眼里。

高速的公路,疾驰的汽车,凡是路,都被汽车所占。汽车又堵住了路,路堵、车堵、人心也堵。一心求快的中国人又不安于汽车的速度,磁悬浮速度、高铁速度,接连问世,震撼人心。中国人只想快,甚至想飞腾起来,总想走在世界的最前列。

自行车,已然是交通工具中的弱者,它不断地被边缘、被贬值。一个视速度为强势的时代,自行车的命运可想而知。

在技术进步的时代,我们不必为传统器具的衰落而悲哀,万物优胜劣汰,自有其客观的规律。与汽车相比,自行车的速度自然落后了许多。然而人世间，并非越快越好，倘若物质飞速地发展，而人的灵魂跟不上，岂不险乎？倘若人的灵魂、人的生命就得慢慢地行进，如此的快速，岂不悲乎？

其实，世上并非都在追求速度，丹麦、挪威诸国，人均收入和现代化水平都居世界之前，可谓十足的富裕国家，却照例是自行车不少于汽车，也不弱于汽车。宽广的大街上，有专设的通道让自行车自由而行，还有专门的交通法规保护自行车。人们依旧喜爱自行车，依旧每天踏着自行车上下班，包括部长、市长和白领阶层。自行车不仅让他们骑出了一个洁净的天地，也骑出了一个体魄强健的民族。

然而，我们已经上了快速的轨道，人们崇尚快，追求快，一切都想快，再也慢不下来了。

渐渐远去的自行车，留下的只是遥远的记忆。

落寞的文明

一个社会文明的进程,犹如一棵参天的古树,那茂密苍绿的树叶,自然会枯萎凋零,又会嫩绿待发,生生不息。

树如此,文明亦如此。大自然的生死转换,便如文明的新旧交替,万事万物皆因这种新陈代谢而勃勃然,欣欣然。

那枯萎凋零的文明,其来有自。曾经的辉煌,与如今的清冷,显出文明自身的顽强与毅力,也透出文明进程的深远与厚重。

穿越文明的隧道,捡拾那关乎文明内核的器物、精神、制度等散叶,我们骤然发现那刚刚逝去的文明的标记,竟然已经如此遥远,在人们的印象中,既熟悉又陌生。

算盘。算盘是中国独创的计算工具,迄今已有2000多年的历史。与算盘相应的珠算,在东汉的文献《数术纪遗》中便有记述。宋代的《清明上河图》画中,一家药店的柜台放着一把算盘,可见至宋代,算盘已是家家户户普遍使用。

早先的中国人,进学堂都要学打算盘,"噼里啪啦",算盘珠子的余音尚绕梁之时,那加减乘除得出的数字便紧随而出。从市井小贩到官家征税,无不靠一把算盘计算,既准又快,既练手指又练脑,算盘打出了一个独特的计算王国。据说,二十世纪五十年代,苏联请中国数学家华罗庚去计算一则数据,华罗庚靠一把算盘精准地算了出来,让苏联人目瞪口呆。

总以为,中国人的这把算盘要天长日久地打下去。那圆鼓鼓、光溜溜的算盘珠子也颇似中国人的为人处世,力求八面玲珑,圆滑无争。然而,世上无永久不变的事物,这流传千年的器物,如今终究遇到了精准无比、速率无比、强大无比的计算机。那曾经熟练拨动算盘珠的手指,都转向计算机的键盘。计算机取代算盘,成为人们的亲密伙伴,热闹的算盘清冷地走进了文物博物馆。

从拨打算盘到按动计算机,自然是两个文明的替代。一把简单的算盘,终究挡住人们对快速变化的客观事物的认识,计算机时代的思想和观念,特别是当今正勃然兴起的大数据时代,当然是算盘所无法计算的。挣脱算盘珠子的羁绊,中国人融入了全球一致的键钮海洋。

度量衡。"度量衡"是中国历代计量的称谓。所谓"度",即长度,是关于长短的量,如尺、寸;所谓"量",即容量,是关于多少的量,如斗、升;所谓"衡",即重量,是关于轻重的量,如斤、两。

度量衡制度与经济社会的发展和百姓日常生活,息息相关。中国各朝各代,对这项制度都有不断的改进,由于文明的局限,总归在一国范围之内,向着统一的方向,不断完善。那些计量的器具,与人朝夕相伴,深深地融入民间文化,如"尺有所短,寸有所长"、"升斗小民"、"半斤八两"。一把尺、一杆秤、一只斗,天下计量,计量天下。

中国拥有自己的较为完备的度量衡制度,这些度量衡的器具和标准,推动生产力的发展,推动商品的交流和社会的交往,从而推动文明的进步。然而,在一个封闭、贫困的社会,精准的度量衡,往往不幸助长狭隘、小气的国民心态,"寸土必争"、"毫厘必计"、"锱铢必较",是中国人的普遍心理,为蝇头小利,不惜丢义失节。

中国长达几千年流传下来的度量衡器具及标准,在现代开放浪潮的冲击下,终究"刀枪入库",中国的计量制度打开国门,开始以国际公制为标准,"克"、"千克"、"米"、"分米"、"升"、"毫升",这些新的计量单位,全面进入人们的生活与生产。中国人物质领域的价值体系与国际价值体系接轨,其深远的影响,自然会逐步地显现出来。度量衡的国际化,意味着全球化时代一种新文明的降临。

文房四宝。文房四宝是中国文人几千年以来必置的文具,所谓文房四宝,即笔、墨、纸、砚,都极有讲究。一支毛笔,用羊毛做的,性柔和,称为羊毫笔;用黄鼠狼毛做的,刚健有力,称为狼毫笔;也有刚柔相济的,如用石獾毛做的石獾笔。一块墨,则需黑而亮,香而轻;纸要吸墨性强,韧性好;至于磨墨的砚台讲究润泽有光,纹理精细,表面平滑,易于磨墨。与文房四宝配套的还有笔筒、笔架、墨盒、砚匣、笔洗、书镇、臂搁等,如此豪华的书写阵容,显现中国书写之不易。

文房四宝承载了记录中国传统文化的重要使命,而其自身也成为中国文化的一部分,其精、其雅,陶冶了中国文人的品格和修养。

然而,文房四宝终究是一种精致文化、贵族文化,令占人口绝大多数的贫困阶层望而生畏,因其儒雅精美,终与百姓无缘。文房四宝最后的命运,竟是被现代化的浪潮逼入了孤芳自赏的境地,中国人的书写文具由钢笔、圆珠笔唱起了主角,呈现出大众化、快捷化、便利化的趋势,而电脑打字,更是中国书写的革命。如今的文房四宝,养在深闺,只是书画艺术的器具,也是一些颇有雅趣人士的收藏珍品。

万岁。中国古代一定语境下的专用术语,最早见于《诗经》中的《大雅·江汉》,有"天子万寿"之语,表达了人们对天子"万寿"的祝福。至汉武帝时,天下统于一尊,"万岁"成为最高统治者的代名词,从此之后,历代封建帝王的宝座前,一片"吾皇万岁万岁万万岁"的恭祝声。"万岁"只能归于皇帝一人,如他人用之,就是僭越、谋逆、大不敬,一句"万岁"便会引来杀身之祸。

一个喊惯了"万岁"的民族,舍不得抛弃"万岁"。20世纪五六十年代,人们对最高领导人仍然爱用"万岁万岁万万岁",并且将"万岁"沿用到对国家、民族、政党的欢呼用语上,各种典礼、会议、宣传媒体上,"万岁"之声震耳欲聋,人们的朴素情感被引导到崇拜、敬仰的路径上,一声声"万岁",显示了时代所需要的信仰和忠诚。

改革开放,极大地激发了中国人思想的大解放,破除对个人的迷信和崇拜,是推动社会进步的力量,中国人几千年山呼"万岁"终于被历史性地终结,与"万岁"一词同时告别时代的是,废止了官员终身制,这是中国历史上无与伦比的大进步。

大家庭制。中国从古以来盛行大家庭制,"钟鸣鼎食之家"是家族兴旺的象征,"四世同堂"、"儿孙满堂"是家庭幸福、发达的标记。这种以血缘为纽带的大家庭,以其声望、门第显示家庭在社会上的地位,"官宦人家",便意味着权力、声势;"书香门第",则往往是知书达理、书墨传家;"农家子弟"自然意味着家族的清寒,处于社会的底层。

中国传统社会是维系大家庭存在的丰厚土壤。在农村,一块土地把整个家族的根脉扎住了;在城市,初级阶段的手工业、小商业,也足以提供一个家族的生计。中国的大家庭制度,在传统的农业社会,有其存在的价值和意义。大家庭的内涵是家教、家规、家风,以家长制统领全家族;其外在的载体则是与大家庭相配的大墙门、大宅院、四合院,家族的荣辱和悲欢离合,尽在其中。

中国的大家庭,在漫长的中国历史上,颠沛流离的战难攻不破,饥寒苦难的岁月摧不垮,一家老小,富在一起,穷也在一起,有散而终聚,始终是中国传统社会的坚强基石。最终却被亘古未有的工业化浪潮击溃,大家庭解体为一个一个的小家庭,三口之家成为普遍的家庭模式,成群成片的现代公寓拔地而起,已成为精稀品的大宅院、四合院成为现代人的驻足追思之地。

农业社会的一些文明,正在缓缓而果决地逝去。

落日的余晖,照耀着苍凉的石亭、古朴的石拱桥,给布满风霜的石板路镀上了历史的光斑。

匆忙的现代人,只能在梦中,在记忆中,在华章典籍中寻找远去的文明。

时代缩影的观察

一同走过从前

但凡是人,都有从前。

何谓"从前"? 从前,是时间的回首,是风雨烈日的穿越。当未来扑面而来,从前便飞逝而去。

有迷茫模糊的从前,也有铭心刻骨的从前。

人若开始不断地回想从前,时时捕捉过去岁月的印记,从心理上说,便是老了。

当年"文革"中的青少年,如今便是这样一个群体,他们在历史变迁的潮流中,随波激荡,沉浮起伏,终究步入暮年。往昔已如白驹过隙,一晃即过,却留下了不可泯灭的记忆,这是至今不能挑战的记忆,他们已经习惯以从前的眼光,回望从前。

历史的阴差阳错,让这一代人有一个共同的从前:他们都是"文革"的参加者、过来人;他们都是缺乏知识的"知识青年";他们都上山下乡,在农田和荒漠度过了人生最美好的青春年华。这一切似乎都已遥远,然而这浅陋无知的遥远,却深深地影响了他们的一生。

太阳缓缓沉入地平线,顽强地放出最后的光芒,人生的黄昏来临了。他们一同走过从前,如今无怨无悔地走向生命的最后一程,点缀垂暮的一个乐趣,便是追寻自己青春的脚步。这种追寻,无须探究,不必思考,只是将现在变作从前,就如切换电视频道一般地简单。

他们喜欢聚会,手机微信圈有利于他们一呼百应。昔日的同学,一起插队落户的朋友,如今大多生活在最基层,虽说"同是天涯沦落人",然而,岁月却早已抹去了这种"沦落"。共同的知识结构和人生境遇,让他们有更多的共同语言,同学会、知青会,一杯酒、一壶茶,找回了共同的记忆:昔日的贫困与动荡,变成今天美好的回忆;而今日的安定与闲适,却让他们愤愤不平。他们怀念从前,叹息现实。

他们喜欢唱歌,过去时代的革命歌曲,维系着他们的情感。那明快嘹亮的歌声，使他们恍然回到了昨天："天大地大不如党的恩情大，爹亲娘亲不如毛主席亲"，"毛泽东思想是革命的宝，谁要是反对他，谁就是我们的敌人"，这样的歌词和旋律，盘旋在会场上、操场上、游行的队伍里，进入到人的灵魂，成为他们的精神和意志。如今，他们组织起各种名称的合唱团、红歌团，在社区唱，在广场上唱，在各种节假日表演的场合唱，高亢激昂的革命歌曲，是他们黄昏年华的青春色彩，那一刻，他们又回到了那躁动狂热的从前。

他们敬仰老一辈的革命者，从小的政治教育和报刊、文艺作品一直以来的正面宣传，如烙印一般深刻着老一辈革命者高大的形象、高尚的品德，无私、无畏、无敌的精神气质，后来的人永远都无可比拟，无法超越。那是一个英雄辈出、无往不胜的时代，也是一个没有缺点错误的完美时代。

他们始终生活在毛泽东的巨大影响之下，坚信没有毛泽东，中国还会在黑暗中摸索，在苦难中徘徊，毛泽东是中国人民的大救星，毛泽东的世界观和方法论，渗透到他们的灵魂和细胞。他们仍然习惯地用毛泽东的思想来看世界。他们写文章、说话，都会很自然地引用毛泽东语录、毛泽东的诗词，"枪杆子里出政权"、"凡是敌人反对的，我们就要拥护；凡是敌人拥护的，我们就要反对"，这些语录，已经成为他们永恒的价值观。"雄关漫道真如铁，而今迈步从头越"，这些毛泽东的豪迈诗句，也成为他们平淡人生中的一份豪迈。在他们眼中，毛泽东的思想无可替代，毛泽东的人格无人可及，他们必须坚守，必须传承，以自己的微薄弱小，捍卫高大无比的巨人。

他们已经进入了现代，却依然深深地眷念着从前，那割舍不去的从前，笼罩了他们前行的脚步。

他们怀念上山下乡那艰苦的日子，那断了任何人生幻想的插队落户，让他们告别家庭、告别校园、告别城市，重返贫瘠封闭的农耕时代，他们被田野、山峦包围，被猪舍、羊圈拖累，他们勤勤恳恳地重复祖先的生存方式。他们至今仍然以当年的别无选择，而作为自己的人生选择，以这样的磨炼与成长，作为自己一生的精神财富。

他们怀念困难时期清苦贫寒的日子，那是既无奢望也无绝望的时代。

人人食不果腹，人人囊空如洗，人人贫穷到没有贫富差距。计划经济已经计划到人的嘴巴，让每一个人都离不开国家。一无所有之下的公平，胜过先富后富的不平。

他们怀念处处闪耀着雷锋精神的日子，那是人助人人、人人助人的时代。一个有着强大组织动员能力的国家，可以树立人的精神偶像，可以动员人的精神面貌。贫穷社会中的美好风尚，让人相信，一旦实现了富裕，便会有更好的风尚，共产主义理想的精神境界，只有一步之遥。

他们怀念整天听唱革命样板戏的日子，那是一个文化荒漠的时代。样板戏是红色的文化奇葩，陪伴他们整个青春年华的日日夜夜，排斥了世界上所有美好的艺术成果，让他们远离人类的优秀文明。那近乎夸张的舞姿与尽显豪迈的唱腔，与他们同呼吸，共命运，成为他们生命基因的一部分。直到今天，他们对当年的革命样板戏，仍然百唱不厌。

他们怀念没有腐败、没有贪官的日子，那是政治运动此起彼伏、整个社会一穷二白的时代，大字报、大揭发、大批判，暴风骤雨般的斗争，让人们如履薄冰一般地做人、做官，领导干部，与工人、贫下中农打成一片，同吃、同住、同劳动，许多干部就是来自工人、农民，大家一起贫穷，大家一起奋斗，大家都以金钱为耻辱，大家都以崇高的革命为一生的使命。

岁月如大江大河，无情地冲刷，又激情地奔腾，毕竟东流去。

他们终究离开了从前，那动荡的从前，那贫困的从前，那不断回到从前的从前，那剪不断，理还乱的从前，那一份思念，一份惆怅，一份失落，都已经远去。

现代化的潮流来了，这是让人洗礼的潮流，也是让人迎新、展望未来的潮流。在这个生气勃然的潮流中，从前，只是给时间留下了沉重的思考。

他们一同走过了从前，面对潮流，还是深深地记忆着从前，热情地传导着从前，越是时光的推移，越让他们觉得从前是如此美好。

其实，他们的怀念，只是怀旧，那应有的从前与不应有的从前，都挥之不去。

他们的心，还是停留在从前。

第 三 辑

中国已经开始了一个新的时代。

这是法治严明、科学昌盛的时代,也是精神与道德比翼齐飞的时代;这是进入世界潮流的时代,也是展现个性的时代。

这样一个时代,人是高大的,也是渺小的;科学是无限的,也是有限的。面对万物苍生,人还是应该有所禁忌:

闪电惊现,雷鸣骤起,我们还有惧怕么?

高山仰止,景行行止,我们还有敬畏么?

祸福无常,因果报应,我们还有悟心么?

法典高悬,神明在上,我们还有禁忌么?

物欲的世界,我们还是要让灵魂常有宁静,常怀敬畏。毕竟,人是如此的渺小与微薄。

终身相伴的数字

1、2、3、4、5、6、7、8、9、0。

这些简约、直白的数字,也就仅仅是数字而已,并无太多的内涵,一般的时候,它们都是静静地待着,等候人们计数的时候所用。

大约二三十年前,这些数字开始活跃起来,蹦跳着与人结上了特殊的缘分,竟然和姓名一样,与中国人终身相伴。

漫漫数千年,唯有姓名与人相守终身,是人的唯一符号,它传神地识别出人群中的个人,又传神地与人共荣辱、同进退。

进入现代,让人意想不到的是,除了名字以外,还有一组一组的数字,成为一个个特殊的符号,植入了中国人的个人标识,植入了中国人的心灵深处,显示出中国人从未有过的新面貌、新气象。

1984年4月6日,一个非常普通的日子,却又是一个永载史册的日子。是日,国务院发布《中华人民共和国居民身份证试行条例》,开始颁发第一代居民身份证。从此,每一个中国人都拥有一个唯一的、不变的法定号码。这是公民身份的代码,当然也是公民地位的象征,注定与人的命运紧密相连。

身份证开立了中国人的第一个法定数码,它比姓名更精准、更唯一地代表着每一个个体。中国社会同名同姓的人不计其数,而身份证号码,却永远地被每一个人所专有,与人坚定地不弃不离。

社会不断进步,无穷的数字簇拥着无穷的人,数字与人的关系越来越扯不开、剪不断,乃至到了若没有数字,人不知道如何活下去的地步。

数字沟通了人与社会的联系。家庭电话号码、移动电话号码、网络邮箱号码以及QQ号码等,连结成一个无限的数字空间。纵然相隔万水千山,只要按下数字,便能与数字的主人无障碍地沟通交流。

数字意味着人在社会的福利地位。医疗保障号码、社会保障号码,输入数字,便会展现个人的福利世界,救死扶伤,颐养天年,尽在其中。

数字更显示了人的能力与财富。各种职业资质的代码、文凭、学位的代码、驾驶证号、私人汽车牌照、银行账号、股市账号、信用卡号等等，每一个号码，便是一条道路、一片领域，让人充满了希望。号码越多，人的社会地位便越稳定。

　　各种各样看似任意、却是有序排列的数字，一组一组，一列一列，成为人的一个又一个标记与符号，让人与社会的联系更加频密、更加多元、更加丰富。回首之间，人竟然已进入了现代的信息世界、现代的财富世界、现代的公民世界。在这个现代世界里，人正在重新学习，努力超越传统的自我。

　　数字，本无特殊的意义，只是一种简单的计数而已，古往今来，概莫能外。然而，当现代社会将一组一组的数字，成为人的专享、专用的时候，这人以及人所专有的数字，便发生了深刻的变化。

　　人拥有了数字，数字便也前所未有地把人集合了起来，一个个庞大而复杂的数据库，让每一个人都有一席之地。输入不同的数字，便会将一个个鲜活的人真实而具体地展现出来。

　　人编录了数字，数字便忠实地记载人的生命轨迹。数字与人如此地相依相伴，互不可缺，成为人生活的极为重要的一部分。这样的人生，姑且称之为"数字人生"。

　　"数字人生"，是数字与人的奇妙结合，这种结合，是现代社会、现代人的一个重要标记，是人与人、人与社会、人与世界联系的不可替代的桥梁，让人进入了一个讲究规则、体现公平、凸显自我的境界。

　　"数字人生"，代表着一种规则，而这种规则，是一种有序的规则、科学的规则，它把成千上万的人，依着科学设置的数字，有序地排列起来，让人在不同的领域内有了不同的编码。社会是如此的包容万千，而数字却又让人在包容万千的世界里井井有条，是数字成为社会运行的一个重要规则。

　　"数字人生"，体现出一种公平，而这种公平，意味着对封建等级、论资排辈的有力的挑战。中国社会历来讲究长幼、尊卑的等级，依等级而排列，是千年不变的规矩，没有人敢斗胆挑战这种规矩。"数字人生"终于让这种论资排辈的规矩于无形之中开始溃退。公民的身份证就是以数字体现了社会公平,上至国家主席,下至平头百姓,都依数字而排列,中国人在不经意间,立起了社会公平的奠基石。

"数字人生",凸显自我意识的崛起,这种自我意识,是一种自立与独立,是一种具有一定的社会基础并被社会所认可的自立与独立。中国人从无自我,封建社会从属于家庭,从属于家族,从属于主人与主子。进入现代社会,虽然开始萌生自我,却又大多从属于单位,失去了单位,就等于失去了全部。"数字人生",让人开始奠定了自我,一组一组数字的背后,是人的社会地位,是人的自身价值,又由这种社会地位和自身价值所形成的真正意义上的人格。世上已没有力量可以无端地剥夺人所拥有的数据,以及这种数据背后的自我。

数字,竟然如此完美地把社会规则、社会公平、自身价值,用科学的理念、技术的手段,公平公正地给予了每一个人。这自然是人的一个历史性的大突破、大进步。

一样的黑头发,一样的黄皮肤,然而如今的中国人,已不容置疑地比我们的先辈,更多地拥有自信与自我,更多地拥有奋斗的空间,更多地渴望参与社会规则的制订。

终身相伴的数字,其实就是一种规则,悄然来临而又不可抗拒的规则,私密的、公开的,法定的、人性的,科学的、任意的,竟然如此巧妙而有法有序地统一了起来,人,已然迈入了规则的路径。中国人如此,世界文明国度的每一个人都如此。

123,456,7890……

这些平凡的数字,每天每时都在富有生命地滚动、跳跃,魔幻一般地进行新的排列与组合,谦恭而执着地迎候它将终身相守的主人。

珍惜属于自己的数字吧,只有它,才是你永恒的仆从。

时代缩影的观察

此生排队无尽期

中国人造字真是神了。

千百年前祖先造的字,到如今竟越来越管用了。譬如说,排队的"排"字,那右边的"非",就如人一个挨一个地排队的模样。"排"字,其原意是用手向外挤推,这就又有排队时你推我挤、用力相争的味道了,这"排"字,还不神么?

中国人多,到处都是人,一旦要购物或办事,排队是少不了的。出门坐公交车,排队;买早点、吃早餐,排队;超市购物结账,排队;银行存钱取钱,排队。潮水般来去的人群,在各种不同的场合,排成曲曲折折的队伍。

中国人一生不知道有多少时间耗在排队上,这本账,谁都算不清。

大概也是缘数,中国人的排队,竟是从小训练出来的。小孩进幼儿园,第一桩事就是学习排队,在老师的指令下,按个子高低,老老实实地排成一队,这人生的第一次排队,毕竟还是新鲜、兴奋。

殊不料,这一排队,竟让一生都在排队,年年排队,天天排队,排啊排,永无尽头地排。任你如何意气风发,精神抖擞,这排队,一步一步地挪动,挪一步便停一阵,停一阵再挪一步,让你全部的精气神,一点一滴地耗散殆尽。

早先的时候,商品奇缺,商店门可罗雀。过年过节时,有点紧俏商品,便热闹起来,尽管凭票购买,蜂拥而至的人们,照例排起长队。商店、菜场、粮站的门口,都是一字长蛇阵,男女老少顺着队伍缓缓地蠕动,节日最好的时间,都耗在了排队上。

这样的排队,总算捱过去了。然而,中国人注定是排队的命,这命,捱得过去么?时至今日,中国人还是照样地排队,哪里人多,哪里便得排队。

最让人难以忍受的排队,医院。如今的医院,早已失去了宁静、温馨的气氛,城乡各地赶过来的如潮水一般的人,在医院里流来淌去:挂号、门诊、体检、付款、取药,任何一处,都要排上长长的队。排完一个队,又疯了似地赶到下一个队,接着排。整个医院里,都是乱哄哄的、没完没了的队伍。

最让人莫名恐惧的排队,火车站。火车站售票处,真个是排队的汪洋大海,到了春运的时候,这售票大厅排得水泄不通,人贴人、人推人、人堵人、人挤人,都已经不是人了,还得挣扎着排下去。这恐怖的场面时刻会有更恐怖的一幕:队伍还没排到,票子却卖完了!

最大规模的排队,上海世博会。2010年上海世博会参观人数达7000多万人,创下世界之最。这7000多万人,全都是排队排出来的,进场排队,安检排队,每一个场馆都密密实实地排满了队,少则排两三个小时,多则排八九个小时,日晒雨淋,为的是一睹异国他乡的风貌。如此多的人,以如此的耐心,排起了如此规模的队伍,中国人的排队精神让诸多的友邦惊诧。

最无奈无助的排队,堵车。中国人刚一有车,就到了以车排队的地步。社区里停车排队,街道上开车排队,高速公路上开车也排队。汽车排队,又是一种景象,一旦排上了,进也难,退也难,任你哭爹骂娘,谁都帮不上。河北高速公路竟创下了汽车排队达9个小时,世界上有如此的排队么?中国人有了汽车,以为少了羁绊,任人奔驰,却不想,仍然开着车去排队。当然,开着车排队,毕竟风光了许多。

排队,是全世界共有的现象,即使发达的文明国家也少不了排队。只是中国式的排队,饶有中国风味。半个多世纪以来,中国人从排队买白菜、买豆腐,到排队买足球门票、买3D电影票,从排队买自行车,到排队开汽车,内里的变化已经翻天覆地,但总归还是在排队。这看似自然不自然、情愿不情愿地排队,每个人都曾经有过的、必经的排队,自然影响了中国人的思想和行为。

长龙似的队伍,竟能久久地一动不动,踮起脚,前不见首;回过头,后不见尾。又有后面的人急着往前挤,这前面的人却又走不动,嚷嚷声,吵骂声,此起彼伏,声声烦心。这排队,排到后来,一个个人都会变得急躁、浮躁和暴躁,一旦争执起来,往往张口就骂,拔拳就斗。这种急躁、暴躁,在医院里又最常见,吵架斗殴,甚至拔刀砍人,已经到了连医院也要设警务室的地步了。

长龙似的队伍,排队的人只管一步挪一步地往前走,尽管有满腔的无名火,却只能无可奈何地排着走。中国人历来有亦步亦趋的做派,排队让这种做派发扬光大了起来。亦步亦趋,步步紧跟,让相当一些人见队就排,竟不知为何而排。这种心态,还从排队延伸到日常的做人做事,"夫子步亦步,夫子趋亦趋",顺从别人,跟着人家走,竟成为一种行事法则。

长龙似的队伍,谁都不愿排。有门路的人,便去找关系走后门,这边厢还是闹闹嚷嚷的长龙阵,这开后门的人,早已到手而溜之大吉。没有关系没有门路的人,便会使出"插队"这一手。排队是老实人的规则,开后门、插队,是投机取巧的"规则",当然也是邪的不正的"规则",而邪的不正的"规则"又往往得利,这社会上老老实实的人便自认倒霉,只管吃亏。

长龙似的队伍,现如今还创新排到了电脑网络上,这又让排队有了科技的味道,进入了排队的新境界:成百上千的老人排队等候养老院腾空的床位;几百、几千个人争考一个公务员岗位;几万、几十万的年轻人争候国有企业、中央企业的招聘。这稀之又稀、少之又少的供给,竟让成千上万的人趋之若鹜。网络上的排队,看似无形,一旦从无形化成有形,却是密密麻麻、让人惊骇无际的人群。

市场上一般性的排队,官员是不会"与民争利"的,浩大的队伍中,当然找不到县长、市长的身影。其实,官员也在排队,却是在排另外一种队:从副职升正职得排上多少年,从这一个职位升到上一个职位又得排多少年,如此旷日持久地排队,当官殊属不易。然而,很有些时候,又不必排队,让许多官员千方百计找门路、托关系,不惜求官买官。当官要排队,又有这么多的人都想排上去,而官位总是有限,于是又想出了将官员的福利待遇拿出来分配,多少年享受什么待遇,一年一年地排,一级一级地排,直到临终,讣告上写一句"享受 XX 级医疗待遇",已经不知道是荣誉还是荣耀了。

这不分官民的排队,这永无尽头的排队,但凡中国人,都已心力交瘁,没有人愿意排下去。

然而,这么多人,不排队,行吗?

空白的人生画卷

记日记,大概是很多人生活中较为儒雅、可贵的习惯。

日记,"日有记也",把每天生活中最有价值、最有意义的经历或思考记录下来,展示自己的心灵世界,日积月累,便是一幅漫长而真实的人生画卷。

近代中国,最完整且最持久地记日记,蒋介石应是一个。这位曾经是动荡中国的头号人物,开始记日记于1915年,至他去世(1975年)的六十年间,从无间断。一部日记,就是一部历史。著名学者黄仁宇在《从大历史的角度读蒋介石日记》中指出:无论他是否是中国的领导人,在政治舞台上会否产生作用,仅以此资料之雄伟与完整,已是世间难得,也必致使所有关心中国现代史的人物拭目以待。

蒋介石如此浩繁的日记,自然给后世留下了一个真实的面孔。早期,他每天晚上在日记中记下白天所干的错事,甚至记下自己的荒唐与不堪。对一个政治人物来说,这样的日记,当为可信。当然,他的日记也有反映自己思想的点睛之笔,如1939年1月30日他作了如是之日记,"总理云:不知不能行。吾则继之曰,不行不能知。惟行而后能知其知之真伪与是非也"。

中国文化大家鲁迅、胡适,不仅著作等身,而且也留下了极其宝贵的日记,真实地展示了他们每一天的生活与思想。

鲁迅的日记,大都是每日生活要点的笔录,用词用字已经到了省无可省的地步,如1929年9月27日,鲁迅添丁之喜,日记仅是简单的一句话:"晴。晨八时广平生一男。"三天后给儿子取名,也只留下了一行日记:"下午往福民医院,与广平商定名孩子曰海婴。"

胡适的日记,自然也是简洁,有些是简洁之中含有深意,如1939年9月18日,胡适日记仅6个字:"第九个'九一八'",如此直白的文字,蕴含深重的警示,惨痛之心,尽在其中。胡适日记还多有对社会、时局、学术等诸方面的记述与评论,留下了历史的印记,也有严厉的自省与自责,如1914年1月25日,胡适就记下了如此反思:"余近来读书多所涉猎而不专精,泛滥无方而无所专注,所得皆皮毛也,可以入世而不足以用世,可以欺人而无以益人,可以自欺而非所以自修也。后此宜痛改之。"这样的日记,足以让人看到一个名闻天下的学者,曾经有过的思想足迹。

名人的日记,不仅给自己留下了真实的人生画卷,也为一个时代、一部历史提供了弥足珍贵的研究素材。著名作家萧军1940年6月15日第二次到延安,一住六年,写下了在如今来看算是绝无仅有的延安日记,一部《延安日记(1940—1945)》(上下卷),让我们从一个角度身临其境般地看到了延安生活的真实图像,自然让人对那段历史引发厚重的思考。有学者认为,就近代中国研究的价值而言,萧军的《延安日记》超过了他那些在文学史上声名卓著的长篇巨著。

平民百姓的日记,只要秉笔直书,照样也给时代留下珍贵的史料。1937年昆山周庄沦陷,年轻医生朱润苍目睹故土满目疮痍,冒着风险,将日军的残忍暴行如实记录,"八年血泪录",这部日记如今被珍藏于昆山市档案馆。鲜血染成的"人生画卷",每一页每一行都是苦难与血泪。

危在旦夕的战争岁月,人们还照样记日记,在生命的缝隙中追寻真实,可见日记作为一种文化,竟有如此的力量。

对现代中国人影响最大的,是《雷锋日记》。这部被不断再版几十次的日记,反映了那个年代一位普通战士的真实情感和纯洁的思想境界,"我愿做高山岩石之松,不做湖岸河旁之柳。我愿在暴风雨中艰苦的斗争中锻炼自己,不愿在平平静静的日子里度过自己的一生",类似这样的文字,在雷锋日记中热烈地跳动着。《雷锋日记》中的好人好事和座右铭式的语句,极大地激励了中国人,"像雷锋那样做人,像雷锋那样记日记",成为不容置疑的时代潮流。

《雷锋日记》经过声势浩大的宣传,影响和改变了中国人记日记的方式,革命的思想、革命的火花、革命的豪言壮语,成为一代青年的日记潮流,人们摘录领袖的名言,抄录书刊中的革命口号和人生格言,记录自己白天所干的"不留名字的好事",把日记记得闪闪发光,无懈可击。日记所展现的是一个极为个人的心灵世界,已经不复存在了。

日记，在中国人的心中已然成为革命的日记，红色的日记。倘若在日记中有非革命的内容，自然得批判、得斗争，毫不留情地肃清其思想。清查"资产阶级日记"、"反动日记"成为思想领域一场严峻的阶级斗争，但凡记日记的，人人心悸，个个惊恐。即使"革命的日记"，在阶级斗争思维的主导下，也会匪夷所思地查出"反革命"的蛛丝马迹，实施严酷的无产阶级专政。

失去了免受恐惧的自由，人人如惊弓之鸟。许多人对自己的日记主动清算：一切可烧的都烧掉，一切可毁的都毁掉。没有了日记，如释重负；不记日记，也是一种解放。著名作家钱钟书之父钱基博（1887—1957），把自己历时20多年记下的上百本日记由女婿石声淮保管。"文革"中，石声淮将其全部付之一炬，"这样珍贵的历史文献，浸透一生心血的治学心得和人生感悟，就这样灰飞烟灭了"！如此悲剧，只是悲剧年代的一个悲剧。

在中国，历次运动中，因日记而被打成"右派"、打成"反革命"的，无可计数。在一个不需要真实的时代，留下真实的日记，只会招来莫名的祸端。日记，这个完全的私人领域，根本不受保护，以日记治罪，又以日记定罪，好像天经地义。许多诚实善良的人终于不记日记。

历史沉重的一页终究翻了过去。从日记引发的荒唐，应该不会再有了。一个开放的社会，中国人尽可以挥洒自如地在日记中一吐心曲。

然而，人们仿佛再也不想记日记了，即使身处权力、资本、知识等上层领域的精英人物，也鲜有日记问世，至于可作为书籍出版的，更是凤毛麟角。据中国社会科学院世界历史研究员马龙闪先生从网上搜索统计："自1979年至2012年，在大陆和港台三地，出版从19世纪初至今200年的日记类图书，共计300种左右，而涉及20世纪50年代至今这一甲子的日记，仅有20多种。也就是说，在占据了三分之一时间的这60多年间，日记出版的数量，还不及200年总数的十分之一。至于有关人物一生完整日记的存世数量，更是屈指可数。"看来，日记这一良好的文化习惯，竟有失传的势头，原因诸多，其来有自。

有真实的自我，便有真实的日记。同样，若要有真实的日记，必得有真实的自我。恪守真实，追寻真实，当是日记的缘由和动力。

然而，真实已然稀缺，真实的自我，更难寻觅。掩盖真相，乃至掩盖自我的真相,已经自然而然。打开洁白无瑕的日记本,仰望苍茫寂寥的星空,敢真实地记录自我么?

　　空白的日记,空白的人生画卷。

高呼口号的人生

中国人一辈子不绝于耳的,恐怕要算是口号了。

何谓口号?《现代汉语词典》的注释是"供口头呼喊的有纲领性和鼓动作用的简短句子",这大概是比较权威的释义了。

口号,看似简短,语义也直白,其实是一个时代政治、经济、文化的一种反映,体现社会群体的力量与意志。

中国人喊口号,古已有之。比如陈胜、吴广振臂高呼"伐无道,诛暴秦",已被逼得走投无路的百姓齐声呼喊,纷纷揭竿而起。又比如太平天国的口号"有田同耕,有饭同食,有衣同穿,有钱同使,无处不均匀,无人不饱暖",犹如一幅太平盛世图,贫苦百姓还能不动心么?大家举起拳头跟着呼喊,跟着造反,跟着打天下。

口号,一般来说,是让老百姓呼喊的。老百姓匍匐在地时,又如何喊得出口号?喊口号,自然是站了起来,当然惊天动地,往往在口号声中,刀光剑影,改朝换代。古代的口号,有,却不会多。

口号,一再地呼,一再地喊,应是近一个多世纪的事了。时代变迁,风云激荡,多少事,必得动员民众齐心来干。于是,便有了各种经典、激励的口号:

"驱除鞑虏,恢复中华,创立民国,平均地权",这是孙中山提出的、带有政治纲领性的口号;

"打倒军阀,打倒列强",贫弱的老百姓面对暴力,不屈地呼喊;

"打倒帝国主义",1922年五一节,中国共产党首先呼出,成为中国近代史上最具影响力的口号;

"打土豪,分田地",鼓动了多少赤贫的农民,乡村燃起革命的火焰;

"有钱的出钱,有力的出力",极平凡,极朴实,却成为全民族团结抗战的统一口号;

"打倒蒋介石,解放全中国",很有摧枯拉朽、横扫千军的味道。

也有以名人之名言,作为激励大众、共赴国难的口号:

"生当作人杰,死亦为鬼雄",李清照的绝句;

"人生自古谁无死,留取丹心照汗青",文天祥的誓言;

"天下兴亡,匹夫有责",顾炎武的呐喊。

在革命和战争年代,中国人喊起口号,便会觉得热情澎湃,热血沸腾。多多少少的人,高喊口号,前赴后继,乃至,临死也要挣扎着喊一句口号。此时的口号,是理想,是信仰,是生命的价值所在。

千百万民众愤怒激昂地高呼口号,再顽固的皇朝也会颤抖。

中国人对口号有着深厚的感情,进入和平建设年代,照样高呼口号,口号竟然愈发多了起来,一代一代中国人,无不是喊着口号走过来的,越喊越起劲:

"鼓足干劲,力争上游,多快好省地建设社会主义",这是二十世纪五十年代中国最权威的口号,男女老少,都还没搞清楚什么是社会主义,就已经纵情呼喊;

"赶英超美,跑步进入社会主义",中国人开始大着胆子喊口号;

"一个县出一个郭沫若,一个县出一个梅兰芳",豪气冲天的文化大跃进,揭开了比试吹牛的时代;

"人有多大胆,地有多大产"、"不怕做不到,只怕想不到",如此豪迈的口号,不知是谁先喊出来的,一个贫瘠的国家开始用口号描绘梦幻财富。

饿着肚子而高呼口号,人们毫无怨言。

"文革"时期,每一天在每一寸土地上,只要竖起耳朵,便会听到震天动地的口号:

"造反有理,革命无罪",人们欣喜若狂,又要"造反",又要"革命"了;

"舍得一身剐,敢把皇帝拉下马",人们不仅喊,而且卷起袖子动手了;

"横扫一切牛鬼蛇神",近乎"绝杀"的口号,让人血管贲张;

"阶级斗争,一抓就灵",城乡大地,已无宁日。

人们在车间里喊口号,在稻地上喊口号,在教室里喊口号,在一切有人的地方喊口号。口号,也自然让人痛快淋漓,忘乎所以,以为高呼口号,便是人群中的先锋。

一个时代自有一个时代的口号,既是历史的印记,也是人生的轨迹。

改革开放,则又是一种清新、鼓劲的口号:

"振兴中华",这是拨乱反正,激荡一代人的口号;

"实践是检验真理的唯一标准",让人们重新稳稳实实地站到了厚重的大地上;

"解放思想,实事求是,团结一致向前看",伤痕累累的中国人,开始了新的追求;

"改革开放",中国历史上旷古未有的、最具生命活力的口号,它无需人们挥拳高呼,却是引领国家走上进步之路的旗帜。

开放时代,照理人们只要务实地做,便会一天一天地进步,然而,一个热衷于口号的民族,是不会寂寞的。一些十分耳熟的口号,改头换面又喊了起来:

"一年一个样,三年大变样",口号声中,挖土机、压路机毫不犹豫地毁掉曾经的历史;

"移山填海,敢教日月换新天",这么喊,也真这么干,中国人的胆魄,让前人、让后人目瞪口呆;

"建设国际大都市",183个城市的共同口号,留给世界的,除了惊讶,还是惊讶;

"跨越式发展、超常规发展"、"弯道超车",如此精彩的口号,空前绝后,为了"发展",什么样的"发展"都可以。

这些口号,都是出自权威之口,作为目标,列入规划,自然是一种力量的显示。

基层小吏、普通百姓又是另一种口号,让人们欲哭欲笑,或者哭笑不得:

"一人结扎,全家光荣"、"一人超生,全村结扎",农村的计划生育口号。这种口号,在村前屋后的墙上刷得到处都是,足以让超生的人胆战心惊;

"上前一小步,文明一大步",口号无孔不入,在厕所里也发挥"引导"作用,乃至"引导"到文明的"一大步"。

做官的也有自己颇为得意的口号:"为官一任,造福一方"、"当官不为民做主,不如回家卖红薯"。这些官似乎毫无进步,一如封建时代的"青天大老爷",要"为民做主"了。这种口号居然赢得一片喝彩,也是现代世界的一怪。

中国人一辈子呼口号。跟着口号走,是不会错的。至少,大家都在呼,大家都在走。久而久之,便对口号有了依赖,有口号,便起劲,便热闹,便有了方向。甚至,有口号,便就是有行动,口号越响亮,便是行动越坚定。一句口号,让纷繁复杂的事,变得极其简单;让需要鼓动的事,变得极其亢奋;让许许多多的人无需犹豫,简简单单地跟着口号走。

当然,中国人也并非都是跟着喊口号,有些口号已经成为中国人的价值导向,让中国人变得非常现实、非常实用:

"时间就是金钱!"

"不管白猫黑猫,抓住老鼠就是好猫!"

一生泡在会海里

中国的会,真多。

中国人只要踏入社会,便也踏入了会场,这一生便与各种各样的会,结了缘。一直到死,还会有一个追悼会,麻烦亲朋好友最后聚会一场。

早先的会,规模大,气势也大。最多的是带有政治色彩的群众性集会,十万、二十万人在广场高呼口号开大会。北京天安门广场常有五十万、一百万人的群众大会,然后是浩浩荡荡的大游行。而一般的会议则有政治身份和行政级别的限制。被戴上各种帽子的"阶级异己分子",只配参加批判会、帮教会、斗争会。这种会,现场批斗,从动嘴训斥到动手打人,气氛紧张,惊心动魄。当然,也越来越开不下去。

会议从阶级斗争走向经济建设,是现代的事了。安徽凤阳小岗村十八户村民自发开会,写下血书,哪怕杀头坐牢也要土地承包,分田到户。来自最底层的会,深刻地影响了中国的政治和经济发展的方向。

中国五千年以来最伟大的会议,当是中共十一届三中全会。这次会议,以从未有过的前瞻眼光和无比的勇气,揭开了中国改革开放的历史序幕,文明古国终于打开了厚重的国门,迎来了现代文明的洗礼。

这样的会,旷古未有。推动历史前进的会议,自然不会多。日常大量的会议,其实就是研究工作、部署工作,都应该而且必须要开会。

会议,顾名思义,就是大家聚合在一起议事。从这一意义上说,会议在文明国度、文明时代,是断断少不了的。

然而,中国人有把事情做过头的习惯,开会也如此。天天开会,事事开会,处处开会。几十年下来,中国的会议竟开出浓浓的中国味道来。

会议多。中国各地每天有多少会在开,谁都无法计数。马路上川流不息的车,川流不息的人,竟有相当一些是赶来赶去地去开会。每一座城市都有会议楼、会议中心、大会堂;每一个机构、每一个企业都配有相当规模的会议室;每一个宾馆、饭点和大厦,都有大大小小的主会场、会议室,很有一些宾馆就是为开会而设的。这难以计数的会议设施,每天都是挤满了人,一排又一排地坐着开会。若是到了岁末年初,这参加会议的人,就像潮水一般地呼啸而来,席卷而去。

会议空。中国的开会,一般都是由一个人或几个人做报告,台下的只管听。这会议的报告,又几乎都是由秘书写了又写,改了又改,绝大多数都是大话、空话、套话和绝对正确的话。分不清是在部署工作,还是在教育下级。台上的人认认真真地做着不着边际的报告,台下的人百无聊赖地打发时间。

会议乱。许多会,乱象丛生,借着会议生出许多名堂来:成百上千的人聚在一起,开饭时,一桌一桌极为壮观,敬酒劝酒,一醉方休;白天开会,晚上找乐,唱歌跳舞,泡脚按摩,这都是宾馆为会议必备的项目;开会还要发礼品、发纪念品,吃的、喝的、用的、穿的乃至时令用品、土特产品,五花八门,都会在会议上出现。

数不清的会,开不完的会,让许许多多的人,几乎一生都泡在会海里,进出不同的会场,聆听一样的报告。领导干部和公务员,开会就是工作,工作就是开会,既讨嫌会议,又生怕没会开;痛恨套话、空话和大话,临到自己,照样地说套话、讲空话、吹大话。

平庸的人,喜欢开会。坐在那里,不用思想,也本无思想。会议昏昏,人也昏昏,用会议打发时间,用会议积累资历。这茫茫的会海,竟会让平庸的人一路春风。

干事的人,却是一种痛苦。无端地耗费时间,无异于谋财害命。然而大家都在开会,你还能干什么?多少想干事的人,百般无奈地在会海中挣扎。

平庸的人也好,干事的人也好,都必须开会。日复一日地开会,东奔西走地开会,事无巨细都得一再地开会。为了开会,楼堂馆舍每年都在改建、扩建和新建。老的会议开厌了,新的会议又被想了出来:同乡会、同学会、战友会、联谊会、交友会、恳谈会、横向协作会、上下对口会等,这种无中生有的会,根本不必开的会,变着法子找钱开的会,开得热热闹闹。中国人已经习惯泡在会海里,心甘情愿地让会议耗费生命。

这样的会议,天长地久,自然改变了许多人的思维与性格。

思想僵化。中国的会议,都是自上而下地开,一级按着一级地开。一个人说,千百个人坐着听。从市里、县里到乡里、镇里,以空话传达空话,以会议贯彻会议。开会成为一种工作手段,做报告成为一种工作方法,上下照搬照抄,哪里还会有创新的思维、创新的活力?

不会说话。做报告的人,都在说一些上面的话、书上的话、文件上的话,说一些套话、空话和大话。言者认真,听者也认真,套话、空话和大话,已然成了中国式的语言。离开了稿子,便张口结舌。中国能登台做报告的人才,多得不计其数,而能登台激情演讲的人,却鲜有所闻。

意志消沉。人的意志来自艰苦的磨炼,来自忘我的奉献。这没完没了的会议,任你如何生龙活虎,倘若每日走进囚笼般的会场,束手呆坐,懵懵懂懂,昏昏沉沉,却又得洗耳恭听不着边际的空话,再坚强的意志,也会被一再地消磨。

会海无边,多少人被一网打尽:报纸、电台、电视,整天报道各种各样的会议消息;秘书写报告,通宵达旦、手忙脚乱。一个会议召开,便有无数个会议等着贯彻。如此这般,一轮一轮地开下去,许许多多的人为无用且无聊的会议辛勤地忙碌。

一生泡在会海里,中国人好像已经习惯了。

暴戾之气的前世今生

狗有戾气。

戾,在汉字中,颇让人见字生义。戾,从户,从犬。犬立于门首,狂噪凶猛,龇牙咧嘴,吠声惊心,这般气势即为"戾",着实让人惧怕。

台湾的《华文字典》对"戾"字又有另解:犬和户合在一起,表示犬出入于单扇门,须歪曲身体。所以,"戾"本义为偏曲,不正。

看来,戾,应是贬义。凶狠而不正,大概是"戾"字较为准确的含义。

狗有戾气,固然可怕,却还是被主人管束,总归不会舞刀弄枪。人若有戾气,比狗可怕。不幸的是,不少中国人都或多或少地沾染了暴戾之气。

在中国这块土地上,暴戾之气有一定的社会基础。扯开嗓子骂人,拔出拳头揍人,在坊间里巷是家常便饭。中国的小孩一出娘胎,便要准备挨打,"棍棒下面出孝子",是家庭教育的一条准则。一代打一代,代代打下来。骂是爱,打是亲,以至于"雨天打孩子,闲着也闲着",这打孩子,都上了瘾。

中国式的骂街,大概是暴戾之气的前奏曲,各种匪夷所思的恶言秽语张嘴即来。一百多年前,美国传教士史密斯亲耳听到中国人的各种咒骂,在他的著作《中国人的性格》一书中写道:"污言秽语就如同一条肮脏的小溪那样源源不断。在这方面,英语实在望尘莫及。"

中国式的打斗,是暴戾之气的高潮,极其的凶猛,"以命抵命","以血还血","杀一个够本,杀两个赚了","十八年后,又是一条好汉"。这样的"豪言壮语",充斥于打斗之中,可见中国式打斗之血腥。

中国的传统文化,也助长了暴戾之气。鲁迅先生说:"中国确也还盛行《三国演义》和《水浒传》,但这是为了社会还有三国气和水浒气的缘故"。敢对三国、水浒作如此评价,也算是鲁迅的尖锐。《三国演义》、《水浒传》自然是中国古代经典的文学作品,中国人津津乐道,百看不厌。然则,弥漫其中的权谋与杀戮、江湖义气与暴戾之气,都是一剂毒药,让后代中国人,代代受毒。

若论暴戾之气,尤以水浒为最。这书中每一章,都少不了一个"杀"字。倘若杀贪官,便可一家老幼,尽数杀绝;倘若造反,便可像李逵那样,抡着板斧"只顾砍人,一斧一个,排头儿砍将去……"如此杀气,便是水浒气。为些许公道,为朋友义气,便可杀人放火,便是英雄豪杰。

中国封建时代的法治,同样也是暴戾之治,刑罚和砍头是法治的核心,甚至一人犯法,株连九族,满门抄斩。暴政又与权谋结缘,杀人成为解决矛盾与问题的最后手段。暴戾的政治,为暴戾的民间树起了标杆。

暴戾之气实在是中国人心灵深处的恶基因。平常时候,这种恶基因被关闭,仿佛不存在。一旦有事,这恶基因便异常得躁动起来:人若骂,我也骂;人若打,我即打;人若杀,我必杀。以恶对恶,以恶克恶,恶恶相对,恶恶相报。这种代代相传的恶基因,主宰了中国人的心灵与行为,让中国人向无法治的观念、民主的意识、妥协的习惯,哪怕进入现代文明社会,这脑子依然停留在专制暴政时代,以我分敌友,以恶看世界,认定天下没有无缘无故的爱与恨。

文明渐进,法制彰显,中国人的暴戾之气自然随着社会进步,逐步地收敛、消弭,中国人本应生活在自由、平等、善良、宽容的社会中。然而,数千年积累的恶习能轻易消退么?

大概也是劫数,"文革"时代又让暴戾之气死灰复燃,卷土重来。只不过,这卷土重来的暴戾之气,已然披上了"革命"与"造反"的外衣,暴戾便成为"文化革命"的精神与武器,人人可暴戾。人人又惊悚于暴戾,连堂堂的国家主席都可任意揪斗,侮辱打骂,一国之尊,全然不尊。暴戾,让中国人无论暴戾与被暴戾,都统统地失去了尊严。

"文革"时期的暴戾之气,尽人皆知,不必细述。可悲的是,这样的暴戾之气却鲜有反思,这"文革"血染的学费自然是白交。暴戾之幽灵依然徘徊。

今天的暴戾,当然改头换面了。

譬如骂人。当年的骂人,最凶也不过是"泼妇骂街",无非是在街头巷口的一群人中,骂骂咧咧而已。如今通行网络口水战,一开骂,全天下都知道,捕风捉影,凭空捏造,言语虽文明了些,却字字羞辱,句句抹黑。谁先骂,谁便占了先机。

譬如打人。以前通行拳打脚踢,看似凶狠,其实也只是"横",而且还给对方留下了拳来拳去、脚来脚去对打的机会。如今流行"掌掴",一出手便猝不及防。老话说,"人活一张脸,打人莫打脸",对着脸打耳光,打的是皮肉,丢的是尊严,不仅"横",而且"毒"。

其实,骂人、打人,只是现代暴戾的初级阶段。更高层面的暴戾,更为凶悍。这种凶悍,是让对手在暴戾面前,全无招架之力。

譬如以强欺弱。如今有的人,只要被冒犯,不分是非,全无公义,必欲置之死地。拿刀的,会一刀捅死你;拿枪的,会一枪崩了你;开车的,会一脚油门撞死你。这种暴戾,天天都在发生。强者对付弱者,什么都可以成为武器。而被暴戾的,已不仅仅是善良懦弱之人,连牙牙学语的幼儿,也成为被暴戾的对象。幼儿园的老师、家中的保姆,以种种骇人听闻的手段虐待幼儿。这样的暴戾,已经到了全无人性的地步。

譬如群体性暴戾。这种暴戾,往往打着爱国、爱家乡,爱环境的名义,群起闹事。而一旦闹事,就完全忘了本义,只要有一个人带头,便会有一大群人跟上,砸汽车,砸商店,砸公共物品,对无辜的人施暴,以打砸抢发泄心头之暴戾。

譬如自上而下。早先的暴戾,大多在下层民间。如今居庙堂之上的人,也如疯了一般地暴戾。官员掌掴下属,似乎古已有之,中国通行把下属当作家奴,曾经绝迹过,现在又开始流行了。教授掌掴平民,却开了历史之先河,做学问的人都开始发飙、发威、发疯,这种无法无天,好像没人能管。这般的暴戾,虽说是个别之个别,对社会文明,却有强大无比的杀伤力,足以让还想活下去的善良百姓,学会暴戾式的生存。

暴戾种种,由前世而今生,已然成为文明社会之公害。

其实,暴戾自有天敌。文明与法治,便是暴戾的天敌。中国人倘要真正成为现代社会的文明人,便得对自身或多或少的暴戾,来一个自我了断,在公平正义的法治社会,学习做一个充满阳光、充满爱心的现代人。

百无禁忌的时代

自有人类之初,便有禁忌。

所谓禁忌,指的是因社会习俗、宗教、道德等因素,对人的某种行为的禁止或忌讳。

弗洛伊德在《图腾与禁忌》中,认为禁忌是"人类最古老的无形法律",点出了禁忌存在的价值和意义。

人类社会无论是原始蒙昧时代,还是科学高度发达的现代,对一定的事物,人们于冥冥之中总是抱有敬畏和禁忌,自觉地约束自己的行为。

中国人历来颇多禁忌。神奇的天象地理,壮观的山川河流,灵异的飞禽走兽,神秘的生死祸福,凡此种种,似乎在护佑人,又似乎在警示人,让人震撼、震慑,无形之中收敛贪欲,从善克己,这大概是成文法律之外的"无形法律"的功效。

上天主宰,灵魂不灭,是人类产生禁忌的源头。德国文化哲学大师恩斯特·卡西尔在他的《人论》一书中说:"禁忌体系尽管有其一切明显的缺点,但却是迄今所发现的唯一的社会约束和义务的体系。"人性的诸多方面,法律无法管治,禁忌便充当起约束人性、善待人性的作用。

禁忌,具有双重性:一方面是神圣的、崇高的,在认知的空白地带,人们选择敬畏而不敢亵渎;另一方面则是神秘的、忌讳的,在人性的私密领域,人们选择自律自控而不敢无法无天。

中国千百年来,河山屹立,生态绵延,祖脉相传,人心向善,人与生态和谐相处,这自有种种的原因。其中,民间的各种禁忌,起了一定的作用。尽管各种禁忌含有相当的迷信,却是蒙昧时代之必需,客观上有功于后世后人。

若没有新中国的诞生,中国人恐怕还是祖祖辈辈地生活在各种各样的禁忌之中。

"讲究科学,破除迷信",这本无异议的口号,在一个时候如狂飙突进,席卷城乡。中国人无论老的、少的，位尊的、位卑的，有知有识的、无知无识的，都被前所未有地发动了起来，"天不怕，地不怕，鬼不怕，神不怕"，中国人还怕什么?！民间广为流传的各种禁忌，成为封建迷信的象征，通通被扫进了历史的垃圾堆。

讲科学、破迷信，自然是好事。问题是在不知科学为何物的情况下，对天地、自然的迷信被推翻了；尚无科学人文的素养，人就被赋予改天换地的重任，"人定胜天"，什么样的事都敢干了。

对大自然的无禁无忌。莽莽苍穹，巍巍河山，中国人历来视为上苍所在，必得敬仰。一山一峦，一峰一岩，皆是神灵，必得敬畏；一鸟一兽，一草一木，皆是生命，必得怜惜。河山不能毁，林木不能伐。诸如老柳树、老桑树、老樟树、老榆树、老槐树，更是树之精灵，护佑苍生，是万不能砍伐的。如是，有百年的村镇，便有百年的古树。所有这些，看似迷信，其实含有科学的因素。愚昧且狂热的人们，一旦没有了禁忌，大自然便惨遭不幸：劈山填河，山塌河涸；伐木毁林，万世不劫；飞鸟走兽，捕尽杀绝。对大自然予取予夺，随心所欲，哪里会想到大自然的报复与惩罚。

对道德神明的无禁无忌。中国人在道德领域树起了凛然不可侵犯的神明。何谓神？中国人对"神"字的构造，就活现了对神的敬仰。"神"的一半是"申"，这个"申"即为闪电在夜空的形象。电闪雷鸣，威力无比，必定要惩罚人间的邪恶。神明在上，敢做坏事么？如今，神明被当作迷信，法治却远未健全，人心便无所顾忌：贪污贿赂，坑蒙拐骗，制假贩假，买官卖官，钱与权让多少人乱了性，从地痞流氓到领导干部，都大着胆子胡作非为，哪怕头顶惊雷炸响，照样从恶如流，再也不怕"神明"。

对历史人文的无禁无忌。中国人传统意识中，视祖宗如神明，"敬祖如敬神"。毁祖毁宗，必遭报应。这一祖宗禁忌，传承了千百年的历史人文，也遭到了毁灭性的厄运。祖上留传的城楼、亭阁、匾额、牌坊、辞章典籍、金文碑刻等弥足珍贵的遗产，成为革命和建设的绊脚石，一毁了之，用钢筋、水泥、混凝土筑起了新的繁华。甚至连饱经历史沧桑、富有人文内涵的地名、城名，都会任意地选几个字，换了新名。声称文明古国的后代，无禁无忌地删除历史，删除记忆，活在一片空白中。

禁忌，是一种神秘，这种神秘，让人敬畏。百无禁忌，自然是百无敬畏。人一旦失去敬畏之心,却又无视法制,蔑视科学,这样的人还有什么不敢干的事?古人说,因果报应,分毫不差。然而,百无禁忌的人,还会怕报应吗?这社会乱象丛生,究其原因,其中之一是,很有些人早已失了敬畏之心,百无禁忌地牟利谋权,死心塌地地走上不归之路。

愚昧而无禁忌的人,是人之不幸。愚昧而无禁忌的时代,是时代之不幸。

中国已经开始了一个新的时代。这是法治严明、科学昌盛的时代,也是精神与道德比翼齐飞的时代;这是进入世界潮流的时代,也是展现个性的时代。这样一个时代,人是高大的,也是渺小的;科学是无限的,也是有限的。面对万物苍生,人还是应该有所禁忌:

闪电惊现,雷鸣骤起,我们还有惧怕么?

高山仰止,景行行止,我们还有敬畏么?

祸福无常,因果报应,我们还有悟心么?

法典高悬,神明在上,我们还有禁忌么?

物欲的世界,我们还是要让灵魂常有宁静,常怀敬畏。毕竟,人是如此的渺小与微薄。

时代缩影的观察

威风锣鼓响起来

敲锣打鼓,中国民间的艺术。

威风锣鼓,则把这种民间的艺术,推向了高潮,推到了极致。

威风锣鼓场面惊人,四五百个穿着传统民俗服装的精壮汉子,队列严整,分别击打几百面锣、鼓和成百付铙钹,领头的大鼓高悬于队列之首,由彪悍的汉子起劲槌打,其声、其势,恍如天轰地鸣,惊雷击顶,威风凛凛,极为壮观。

据说,威风锣鼓源于尧舜时期,尧的女儿娥皇、女英嫁给舜做妻子,每逢回娘家时,百姓敲锣打鼓迎送,以示威风。威风锣鼓由此而流传下来。

在农耕社会,以锣鼓壮胆,以锣鼓喜庆,自有其特殊的意义。比如在村头宅后,锣鼓阵阵,吓退野兽乃至心目中的妖魔鬼怪,起到护卫、安全的作用;又如过年过节、田园丰收、婚嫁喜事等时候,敲起锣,打起鼓,厚重的鼓声,和着洪亮的锣声,穿越广阔的原野。寂寞的农家生活,需要热闹的鼓声、锣声。

锣鼓的真正威风,大概始自唐太宗。这位流传千古的一代君主,在霍州大战时,击鼓迎战,鸣锣收兵。将士在锣鼓声声的激励之下,徒增锐气,势不可挡,获得大胜。威风锣鼓由此又树立了一种所向无敌的战斗精神、进取精神。

锣鼓作为艺术,它粗犷豪迈,气势雄壮,热情奔放,把人的感情和力量,随着鼓点和锣声,传导到四野八方。锣鼓声声,寄托了中国人对力量与气势的向往和追求。

锣鼓作为乐器,其实简单。一面锣、一面鼓,只要敲打,必有声起。尽管敲打之中,要有节奏,要有配合,然而,留给人们的终究只是一种震天动地的音响。

中国人对锣鼓有天生的情结。直到近代,哪怕面对洋枪洋炮的入侵者,义和团照样是擂起战鼓,举起大刀,杀声遍野,十分悲壮,当然也只是悲剧。

锣鼓终究是一种民间艺术,回到了它本来的位置上,尽管面对接踵而来的西方乐器和艺术,中国人对敲锣打鼓,总归痴迷不变,甚至喜欢响鼓重锤,铜锣猛敲,擂得越惊心动魄,便越拍手喝彩。

中国人看戏,大多是在看热闹。大凡锣鼓响起,看戏的人便提了精神,感觉好戏来临。若是一出武戏,往往锣鼓敲得愈急,武角的筋斗便翻得愈快,台下观众便愈过瘾。只想锣鼓一直敲下去,筋斗不断地翻下去。

中国人节日游行,自然少不了锣鼓。十里长街,锣鼓喧天。军乐队有军鼓,少先队有队鼓,秧歌队有腰鼓,工人农民更有大锣大鼓。锣声、鼓声、口号声,声声震天,很有气冲霄汉的味道。

中国人写文章,有一个时候很离不开锣鼓。开头总是"东风吹,战鼓擂",算是给通篇文章定了高调;人民得解放,便一定是"敲起锣、打起鼓",载歌载舞;工作出成果了,当然也是"战鼓咚咚捷报传",用锣鼓表达喜悦之情。那是一个用锣鼓振奋人心的时代。

中国人需要锣鼓。学校、工厂、机关、街道、人民公社,都备着锣鼓,喜庆场合也特别多,上山下乡、当兵入伍、光荣退休,都要敲锣打鼓。至于各种各样的会议,都是"胜利召开",更得鸣锣击鼓,这样的热闹已经无须言语了。

改革开放之后,城市越建越大,广场越来越多,老百姓口袋里钱也多了,体魄也更壮健,便喜欢成规模有旋律地敲锣打鼓,威风锣鼓便更加兴旺起来:几百人的方阵,整齐划一,几百面的锣鼓,轰然而起,犹如万炮齐鸣,又如惊雷堕地,一座城市都会颤抖起来。中国人的激情、豪情,好像都被锣鼓敲打了出来,威风锣鼓让中国人扬眉吐气,威威风风。

威风锣鼓从乡间跑向城市,从远古进入现代,锣,越敲越响,鼓,越擂越重,中国人沉浸在自己的欢乐和威风之中。

一个喜爱锣鼓的民族,便有着它自身的特点。

中国人很容易鼓动。锣鼓响起,便热血沸腾,乃至头脑发热,一旦紧锣密鼓,便只顾此时,再不计其后,若锣鼓戛然而止,那热情也便偃旗息鼓,可谓无常心无常力。易鼓动,是好事,总还有激情;太易鼓动,便是坏事;而被鼓动,则常常是受骗的开始。

中国人对艺术的欣赏很简单很直白。锣鼓喧天,便喜笑颜开,锣鼓敲得越响,便越振奋。然而震耳欲聋的锣鼓声又怎么能让人幽静含蓄,又怎么能让人思考连连?中国的戏剧不仅锣鼓敲得响,而且让好人都有一张俊脸,让坏人都有一张鬼脸,好人坏人一目了然,这又是一种简单直白,中国人其实无须思想,连舞台也是如此。

中国人很容易满足。锣鼓,制作简单,使用方便,天生任人敲打。从生活底层出来的民众,在敲敲打打中忘却贫困,在热闹中享受欢乐。几百年、几千年乐此不疲。以锣鼓营造热闹,又以锣鼓擂出繁华。

锣鼓声声,让中国热闹非凡。而喜欢敲锣打鼓的人,自然也不想冷静,不会宁静。

威风锣鼓,惊天动地,是一种敲打出来的威风。它的惊天动地,当然也只是敲打而已。

快乐的秧歌扭进城

中国农村,有扭秧歌的风俗。

秧歌,顾名思义,就是在插秧耕地的劳作中形成的歌舞,据说已有千年的历史。

每逢喜庆或节日,如春节、元宵节的时候,乡间的农民便扭起了快乐的秧歌。穿起鲜艳民俗服装的男男女女,或排成长队,或列成方阵,喊一声"嗨,嗨",便是锣鼓铿锵,唢呐阵阵,又扭又唱,且歌且舞。舞步其实简单,歌词也是随兴而生。然而,场景欢快,声势喧天,人人都沉醉在秧歌的愉悦中。

秧歌,是农村荒寞乡野的热闹,也是农民贫乏生活的乐趣。只要农村文明在延续,充满乡土气息的秧歌,便会一直扭下去。

秧歌真的一直扭了下来,而且竟然从荒野乡村扭进了繁华都市。

秧歌的这一历史性的转折,恰好也是中国社会的历史性转折,当时美国的《纽约时报》、《华盛顿邮报》曾经以颇有气势的文字,记录了1949年中国的一个历史场景:

"共产党人正在像火山熔岩一样四处蔓延。"

"这是中国令人震惊的历史性的一个星期(1949年4月底)。将近100万的共产党军队从400英里长的战线上涌过了国民党在中国的最后一道大型防线,他们像高涨的潮水横扫国民党部队的阵地。"

美国记者生动的笔端,图片般地再现解放军南下的生动气象。农村包围城市,人民子弟兵,准确地说应是农民子弟兵,浩浩荡荡地从乡村攻入城市,人们欢呼雀跃,夹道欢迎。

农村秧歌也迎来了扬眉吐气的一天,一座座解放的城市,喜气洋洋的秧歌队载歌载舞,他们尽情地扭,尽情地舞,尽情地敲锣打鼓,秧歌从未有过地在繁华都市自由自在地扭了起来。

以秧歌为标志的农村文化,不可阻挡地进入城市,农村文化拥抱城市文化。

踩着秧歌的鼓点,一大批反映农村生活、农村阶级斗争的小说、戏剧和电影,成为相当一个时期文化的主旋律,《小二黑结婚》《暴风骤雨》《红旗谱》《风雷》《李双双》《金光大道》《青松岭》《龙江颂》等,一批一批地问世,革命的语言,直白的文字,高大的形象,朴素的情感,在在揭露地主富农的凶残恶毒,在在歌颂贫下中农的革命斗志。这些文艺作品极大地影响了中国人的价值取向和审美素质。

农村文化自然也进入了中小学的课本,千百万成长中的少年儿童接受农村文化的洗礼。身处城市的学生,学会用农民的眼光看风景,用农民的语言写文章,诸如"天边露出了鱼肚白"、"太阳升起了一竿子高"、"过了约莫一袋烟的功夫",都是中小学课本里常见的描写。还有农民式的称呼,如"铁蛋他妈"、"柱他爹"、"狗蛋他娘"、"山娃子"、"二娃子",在学校课本里也被亲热地叫开了。当然,更重要的是以农村严酷的阶级斗争教育"生在红旗下,长在红旗下"的少年儿童:与地主婆作殊死斗争的小英雄刘文学,成为小学生的学习榜样,像刘文学那样从小萌生仇恨的种子。

农村文化成为社会生活的主流文化。城市固有的生活方式,自然地遭到了批判与否定:城里人爱跳交谊舞,这哪里有秧歌那样的畅快淋漓;城里人爱听轻音乐,这哪里有大锣鼓那样的惊天动地。交谊舞、轻音乐一类都被当作资产阶级的腐朽文化而禁绝。至于城里人讲卫生、爱清洁,城里女人爱烫发、涂口红,更被当作资产阶级生活方式而遭到鄙视。

农村文化成为胜利者的文化,成为全民宣传、学习的文化。千百万的城里人上山下乡,扎根农村,"接受贫下中农的再教育,很有必要"。城里人到农村学习挑大粪、捧猪屎,在农村广阔的天地晒黑皮肤,磨硬老茧,从灵魂深处接受农村文化。

农民的地位也被前所未有地提高,各级政府机构都有农民的身影,率性的村俗,成为当时的风貌。最有代表性的应是山西昔阳县大寨大队的农民陈永贵,只有100多个汉字的文化水平,当上了中华人民共和国国务院副总理,老农民登上国务活动的庄严舞台,担起大国治政的重任。地处偏僻山沟的大寨农民,创造的"与天斗、与地斗、与阶级敌人斗"的顽强的革命精神,成为革命时代农村文化的历史缩影,手握旱烟袋,头扎白毛巾的农民形象,风行全国。

藉着政治力量的农村文化,所向披靡。无论是在革命年代,还是经济建设年代,我们都能看到农村文化那熟悉的背影,显示这种文化力量的顽强、坚韧、不屈不挠。

工业化、市场化,随之推进的城市化,古老的中国生气勃勃,进城务工的农民,被称为农民工,如潮水一般地涌入城市,这是又一次中国式的农民进城。他们刚刚洗净腿上的泥巴,放下卷起的裤管,迷惘而略带紧张地注视着高楼栉比、车水马龙的城市世界。他们试图稳稳地站住,支撑他们的是被千百年封闭浸淫的农村文化。与正在快速形成的新生的现代城市文化相比,这种农村文化依然正统,依然厚实,依然带有顽强的生命力。

吃苦耐劳、任劳任怨,是中国农村文化的特质,进城的农民工以此生存,以此挑战城市文化中正在兴起的享乐主义。他们担起了城市中最脏、最苦、最累、最没人要做的工作,通阴井,扫厕所,运垃圾,栽花,植树,扫大街。"城市美容师"的桂冠,城里人毫不吝啬地献给了默默劳作的农民工。

重乡情,亲血缘,是中国农村文化富有人情的黏合剂,进城的农民以此结伴,以此挑战城市文化中正在滋生的个体主义。他们以地域、族群为联系的纽带,千方百计居住在一起,工作在一起,有酒大家喝,有难大家帮,一人有事,众人相助。昔日乡村的族群与祠堂,以另一种方式植入现代化的都市。

坚守传统,恪守固有的生活方式,是中国农村文化千年不倒的重要因素。进城的农民以此立脚,以此挑战城市文化正在形成的现代思想、现代规则。他们把村俗与陋习带进城市,无视现代城市的法纪与规则,人多势众,陋习逼退规则。

农村文化中的落后因素,不可思议地在城市畸形成长了起来,陋习终于逼近文明;与现代城市其实不能并存的鞭炮、锣鼓、大歌大舞,照样地喧嚣热闹;与现代城市其实不能相容的随意抛丢垃圾、随意横穿马路、随意大小便,照样地我行我素;以族群、血缘替代公民架构,以结群结伙的力量替代法治的力量。农村文化似乎仍然势不可挡,脆弱的城市文化终究怯怯地投入农村文化的怀抱。

快乐的秧歌扭起来,在公园,在街头,在广场,声浪喧嚣、充满村俗的农耕歌舞,如今有了崭新的名词:广场舞。

快乐的秧歌,还会热热闹闹地扭下去。

团团围定看热闹

中国人爱看热闹。

一般的人,也就看一般的热闹。这一般的热闹,无非都是一些吵架斗殴的事,然而,看的人照样津津有味。

路人相争,邻里相闹,其实都是为着细微的小事,互不相让,恶言辱骂,直到撕破脸皮,扭打起来。吵得越凶,看的人便越多,四面八方的人都会赶过来,称之为看热闹。

中国人爱看热闹,古已有之。只是古代的时候居住分散,热闹不多,偶尔有之,却往往惊心动魄。比如押解犯人绑赴刑场,砍头问斩,这般的"热闹",自是轰动,早早地吸引临近三坊的百姓,密密麻麻地围聚起来,争看刽子手的刀法,争睹犯人的死相,若能听到一句"十八年后又是一条好汉",看的人便会觉得格外过瘾。

早先还有些热闹,虽能引人,但一般都会渐渐散去。比如街头耍猴的、卖唱的,耍得热闹,唱得精彩,到了让你掏钱的时候,看热闹的人便会散去一大半,这也是一种精明。

中国人如此爱看热闹,自有缘由。很有些人闲着没事而无所事事,一听有"热闹",便亢奋起来,不花钱看热闹,白看白不看。再说,看热闹胜过看戏。戏是做出来的,演的人,看的人,彼此心照不宣,戏一开场,便知道结果。而看热闹,却是实实在在,真真切切。比如打架,这脸上的乌青、鼻孔的鲜血,哪里做得出来?又比如杀头,刀起头落,还会假的么?

中国这么大一个国家,天下熙熙,纷纷扰扰,一直有热闹,也一直有看热闹的人。久而久之,便静不下来,没有热闹,索性制造热闹。

"文革"时候,就有不一般的热闹。一国之内,文有文的热闹,武有武的热闹,疯有疯的热闹,痴有痴的热闹,这般的热闹,都看不过来。

文有文的热闹。白纸黑字,想写谁就写谁,想怎么写就怎么写,到处都是大字报。越是整人,越是讹人,这大字报便越轰动,写的人也就越"革命"。若要自保，必得跟着整人、跟着讹人，天下就如此地热闹起来了。

武有武的热闹。揪出一个人，只要扣上反革命的帽子，就尽可拳打脚踢抽皮带。武到后来，戴藤帽举铁棍，一伙一伙地对打，甚至马刀长枪都会搬出来，刀对刀，枪对枪，闹得昏天黑地。看这样的"热闹"，还真得有胆量。

疯有疯的热闹。报上发一篇文章，电台上播出几句话，便都会疯了一般地彻夜游行，又是敲锣，又是打鼓，又是高举拳头一路呼口号。这般的疯，还不够，还要烧，还要砸，凡是洋的、古的，统统都得毁掉，这又有了疯一般的热闹。

痴有痴的热闹。一群一群的人争着学跳忠字舞，一队一队的人抢着早请示晚汇报，唱歌唱得泪流满面，表忠表得声嘶力竭，情到深处便是痴。这发痴的热闹，尽管可怜，照样热闹。

这热闹，一旦能制造，便会有人跟着凑热闹，这就愈发热闹。

然而，总归还是有人看热闹。看热闹的人，似乎在热闹之中，又似乎在热闹之外，这样地看，最是保险。大家都在热闹，你能不热闹吗？于是，看热闹，恰到好处地凑热闹，成为一个时候中国人生存的智慧。

现代商业社会，较前算是进步了不少。然而，总还是有热闹：自行车相碰，汽车相撞，消防车灭火，救护车救人，跳楼的人扬言自杀，喝醉的人沿街撒泼，小偷被捉，疯汉被擒，只要有一个事端，便会招来许许多多的人，围而观之。

中国这块土地上，大概很难清净，还有各种各样意想不到的热闹，让人心惊肉跳。爱看"热闹"的，可以整天忙着看：银行门口有抢钱的"热闹"，校园门口有捅校童的"热闹"；工地上有新盖大楼倒掉的"热闹"，江河边有刚贯通大桥断掉的"热闹"；房屋拆迁，拆得打成一片的"热闹"；土地征用，征得鸡飞狗跳的"热闹"。至于市场里卖假的露馅，拐骗的穿帮，医院里医生和病人扭打起来，企业里民工揪住老板讨工资，这样的"热闹"，更是遍地都有。

中国的热闹，看得多了，便能看出一些门道来：

有些热闹，也就是热闹而已。热闹一阵子，闹的人乏味了，悻悻地散去，看的人意犹未尽，也只好散去，一切又复归于平静；

有些热闹,其实是胡闹,这闹的人,又大多是无赖,胡搅蛮缠,胡言乱语,越胡乱,看的人便觉得越有趣。无论闹的还是看的,都不当真;

有些热闹,不过是瞎闹,闹得惊天动地,却是无端地闹,无对象地闹,越闹,看的人便越起劲,闹到后来,看的人也会跟着一起闹,谁是闹的,谁是看的,再也分不清了;

有些热闹,看似热闹,却是闹中有险有危,看的人自以为只是看客,世间却没有便宜的事,说不定大祸临头,谁也逃不脱。

当然,还有许多的"热闹",是本不该有的热闹,社会失去规则,做人失掉道德,让人哭笑不得的"热闹",便会看不胜看。

然而,中国依然热闹。只要有事,最不缺的便是看客。

团团围定看热闹,是一些中国人百无聊赖中的享受,无所事事中的忙碌,于冷眼旁观中感受幸灾乐祸。

看热闹,是普通中国人的传统。一代一代地看下来,就把什么事都当作热闹,也就无所谓是与非,对与错,只要与我无关,乐得袖手旁观。

置身事外看热闹,何其轻松。

怕就怕,总有一天,也会热闹到自己头上。

是是非非看禁书

一本禁书,就是一道紧闭的大门。

中国被禁的书多,紧闭的大门自然也多。

人都有好奇心,越是被禁的书,便越是想看,如同门外的人,总想推开严严实实的大门,看个究竟。

古人曾有"雪夜围炉看禁书"的意境。大雪纷飞,夜色凝重,万籁俱寂,围坐取暖炉边,一卷禁书,让人朦胧之中进入一个被禁的世界,很有偷尝禁果的味道。

古时候,被列入禁书的,大多是一些风月香艳类的书籍,如《姑妄言》、《野叟曝言》。这些书思想内容和文学技巧都乏善可陈,通篇都是性描写,甚至到了无法删节的地步。在男女授受不亲的封建礼教社会,这种赤裸裸地一味描叙男欢女爱的书,惊世骇俗,被社会所不齿,自然被禁。

禁书,其实也有优秀的作品。

在中国古典小说中,禁锢最久、反响最大的禁书,当属《金瓶梅》。这部明代著名的古典章回体长篇小说,真实地揭露了明朝中叶社会的黑暗和腐败,被鲁迅先生称为中国第一部现实主义作品,然因其作品中大量的性描写,而被列为首禁之书,从无解禁之日。

推开《金瓶梅》被禁的厚重铁门,让它从禁宫中走出来的,是毛泽东。20世纪五六十年代,毛泽东先后五次充分肯定《金瓶梅》的文学价值与社会学价值,要求高级干部都应该看一看。其实,在高级干部中到底有多少人看得懂《金瓶梅》,不得而知。然而,西门庆和潘金莲总算重见天日,这部尘封已久的《新刻金瓶梅词话》重新影印2000部,发至各省省委书记、副书记以及同一级别的各部正副部长。所有购书者均登记在册,并且编了号码。如此规格,如此慎重,这在中国的出版史上,可谓前所未有。

如果说,古代的禁书,其被禁之处大都是在人性领域,"书中自有颜如玉",在闺房缠绵,让人英雄气短,儿女情长。那么,当代的禁书,其被禁的要害则大都是在思想领域,认定社会主义与资本主义的矛盾和斗争,异常的尖锐和复杂。书籍,是两条路线、两个阶级争夺和较量的阵地,以这样的眼光看书籍,禁书自然就多了起来。围绕禁书的一些人和事,虽说匪夷所思,然而却真真实实地发生过。

20世纪50年代初,中国新文化运动的泰斗胡适先生的书,首先被禁。胡适著作等身,学养深厚,民主与自由是他著书立说的核心价值。胡适的书不仅被禁,而且还在知识界掀起全国性的批判。许多人并未看过胡适的书,照样毫不犹豫地投入到对胡适的口诛笔伐中。据说,当年胡适还认真地收集了对他的各种批判文章,洋洋二三百万字,胡适居然仔仔细细地看,边看边摇头。到后来,总归索然无味,实在看不下去。胡适的书在大陆被禁,长达半个多世纪。后来的人,几乎不知道中国还有一个胡适。

"利用小说进行反党,是一大发明",这是毛泽东针对小说《刘子丹》的一个严厉批评。时任国务院副总理的习仲勋,竟然因为与这部小说有牵连而进了牢房。《刘子丹》被判了"死刑",中国现代小说的噩运由此开始,全国范围内对文学作品的清查和清理,有如急风暴雨,来势迅猛。以敏锐的政治眼光检视在创作时毫无防备的文学作品,问题就来了:《保卫延安》中描写了彭德怀,《风雷》为刘少奇的"四清运动"立传,《青春之歌》宣扬资产阶级爱情,《上海的早晨》为资本家说话,等等,欲加之罪,何患无辞,一大批文学作品被送上了舆论的审判台。

文学领域禁书,政治领域同样禁书。往往著书的人被打倒了,书也自然地被禁、被批,刘少奇的《论共产党员的修养》,其实是一部对党员的党性教科书,从头到尾贯穿了党的思想、理论和方针政策。由于刘少奇被打倒,这部党内教育的理论作品,立即被扣上黑《修养》帽子遭禁。这样的命运,同样发生在陈独秀、瞿秋白、张闻天等早期共产党领导人的身上,他们的著作,都成了禁书。可谓人遭殃,书也遭殃。

面对强大的禁书浪潮,一些学者抢先自发地禁毁自己的著作。著名的历史学家、文学家郭沫若,痛心地自责:自己的所有著作其实毫无价值,只配一页一页地烧掉。如此自损自贬,只想躲过一劫。更多的学者,时时观察和揣摩,什么样的书可写,什么样的书不可写。不可写的书,从自己的笔下就禁掉了,省得大祸临头。

对书籍,当时有香花毒草一说。所谓香花,是革命的书,工农兵的书、社会主义的书,自然是好书;所谓毒草,就是封建主义的书、资本主义的书、修正主义的书,称为"封资修",自然是坏书,被禁的书。可怜,香花何其少,毒草何其多,古今中外绝大部分的书,都是毒草,被无情地铲除。

从"文革"时期过来的人,都有对当时书店的记忆,所有的书店,多陈列一个人的书:毛泽东的书。琳琅满目的毛泽东选集、毛泽东文集、毛泽东著作甲种本、乙种本、毛主席语录、毛泽东诗词,各种选本、各种版本放满了书店。读毛主席的书,成为亿万人民的价值追求。最高的表彰,是奖励一套毛主席著作;最好的礼品,是赠送一套毛主席著作。中国人的思想和精神领域,出现了从未有过的神圣和单纯。

全面的长时期的禁书,让整整一代的青年人,头脑一片空白,他们不知道这个世界上,还有苏格拉底,还有柏拉图,还有黑格尔,还有莎士比亚,还有亚当·斯密,还有泰戈尔,还有许许多多名垂世界的大师、学者,人类曾经有过和正在创造、追求的文明与真理,竟与自己如此的遥远,如此的陌生,如此的格格不入,他们被彻底地关在了世界优秀文明的大门之外。

书籍是人类向上的阶梯。然而,当书都成为禁书的时候,这向上的阶梯便轰然倒下。中国到了崩溃的边缘,其实,文明的崩溃,才是最可怕的崩溃。

历史,如同一部厚厚的书籍。打开书,每一页都有自己的精彩和悬念,每一页都有自己的传承和绵延。不幸的是,我们竟然遭遇了空白的一页。这种可怕的空白,其实就有禁书所带来的知识与文化的空白,视野与胸怀的空白,思想与精神的空白。

禁书者,竟然被书禁,这是历史新一页的无奈与惆怅。如今,中国已经崛起成为世界第一出版大国,出版的书刊总量,成倍数地超过美国、英国、俄罗斯和日本。书在现时的中国,如雪片般地飞来,那一本一本的书,一套一套的书,只盼着老老小小、男男女女的中国人以书为友,嗜书如命。然而,无比讽刺的是,中国出版的图书,库存积压也是世界第一,数量惊人的出版物,常常直接变成了"废品"。中国的国民阅读率,根据联合国教科文组织多年的调查,在现代文明国家中,始终尴尬地处于低位,中国人已然不看书,不爱书,也不信书。这中间,禁书,"功"莫大焉。

全国性的禁书,自然一去不复返了。然而,让禁书者万万没想到的是,许多的中国人已经自发地禁书了,对书籍的冷漠与自禁,已然成为如今的时代病。

禁书,是对文化的一种权力。是权力,就当谨慎地使用。

人类的世界,也是书籍的世界,尊重书籍,就是尊重人类自己。

时代缩影的观察

"不要和陌生人说话"

"不要和陌生人说话",这是近年在国内热播的一部电视连续剧的片名。这片中的内容,大多人看过也都忘了。然而,这片名却被人们牢牢地记住,成为时下中国社会的一句流行语。

"不要和陌生人说话",这似乎有点不可理喻的台词,摇身一变,成了家里人的相互关照,亲朋好友的相互提醒。

"陌生人",突然成了当今中国亟需高度警惕的群体。

"陌生人",即大千世界素不相识的人。中国地广人众,只要走出家门,便进入陌生人的世界。"在家靠父母,出外靠朋友","四海之内皆兄弟",这些中国人千百年来的传统,如今来看,只是笑话。在陌生人的世界里,洋洋大观,鱼龙混杂,有着太多的不诚实,不道德,不公不义,善良的百姓屡屡受骗上当。人们痛苦地坚信,最靠不住的是人,最要提防的也是人。咫尺天涯,人们有缘相逢。然而,彼此的内心,却都惊人地遥远。

如今的中国社会,几乎到处都能看到如下的一景一幕:

车站码头,人来人往,人山人海,南来北往都是陌生人。在这最需要关照与相助的地方,人们却极度地担心被骗、被诈、被偷、被抢,人愈多,似乎愈不安全,便互不搭理,冷若冰霜,仿佛都套上了无形的盔甲,严严实实地裹起了真实而孤独的自我。

街头巷尾,人如水,人如流,络绎不绝,每天都涌动着无穷无尽的陌生人。人们只管走自己的路,不会去管身边的"闲事"。往往一旦"闲事"惹身,便引来讹诈,不化钱财,竟难以脱身。碰上小孩摔跤,老人倒地,盲人抓瞎,路人大都明哲保身,装作不见,避之犹恐不及。

陌生人,因为陌生,而难以分出好歹。于是:警察在街头、在公共场所装起了密密麻麻的电子监控,不分昼夜地盯人;银行在电子屏幕上打出滚动字幕,提醒人们防范陌生人、陌生电话、陌生短信行骗诈骗;公务机关配上了保安、军警,严防严守,不会让闲杂的陌生人擅自进入;甚至在幼儿园、小学的门口,也肃立着公安、保安,严密警戒,让幼小的心灵从小感知,这世界竟是如此陌生而恐怖。

陌生人,其实还没有如此的可怕,陌生人中的坏人,也终究是少数。人与人只要接触与交流,便会不再陌生,相逢而相识。然而,如今的人们,虽说已是信息和网络的时代,然而,人的心灵却仍然封闭,面对陌生人,甘愿长久地"陌生"下去。一个社区、一幢住宅,一个楼道,比邻而居,却不知道邻居何许人也。朝夕相处的社区,竟然还是陌生人的天地。

陌生人,因陌生而可疑,因可疑而可怕。"不要和陌生人说话",犹如瘟疫一般地在全社会传染开来。人们相互猜疑而相互疑惧,人的心态被扭曲、被践踏。往往因个体的疯狂,而导致认为整体的疯狂,中国人对身边的"陌生人"一概地不信任。

互不信任,成为可怕的社会病,人们观察问题的视角,已然走上极端:

商家卖假货。中国商品遭遇有史以来最不诚信的时代,在信誓旦旦又铺天盖地的广告后面,是触目惊心的假货、烂货、有毒的货,弄虚作假进入了每一个商品领域。人们在无可选择中选择,在忍无可忍中忍耐。

记者编假话。部分媒体报道的不客观、不公正、不说真话,让记者、媒体整体蒙羞、蒙耻。人们宁信流言,宁信谣言,不信正规渠道的正规信息。一有风吹草动,便传言四起,人们不知道以何为信。

官员谋私利。中国的行政系统掌握着无所不包的权力,主宰社会的方方面面。权力如此集中,自然便会有各色的腐蚀,今日的官员,可能就是明日的囚犯。人们便以为官即贪,贪即官,无官不贪,无贪不官。当面拜官于脚下,背后却辱官于街坊。官员失去为人楷模的资格,社会便失格、失范,一切皆可怀疑,一切皆可侮辱。

法官警察徇私枉法,这又是当今中国人的几乎是集体的误判。司法体系屡屡出现贪官污吏,人们便以为公器整体被滥用、被私用,心目中神圣的法律不再神圣,廉正的法官不再廉正。人们宁愿相信自己,相信聚众闹事是解决问题的唯一途径,打砸抢之风死灰复燃,暴戾之气卷土重来。

缺乏诚信,缺乏公信,人们便怀疑一切,否定一切。朗朗乾坤,几无好人:会计做假账,医生拿红包,中介吃回扣,医院、学校在赚钱,老板商人在做假。但凡富的人都是来路不正,为富不仁。

对职业、行业的不信任，又弥漫到全社会的互不信任：城里人不相信乡下人，本地人不相信外地人，穷人不相信富人，做百姓的不相信当官的。四面八方的人，说是走到了一起，其实视同陌路，形如散沙，人愈多，势愈危。

对"陌生人"的惧怕，使现时的中国人又回到了早先的熟人社会。只要是同乡、同宗、同学、同事，抑或老战友、老相识、老领导、老部下，便结成熟人相识的小圈子，或者同善相助，或者同恶相济。熟人社会在一个开放的世界中，竟然又有了生存的基础和必要。

中国人，同是黄皮肤，黑头发，炎黄子孙，亿万万之巨，若万众一心，便有雷霆般的力量。然而这莫可指数的人群，却不料都相互设防，相互戒备，人人自保，却又人人自危。中国人到这一步，还不值得每一个人自我反省么？

"不要和陌生人说话"，若如此，中国人走出家门，还能跟谁说话？

活在玻璃橱里

人倘若没有隐私,恍如活在玻璃橱里,谁都可以看,一览无余。

中国人似乎从无隐私的概念。农耕时代,同宗同族,世代祖居,朝夕相处,同一座祠堂祭祖,同一座祠堂议事,家家户户可谓知根知底。一个村坊里的大事小事,众目睽睽之下,纤毫之差,竟难逃遁。

在封建专制的威权之下,中国人更无隐私,甚至连起码的尊严的私密,也被剥得精光:比如抄家,翻箱倒柜,什么私房货都抖了出来,一人犯法,全家犯法;又比如游街示众,将人犯用麻绳捆绑,如牵狗一般地游过闹市,让你一辈子都羞于抬头;再比如公堂审判,当众将人犯扒掉裤子打屁股。明代朝廷有制度规定,上早朝的大臣若迟到,便要打屁股。大臣如此,何况小民。中国人无隐私,已经见怪不怪了。

人无隐私,在社会生活中,便无私人领域。"风能进,雨能进,国王不能进",这样的谚语,自然只能在西方有。在中国,哪一座私宅,能挡住权力的脚步?

没有隐私,何有尊严。

现代社会,每一个人都享有隐私,人人尊重隐私,把隐私作为人的神圣权利,体现人的尊严。

中国虽然迈入现代社会,许多事情,却远远没有现代社会的味道。就说这人的隐私,总是不被保护,赤裸裸地让人看,恍如皇帝的新衣,人人在穿,人人在看,人人都嘲笑人,其实,自己也在被人看,被人嘲笑。

中国人的隐私不被尊重,或者干脆忘却人还有隐私,这似乎幽默,却是让人心酸的幽默。

在学校里,考分是学生的隐私。简简单单一个分数,有学生的自豪和压力,也有学生的伤痛和焦虑。每一次考试都要公布分数,并且以分数排出学生的名次,这自然是为了激励,然而这种激励却是建立在挫伤许多人自尊的基础上,学校无情地捅破了学生心灵深处的隐私。

在医院里,病情是病人的隐私,这种隐私,严密地限定在医生与病人之间。然而医院还有隐私么?在门诊室,在注射室,在体检室,一群一群候诊的人、陪护的人,围着医生、围着病人,毫无顾忌地旁听,目不转睛地旁观,医院成了看热闹的戏院。

在招工场所,用人单位超出用工需要的范围,让应聘者全面体检,让应聘者如实地作答各种个人信息,全盘掌握应聘者的身体状况和婚姻家庭等私情。用人单位居高而临下,应聘者俯首帖耳,裸露着谋职。

个人信息是隐私,这种隐私无条件地归个人所有。然而,好像谁都不把个人信息当一回事,上学、求医、买房、买车,甚至银行存款,都要填报无数并不相干的个人信息。轻易地索取信息,又任意地扩散信息。往往刚进学校,便已知道哪些是干部子弟,哪些是富家子弟,哪些又是平民子弟,显赫者显赫,贫困者贫困;刚买下住房,手机里便有接连不断的装修公司找上门来;刚被医院确认怀孕,便有护胎育婴的广告投上门来;买了汽车还没到家,保险公司早已捷足先登。

婚姻爱情是隐私,这种隐私让婚姻爱情纯洁且珍贵。然而,这种隐私,人们最愿意窥探。谁结婚,谁为什么不结婚;谁生小孩,谁为什么不生小孩;谁离婚,谁为什么离婚,诸如此类的私人问题,全都是人们的谈资,有些私人问题还要向单位,向领导报告,隐而不报,便是欺瞒。中国人还有闹洞房的习俗,敞开洞房,无异于敞开人的私密,从农耕社会到现代社会,中国人乐此不疲,把新婚夫妇的隐私抖露出来,越下流越热闹,越私密越开心。

救助贫困者,是救助者的义举,却也是贫困者的隐私,古云"不受嗟来之食",贫困者也有尊严。然而如今的贫困救助都如演戏一般,在闪光灯下、电视镜头下相互配合,为了体现布施者的形象,无所谓贫困者的窘迫。一边春风满面地发红包,一边千恩万谢地受红包,这样的情境到处可见。

类似这种隐私不当隐私的现象,还只是玻璃橱的一角,与整个玻璃橱相比,让人的隐私逃无可逃、避无可避的,竟然是先进的技术手段和一定的制度安排。为了安全,失去隐私,这自然是现代人的困惑与无奈。

电子探头密密麻麻地布满了城市所有的公共场所,无形的"眼睛",昼夜不停地摄入人们的一举一动。人们生活在阳光下,也生活在监控中。

阳光会悄然而去，电子视屏却牢牢地记录着每一个人。

电子装置的安全检查，在机场、在车站、在一切需要安全的场所，威严地肃立着，任何人都只能卑微地听任视屏的全面透视。人的一切，都已无所遮挡，无可包藏。在安全检查面前，人所尊贵的冰清玉洁般的隐私，顷刻冰消瓦解。

当公共领域用技术手段严密地监控人的时候，"实名制"这一公共性的制度安排，也开始向私人领域大肆推进。照理，实名制只在那些涉及个人信用以及国家和公共安全的领域才能实行，譬如银行存款、购买飞机票。但是，中国需要安全的领域实在太多，与安全相比，人何其渺小，实名制也就不受限制地扩大了开来：网络实名制、手机实名制、火车票实名制、自行车、电动车实名制、快递实名制、甚至还有感冒药实名制、刀具实名制，一个机构，一家公司，甚至一爿店，都可以随意索取私人信息。

为了公共安全，当然也包括自身的安全，而牺牲个人隐私，这恐怕是现代人享受现代生活所要付出的代价，虽心有不甘却也无可奈何。最令人不安的是，利用对方的隐私，搞臭对方的名声，以这样的居心来曝光隐私，似乎正义，其实却是卑鄙与无耻。

这种险恶的风气始于"文革"，以革命的名义，从国家主席到平民百姓，任何个人的隐私都可以公开讨伐，家庭也成了阶级斗争的阵地。与隐私相对应的是"揭发"，儿子揭发父亲，妻子揭发丈夫，邻居揭发邻居，同事揭发同事，人揭发人，人撕咬人，一篇记录真实思想的日记可以定罪，一句胡乱的"反动"梦话可以押上刑场，这样的荒唐实在太多。那是一个没有理性的时代，也是一个没有隐私的时代，更是一个没有人性的时代。这自然是国家之殇、国民之殇。

"文革"酿成的恶劣的文化，至今还有一定的土壤，而且，这种土壤有了现代的色彩。现实生活中，为了举报或者报复，不惜以非法手段，对人的私密录音录像，甚至诱人失节犯错。网络和高科技的电子设备让人的隐私体无完肤，只要得手，便让人臭名昭著，身陷囹圄。这种百发而百中的邪招，竟然引来喝彩与掌声，激起更多人的窥视欲、报复欲、斗争欲，只要目的正确，遑论手段，无价的隐私，已然一钱不值，每一个人的背后，都有眼睛在盯着，生命再也不圣洁，人群再也不单纯。

隐私，是人与动物的一个区别，也就是人性与兽性的区别。当人不再享有隐私，便恍然回到了丛林中，一切的美，一切的丑，一切的耻，都毫无意义。

活在玻璃橱里，祸福安在？

年龄真的不饶人

"年龄不饶人",是人近垂暮之年的自叹。斯人老去,岁月不再,往昔风光只留下了美好的记忆。

年年岁岁景相似,岁岁年年人不同。

但凡是人,都会老。烈士暮年,纵有"壮心",也得服老,此是天道。

年龄,是生命的一种象征,由青春年华,而到耄耋之年,应是人生规律,谁都无法抗拒。

"年龄不饶人",想穿了,也就是生命老去的一句真实戏语。

其实,年龄还没有如此无情地"不饶人"。烈士暮年,还真有无以计数的皇皇人才,干出了惊天动地的大事业。远的如姜子牙,八十遇文王,征战十余年,完成了兴周大业。近的如左宗棠,六十多岁领军出征,收复新疆,建立至尊的丰功。这样以白发皓首而建功立业,在中国历史上,不胜枚举。

当然,中国社会也不乏倚老卖老、老而无能,甚至老朽昏庸却还硬撑台面,至死也不肯知老而退的人。这样的老人,自然为人所不齿。

文明社会有文明的规则。退休制度便是让老年人退休,颐养天年的规则。"江山代有才人出",让后辈的人顶上来,便是生生不息。

退休制度,是每一个在工作的人的福佑。几十年起早摸黑、风雨无阻地在职场拼搏,谁不想有一个安享清福的天年。然而,退休制度对于中国许多当官的人来说,却是一种痛苦。在权力场上呼风唤雨,一旦告别权力,便是黯然离去。公务职位,不退也得退,此是文明社会的规则,也是当今中国的铁律。现如今,想当官的人,如潮水般汹涌而来,只嫌官位太少。当上官的人,只要不惹事犯事,便雷打不动。退休制度,是当今最无异议的退出机制。以年龄划线,应是最公平的了。

官员到年龄退休,取消终身制,总归是中国社会的一大进步。

然而,对官员来说,年龄条件并不单为退休而设置,年龄也是提拔官员的一个必需的条件。不知何时起,官员队伍的年轻化,也是现代化的一个内容,选出一批年轻干部,便是事业兴旺、后继有人的标志,"60后"的省级干部、"80后"的厅级干部,被当作新闻,当作喜讯,各路媒体争相报道。官员的年龄,看来已是举足轻重。

中国的官员,其实活得很烦很累,其中之一,便是为年龄而烦恼。说是六十岁退休,其实四、五十岁便开始折腾。从乡镇、县到市、省,每一级都有年龄的杠子,越到基层便越年轻。到了五十多岁,无论乡镇、县市,一般都是提拔无望,给个闲职,退出岗位,早早地安度晚年。

年龄杠子,让官员人人自危。活一年,便老一岁,老一岁,便断了一分提拔的念想。纵然四五十岁之壮年,已感觉老之将至,若不拼命地挤上去,便会永远地被挤出。

官员队伍的年轻化,自然地推动各行各业争相效法,中国社会正变得越来越年轻,变得那些将老或老的人,都不知道隐到哪里去了。

新闻记者、电视节目主持人,本来都应是颇有历练、老成持重的人,饱读史书,学识丰富。如今大多是青春年少、容貌姣好的人,新闻发布会上的中国记者,一色的年轻人。报上、电视上再难见到老辣犀利、炉火纯青的文字,听不到见微知著、入木三分的语言。

演员,本应是台上一招式,台下十年功,艺术气质和艺术修养,长年累月所积淀,绝非一日之功。如今也已经快速地年轻化了,稚嫩的脸庞扮演饱受风霜的故人,颇有点不伦不类。甚至老人的角色,也让年轻演员画满皱纹出演。俊男靓女,占尽银幕和舞台。

各种服务岗位也都是青春无比:登上飞机,空姐个个年轻靓丽;走进医院,护士大多青翠年少;宾馆饭店,服务员也全都是少男少女。

中国,真的是无比年轻。

倘若仔细地观察社会,几乎见不到老记者、老护士、老警察、老法官、老演员、老空姐。除了老中医、老西医还能受人敬重,中国人几乎一概地不喜欢老的人,中国也几乎不会出现像南丁格尔那样终生致力于护士行业的人,当然也绝不可能有如迈克·华莱士那样,九十高龄还是新闻节目的主持人。

一个古老文明的国度,惊人地年轻化了。

社会越来越趋向年轻，人的思想观念自然地受到影响，中国传统文化中，"大器晚成"、"十年磨一剑"、"只要功夫深，铁棒磨成针"等富有人生哲理的思想，已经不会有人去领悟、去传承，甚至连一辈子、一代人这样的时间表述都嫌太长久。新的称谓如"80后"、"90后"纷纷登场，人际差距从一代人缩短到一个年代。年龄歧视已然成为公共歧视，"70后"看不起"60后"，"80后"又看不起"70后"，如今，"90后"登场，之前的人们，仿佛都已过时。年龄优势就是无可比拟的优势。社会就如飞快的列车，人生的各个时段一晃而过，挤在车上的人都等不到老。因为老，意味着一切结束。

　　"年龄真的不饶人"，中国许多职业、职位都有了年龄的门槛，这是自找的，却又都成了铁打的。天长日久，又以为是神圣的了，谁都不敢动。中国社会的巨轮，越来越快速地滑向年轻的轨道，谁都顾不得这样的变轨，是喜是悲，是祸是福？

　　其实，人世间需要青春激情，也需要老成持重，两者互补，方为人道。文明社会，当要创立人尽所能的体制和机制，让一切有思想、有才华之士，不因年龄而歧视。倘有一天，中国记者中也出现八九十岁高龄的"迈克·华莱士"，那便是中国遭遇"年轻"后的成熟。

　　然而，现如今，年龄已经不可能再饶人，中国人已经热衷于喜青厌老，不仅老龄、老年遭到鄙视，乃至与"老"相关的老城、老街、老房也难逃厄运。从人到物，一切都是年轻的、崭新的，文明古国遭到不留情面的冲击。撼动古朴根基的，竟然是浮躁和浅薄。

　　年龄是如今社会的一道魔咒，人人都惊惧老的那一天。

光环下的道德

道德,是人的精神和行为的力量。

人类社会,道德如阳光和空气,须臾不可缺。但凡善良正直的人,总是坚守道德,追崇道德,一生做一个有道德的人。

何谓道德?蔡元培先生曾经有精辟的诠释:"对人生义务的安而行之,是之谓德。"如此朴实,又如此精粹,显出"道德"本意的平凡而高尚。

良好的道德,其实是做人的本分。道德的教化,如春风化雨,"随风潜入夜,润物细无声",从人性的源头上,植入道德的基因,雨露滋润,潜移默化,道德便成为人生命和生活的一部分。

人世间的道德,从来都不必标榜和吹嘘。需要标榜的道德,喜欢吹嘘的道德,其实都已经不是道德了。人与人之间,本着良知和人性,恪守做人的义务和规矩,崇德向善,安而行之。一个正常的社会,无需频频地树立道德模范和榜样。道德永远都在善良人们的心灵上。

如今社会的一个不幸,便是道德的颓败之势,不讲道德已成为风气,假冒伪劣、贪赃枉法的事实在太多,失德者得利,败德者获名,错误的价值追求,让道德迷失了方向。拯救道德,便成为众多人强烈的呼声。

其实,道德的秉性是朴实,它谦恭、绵柔,内里却是不可战胜的强大。说到底,道德无需拯救。被拯救的道德,自然是卑弱的、异化的,也是令人心酸的。

人们习惯于将一切的不道德,归之于道德的缺失。在不明白道德为何物、又不探究道德为何缺失的情况下,道德被人为地挖掘、张扬,将被时代需要的道德,置于炫目的光环之下,让人景仰,让人效仿。外在的光芒,让道德意外地闪光。

光环下的道德,自然聚焦到各种先进人物的身上。

企业的模范。企业的劳动模范,往往也是道德的模范。许多模范的事迹,令人感慨万端。诸如:为了抢修一台机床,为了赶制一份文件,甚至为了画一张图纸，为了算一个数据，我们的许多模范人物，大公无私，顾不上将要咽气的濒死老人，顾不上染了重症的亲生骨肉。面对集体的利益，家庭的生死之情、骨肉之痛，温情的人性，抵不过冰冷的机器。

如此道德，意想不到地为一些人的不道德树立了榜样，多少人打着为公的名义，甩掉对家庭的义务与责任。否定人性，不尽人伦，道德缺失的灾难，便无尽无休。

社区的模范。人人学雷锋，是一个时代的记忆。在生活的家园，人们都希望有"活雷锋"，却不愿自己做雷锋。一个社区，有人学雷锋，便是社区的模范。义务理发，义务修车，义务修家电，为全社区的人提供免费服务，辛苦一人，快乐大家，这样的道德行为，让全社区的人奔走相告，争着享受无偿服务。这种场景，在城市的许多社区都能见到，被誉为"雷锋精神"的回归，无私品德的重现。

一人学雷锋，没有带来人人学雷锋，却带来一群人的贪图小利、蝇营狗苟而不知羞耻。一个道德模范，培养一群贪小便宜的小市民。

慈善的模范。以慈悲之心，尽慈善之举，对社会底层的弱势群体，给予精神和物质的关爱、资助，自然是慈善的模范。

但凡慈善，不必张扬，"廉者不受嗟来之食"，古已有之。维护被救助者的尊严，同样是慈善。然而，如今一些社会救助的慈善活动，似乎不造势便无以慈善，拼命扩大慈善的影响。诸如：搭台行善，热闹非凡，让被救助者鱼贯而上，众目睽睽之下，感激涕零地接受援助；访贫问苦，深入贫困之家，却非得在电视机、照相机的闪光中，完成一个红包、一桶食油或一袋大米的微薄交接，慈善者的道德形象，建立在穷人的困顿窘迫上。

慈善本色是道德，行善即行德。不顾穷人的羞惭，而尽显自己的"施舍"，这样的行善，其实是击溃了穷人最后的尊严底线，面对"道德"的闪光灯，贫穷者从无地自容，竟发展到不知尊严为何物，争抢救济，争求施舍，悄然成风。

知识分子的模范。知识分子是社会的良心，道德的守护神。在健康向上的社会，知识分子总是坚守正义，秉持良知，他们以自己的世界眼光和历史情怀，引领道德的方向，体现道德的力量。

优秀的知识分子,是社会各个群体的楷模,他们的操守和品行,被广泛地宣传和报道,在各种生动丰富的事迹材料中,我们常常看到,说真话成为当今知识分子的可贵品质。感动之余,却让人生疑,满腹经纶的知识分子,居然说真话也可贵。这种道德的歌颂,却折射出社会道德整体的滑落。

说真话,是幼儿的道德规范,成人社会普遍不说真话,成长中的儿童少年又怎么会说真话。以谎话应对谎话,以谎话传承谎话,道德的基石便不复存在。

官员的模范。有什么样道德的官员,便有什么样道德的民众。官员的形象,是全社会的道德表率。

官员的模范事迹,让人看到社会的希望。相当一些官员以德修身,以德立世,令人肃然起敬。无论如何,没有众多官员的道德支撑,社会道德的大厦永难挺立。

然而,光环之下的官员道德,说是歌颂,其实在揭露真实,这种真实让道德蒙羞,诸如:官员拒绝贿赂,官员不受礼请,官员不拿红包,官员骑车上班,官员挤公交车体贴民情,官员亲自动手写讲稿,这样的"道德",其实展示了官场的特权和腐败,展示了在道德边缘挣扎的官员形象,与日夜奔波、辛苦又清苦的民众相比,哪里是人民公仆的形象。若官员能如此"道德",每一个民众都愿意这般地跟着"道德"。

光环下的道德,并不是如今的特色。长期以来,我们始终这样地挖掘与宣传,它跟着时代的脚步,闪现出时代的色彩,它从属于时代,又服务于时代,它与时代的使命紧紧地融合,不同的时代便有不同的道德。

教科书、文艺作品里有一批战争年代红小鬼、红小兵的生动形象,他们不懂人事,却能机智地撒谎,冷冷地放枪,在残酷的对敌斗争中学会了"对敌人的仁慈,就是对人民的犯罪",是如今少年儿童学习的榜样。

阶级斗争的年代,鼓励资产阶级、地主富农家庭的子女举报父母,揭发隐私,背叛家庭,划清界限乃至大义灭亲,是"再教育子女"的道路选择。

经济建设的岁月里,极端地放大了"发财致富"、"时间就是金钱"等价值观念,为了赚钱而不顾一切,中国人历来信奉的"德本财末",已然成了"财本德末",只求聚敛,不问道德。

光环下的道德,似乎煌煌然,灿灿然,其实已是变色之德,染色之德,通体的光亮,却与道德无缘。

倘若失去了人性,我们便永无道德。

快活的脚趾头

中国人爱享乐,享乐的法子也多。

给脚趾头享乐,让脚趾头快活,这恐怕是现时中国人独特的一种享乐方式,足以让文明世界的友邦惊诧。

入夜,城市闪起万盏灯火,小巷幽幽,大街熙熙,巨幅的广告牌,跳跃的霓虹灯,无不挑起人们的欲望,涌动着一种别样的生气。

酒吧、茶馆、歌厅、饭馆,灯火辉煌,人流似水,已然是繁华盛世。人们只管吃,只管喝,只管唱,尽情享受"中国人的好日子"。

洗脚店,又称足浴馆,在二十一世纪的中国,竟如雨后春笋般地冒了出来,在林林总总的休闲场所中,另有一种风情与风骚,无论现代大都市,或是乡野小县城,要找洗脚店,是再容易不过的事了。

中国人自古以来,爱清洁,爱洗脚,又把洗脚当作保健。苏东坡曾曰:"他人劝我洗足眠,倒床不复闻钟鼓。"清代名臣曾国藩把"读书"、"早起"、"晚洗脚"列为其人生三要素,他的军旅戎马生涯,离不开每晚的热水泡脚。

洗脚,洗则洗矣,却总归是宅居内的个人之事,这也是历来如此。

把洗脚开成洗脚馆,与歌厅酒楼比肩而立,当然是现代的事了。

一家一家洗脚馆,或街头,或巷尾,半开半闭,半明半暗,诱人的灯光,暧昧的色彩,春色无边。一间一间的洗脚包厢,年轻貌美的服务生,面对各种各样的脚,无所谓丑与臭,一律地谦恭加温柔,按摩加抚摸,俯首折腰,竭尽所能地让脚趾头快活。

照理,人皆有羞愧之心,把不洁不雅的脚暴露无遗,翘在别人的怀里,任人洗摸,无论如何总是难堪之事。更何况脚有脚汗、脚气和脚臭,是个人的一个私处,维护私处的秘密,其实也是人的尊严。知书达理的中国人,历来羞于把脚提上台面。

如今大概是开放时代,人的身体也开放,个人私处跟着开放。屈居人下的脚趾头,竟然享受起万千宠爱,这又何等快活。礼义廉耻,已经敌不过人的天性。

洗过、摸过的脚趾头,当然非同一般,红扑扑,软绵绵,犹如娃娃脚,煞是可爱。天长日久地洗,中国人的脚,如此养尊处优,一定别有风光,至少,再不会见到青筋暴突的脚背、粗茧厚皮的脚底板。

世上的事,大抵一物之勃兴,当有一物之衰亡。洗脚店红红火火,门庭若市,书店却门可罗雀,惨淡经营。一座城市,书店本来就少,读书人更少,哪怕把书店开在高等学府的边上,照样混不下去。比如,赫赫有名的北大边上的"风入松"书店,也招架不住,凄惨之下,只得停业搬迁。洗脚店"蚕食"书店,洗脚客"战胜"读书人,快活的脚趾头,原本就用不着"思想"。

洗脚,是人之常事,也为人之常情。让脚趾头快活,这自然是人的权利,任何人都干涉不得。有人乐于洗脚,有人乐于为你洗脚,这又是两相情愿。只是,这般的素质,这般的人群,也只能让脚趾头快活。

快活的脚趾头,失去的是人的尊严。人之尊严,始于自己的行为举止,举手投足,莫不是礼仪教化。无论西方文明,无论东方文明,脚趾头总是安安分分地待在鞋袜之内,老老实实地立于身体的最末端。对脚趾头的抚摸呵护,只能是自己。如今,脚趾头公然地张扬在台面之上,任人窥视,任人抚摸,此种场景,倒像是尊严被包藏了起来,脚趾头昂昂然地露了脸。

快活的脚趾头,换来的却是人的平庸。人之平庸,大概起于自己的享乐与快活。一国之内,洗脚馆拔地而起,无论如何不是振奋人心的事。为了脚趾头的快活,投入多少的人力、物力和极其稀缺的时间资源。其实,中国人又何止限于脚趾头的快活:大街小巷,难以计数的饭馆餐厅,让舌头快活地周旋与酒肉之中;更有如天文数字般的麻将桌,让手指头又何等快活。快活,也如传染病,蔓延得很快,除了洗脚店,还有洗头店、按摩房、洗浴馆,满城皆是温柔乡。日本著名的管理大师大前研一说,在中国旅行时发现,城市遍街都是按摩店,而书店却寥寥无几。中国是典型的"低智商社会"。这样刺耳的话,快活的中国人听得进去吗?

人一旦平庸,快活就会纷至沓来,无所追求即快活。快活换来了平庸,一个人平庸不足惜,一群人平庸不足虑,倘若是整体性的平庸,那就再也拔不高了。

洗脚店照样生意兴隆。

据说,唐朝的杨贵妃最爱洗脚,又最懂洗脚,每一次洗脚,那种排场与耗费,令人咋舌,换来一双白白嫩嫩的脚,饶为可爱。然而,也是这双不安分的脚,成为酿成政治危局的一个起因,最终让她可悲地走上了断头台。奢极而危至,这大概也是千古之警示。

快活的脚趾头,乐乎,险乎?

平常生活中的快乐

快乐是人的天性。

绝大部分中国人,一般来说并无大富大贵,也无大喜大乐,过着平常的生活,可谓平淡无奇,平静似水。

中国人自然也想从生活中寻找快乐,喝酒便是一种方便而又随性的快乐。

酒,一杯杯,一盅盅,有的清如甘泉,有的色如琥珀,芳香袭人。一樽美酒,就如琼浆玉液,"酒不醉人人自醉"。

酒的发明者,大概也没想到酒会给人带来快乐。酒来自粮食和水果,通过发酵成了人的亲密朋友,"对酒当歌,人生几何",自古多少人,有酒相伴,便此生足矣。酒发酵而成,又将人的快乐尽情地"发酵":酒让人的所有神经都轻松起来,漂浮起来;又让人的所有细胞都跳动起来,飘舞起来,莫名地刺激,莫名地冲动,莫名地兴奋。

酒的快乐,其实也因人而异。

名人雅士喝酒,讲究环境,"春饮宜庭,夏饮宜郊,秋饮宜舟,冬饮宜室,夜饮宜月",酒与景融为一体,以酒赏景,又以景品酒。友朋间还得诗酒风流,"流觞曲水无多日,更作新诗继永和,"将进酒,杯莫停,许多千古名句,就是在醉亦不醉之中吟咏了出来。

达官贵人喝酒,却又是一种境界。杯觚交错之间,还得歌舞相伴,酒助兴,色迷人,"鼓琵琶以侑饮",极尽奢华之态。李白《将进酒》中的"钟鼓馔玉不足贵,但愿长醉不愿醒",便是贵族宴乐的写照。

平民百姓并无讲究,只要有酒喝,便是快乐。三朋四友,大块肉,大碗酒,"一啸散千愁"。若是逢年过节,这酒更有气氛,"烹羊宰牛且为乐,会须一饮三百杯",一家老小,喜气盈盈。俗话说,老酒日日醉,皇帝万万岁,在生产力十分低下的农耕社会,百姓能日日喝上酒,这便是皇上的大恩德。

有千百年的酒,便有千百年的快乐。人们捧起酒杯,借酒壮胆,以酒助性,便忘却了懦弱,忘却了烦恼,忘却了痛苦,今朝有酒今朝醉。在漫长的封建牢笼般的岁月里,酒,给了人们短暂而逼真的个性自由,展露出被释放了的真实人性。

中国人也曾有喝不上酒的时候。

计划经济年代,国民经济的计划性,无所不在,自上而下地计划到了每家每户,甚至计划到了每个人的舌尖上。看起来无所不包的计划,却酿成无所不在的贫穷。所有人都一贫如洗,连赖以生存的基本食物都成了稀缺品,按人头凭票供应,酒,自然也在其内。这多少年喝不尽、喝不醉的酒,也到了喝不上、喝不起的时候了。

在中国人的平常生活中,没有酒的饭桌是乏味的,没有酒的日子是沉闷的。人们偶尔也能喝点酒,也会带来些许的快乐,然而总有解不开的忧愁,忧愁那总是吃不饱的肚子,忧愁那老是要见底的米缸,忧愁那见不到头的贫穷,一杯薄酒,"借酒浇愁愁更愁"。

农民的酒都是自酿的。然而饥荒不断,折腾不断,愈饥荒愈折腾,愈折腾愈饥荒,田地歉收,万户萧条,还有谁会忍饥挨饿,拿食不果腹的粮食去酿酒。满囤的粮、满缸的酒、满桌的鱼和肉、满堂的喜洋洋,这样的农家乐,在饥荒岁月,只是奢望。

没有酒的闷闷的日子,终于过去。中国人的小康生活,从丰富的餐桌上起步,让人快乐的酒,不仅显现了富足和闲适,还有了从未有过的现代色彩。

酒的广告,在公共空间四处闪烁,从报刊电视到摩天大楼,铺天盖地,一抬眼就是各种诱人的酒、迷人的酒、优雅的酒,人的世界,也是酒的世界。无孔不入、气势撼人的酒广告,大有让人人喝酒、人人喝醉的势头。

酒店酒吧,星罗棋布,生意兴隆,从偏僻小镇到繁华都市,酒店之多,莫可指数,一转身便是酒店,一拐弯又是酒店,酒店已然成为"中国第一店",中国人再不必"借问酒家何处有"。

酒宴酒席,一片的碰杯声,一片的劝酒声,声声入耳,又声声醉心,从家庭小酌到朋友聚会,从节假日到各种喜庆应酬活动,喝酒必不可少。"葡萄美酒夜光杯",若要醉,天天都可醉。

在各种不同的场合,人们喜笑颜开,围着酒桌,捧着酒杯,洋溢着浓浓的酒香,那一杯一杯的酒,是凝聚感情的黏合剂,又是协调关系的润滑剂,更是激发快乐的兴奋剂。人们一碰杯,便相识;一饮而尽,便痛快;一醉方休,便豪爽。

承平时代,衣食无忧,人们平常生活中的快乐,自然丰富了起来:三五成群,通宵达旦地打牌、打麻将,是一种快乐;成双结对,于灯火阑珊处,轻歌曼舞,又是一种快乐;志同道合者,外出旅游,探古览胜,更是一种快乐。只要想乐,便无穷尽。

生活中林林总总的快乐,酒的快乐占据了特殊的位置。它给予人的,是浓郁的快乐、情感的快乐、全身心的快乐。它的快乐,在于恰如其分,方能恰到好处,可与酒为友,却不能成了酒鬼酒徒;可以酒会友,又不能成了酒肉朋友。自古而今,一般的普罗大众还是很有分寸,不会醉生梦死。

平常人的平常生活中,酒给人的快乐,无可替代。在竞争激烈、压力空前的时代,营造一个聚会的场合,喜滋滋地喝上一杯酒,那是艰难生活的一份陶醉,人情社会的一份真实,烦嚣人生的一份自由,尘世间的种种委屈、忧郁和焦躁,顿时都被忘却了,释放了,消除了。

半醉半醒,艰难生活的一份陶醉。喝酒的境界,贵在醉与不醉之间,既清醒而又朦胧,飘飘然又不尽然。那一刻,醉的是躯体,醒的是意识。生不易,活不易,生活如此不易,有片刻的轻松,片刻的忘却,自然快乐,正如陆游的诗句所说"闲愁如飞雪,入酒即消融"。

半醉半真,人情社会的一份真实。社会复杂,人心难测,很多人都学会了言不由衷,学会了说假话,学会了见风使舵,做人累,心更累。快乐的酒,让人松弛,让人沉醉,让人现出了原本的质朴与真诚。酒桌之言,既是酒后真言,也会酒后失言,不管是真言或失言,酒的力量竟然让人将平时不敢说的话,一吐为快。痛快地说话,于中国人自然也是一种快乐。

半醉半勇,烦嚣人生的一份自由。平常的生活,总是让人惊恐:惊恐有毒的食品,惊恐有害的环境,甚至惊恐有害的空气、有害的水,乃至惊恐街头的暴戾,可谓危险四伏,步步惊心。喝酒壮胆,有一份酒便有一份胆,喝酒的时刻,便是壮胆的时刻。那一个个喝酒的人,总算有了免予恐惧的自由。

平常的生活，是老百姓自己的生活，艰难也罢，惊恐也罢，总归还得活下去，开开心心地活下去。喝一杯酒，忘却烦恼，追寻真实的自我。毕竟，有酒喝，便有一分的快乐，一分的自由。

第四辑

水,滋润着人类的生命和精神;

水,荡涤着人类社会的尘埃、污垢和陈腐;

水,沐浴着普天之下的生命、自然和环境。

水有生命,它与人共生,而不被人所滥,更不被人所屈。

水有正义,它被人所用,而不被人所奴,更不被人所侵。

水有尊严,它与人相谐,而不被人所秽,更不被人所亵。

水之性,即人之性。

我

一

呼啸的寒风,冰冻的路。

湖面空旷、萧瑟,往日嬉水的天鹅、追逐的野鸭,早已不知去向。

远方的大树,摇曳着残枝败叶,孤寂苍凉,却仍然在严寒中挺直了躯干。

寒冬来了,漫长岁月中的短促一年,临近了尾声。

二

我踏在坚实的土地上,只有它,才能让我真正挺立。

沿着湖边的小径,蜿蜒曲折,没有喧嚣,只有冷;没有光亮,只有黑;没有行人,只有我。

这是走熟了的路,每天都匆匆地往前走,绕过山,绕过水,绕了一圈,又回到原点上。

我还是这般走,一生都是这般地走。

我迈开双腿,不停地走,其实,从未走远过。

这就是我。

三

我是什么,什么是我?

人世间,有千百万个人,便有千百万个"我"。然而,我,只有一个。

我常常自问,为什么会有我,倘若"我"没有了,那么,还会有另外一个"我"吗?

我,意识中的"我",会消失吗?如果不会,那么"我"又是由什么组成的?我喜欢这样一直地想下去,一直地问下去,直到我的消失。

生命加意识，便是我。

生命承载着意识，有意识的生命才有价值；意识导引着生命，却永远离不开生命。

生命，因为存在而受约束；意识，因为思考而自由。

有约束的自由，就是我的生命、我的意识。

我抬眼望着黑洞洞的天，阴阴的，远远的，重重云雾中，有着太多的神奇和秘密。我任由意识遨游在天空，如此轻松，如此自由。

然而，我依旧归来，只有生命才是我意识的家园。

我还得活着。

四

我有许多梦想。

梦想，是美丽的，甜蜜的，它支撑着我，激励着我。我所有的梦想，都是为了显示"我"的存在。

然而，我却平庸，无法超脱的平庸。

我有大脑，却无需太多地去思考；

我能说话，却也只是跟着大家在说话；

我能健步，却无法走到人群的最前头；

我有时间，却不过是在日复一日地重复；

我有精力，却大多是在无端地耗费；

我有健康的躯壳，但内里却是迷茫的灵魂。

如此的平庸，我配有梦想么？

倘若不平庸，我又能怎么样？

五

我有文化吗？

我生长在一座令人向往的古城：古朴的街巷，传统的人情，一统的秩序。

厚重的文明，让我如此地小，如此地微，如此地弱。

然而，我终究在成长，我始终在寻找能让我像一个人一样生活的文化。

我曾目睹在熊熊的火焰中,文化被烧成灰烬,四周却是欢乐的人群。表达人性、通往心灵的文化被一再地毁灭,剩下的,只是可怕的文化。

我又亲历文化的"浴火重生",用文化换钱,用文化取闹,到处都是如此的文化,全然是文化的可悲。

有文化的人烧掉文化,没文化的人传播文化。

我们就是这般地过来的,随心所欲地破坏,随心所欲地建设。

我们之中的我,已经习惯了拥护与支持,习惯了沉默与麻木,习惯了事后的反思与反省,习惯了新一轮的胡闹再开始。

古城在消逝,昔日的文化,渐渐地淡去,我似乎挣脱了出来。

面对陌生的世界,我更茫然,我在哪里?

六

我从哪里来,我往哪里去?

我仿佛从来都记不全历史,也搞不清楚在这块土地上曾经发生过什么。

我总想看明白,其实总是不明白。

历史是由好人、坏人共同创造的。所以,历史有辉煌的一面,又有丑陋的一面。

好人成功了,便彰显历史,传承历史。

坏人得逞了,便隐瞒历史,编造历史。

我,一个卑微的小人物,是芸芸众生中的微不足道的一粒土、一粒沙,我敬畏地仰视历史。

我只依稀地记得自己的历史。

打开记忆的闸门,往日的生活便又沉重地流动起来,这大概就是我的历史:从头而来,通篇都是"贫穷"二字。

往日贫穷,想象不出该如何富裕。然而,贫穷之中有欢乐,那是真的穷了;

如今富裕,难以想象竟然"穷"了过来。然而,富裕之中有烦恼,其实,还是穷。

我是从穷的路上走过来的。

我还在穷的路上走下去。

我总想走出新的我。

七

我,在茫茫的夜路上,寻找我。

我总是听话,特别听年长者、位尊者的话,渐渐地不会说自己的话;

我总是跟着人做事,特别是号召要做的事,认真去做,渐渐地我不会独立地做自己的事;

我曾经跟着挑战秩序,结果吞下了无序的苦果;

我曾经跟着蔑视知识,结果我终生与无知为伴。

我秉持道德,崇敬高尚。

然而,倘若社会失去了规则,高尚就滑向堕落,我如此,我们每一个人都如此。

我恪守良知,崇敬诚实。

然而,倘若社会充满谎言,诚实就会无路可走。我如此,我们每一个人都会如此。

我坚守人性,崇敬信仰。

然而,倘若社会失去了理性,人性便会返祖为兽性。我如此,我们每一个人都一定会如此。

我,道德的我。良知的我,人性的我,究竟在哪里?

我在寻找,每一个"我"都在寻找。

其实,在每一个人的内心世界,都有一份道德、良知与人性。只要有了文明的规则和秩序,它们便都会源源不断地从内心流淌出来。

八

风依然刮。

天依然冷。

湖面上笼罩着浓浓的雾气,让暗夜显得更缥缈,更飘逸。

沉沉的暗空,晶亮的星星闪了出来,穿透雾霾,给寒夜带来了无比的生气。

我沿着小径,往回走,绕过水,绕过山,又回到了原点上。

静静地,一切依然。然而,新的时间来到了。

我,迎来了新的我,明天的我。

天下不一样的人

人是一个谜,一个千古难解的谜。

伫立街头,南来北往如潮水一般的人,扑面而来。那一张张脸庞,便是一个个独立的人。青春的、苍老的,开朗的、忧郁的,精干的、敦厚的,男的女的,胖的瘦的,在这个世界上,与你完全相像的人,过去没有,现在没有,今后也不会有。

每一个人都只能是自己,这是造物主的神奇。

人与人之不同,并不全在于长相。2012年8月3日英国《新科学家》周刊网站发表署名卡罗琳·威廉斯的文章:《十一个特征令每个人都独一无二》,指出"不论两个人多么相像,他们绝不会一模一样"。这十一个独一无二的人体特征是:DNA、指纹、面部、步态、耳朵、眼睛、声音、气味、心跳、脑电波、微生物。这些身体特征凡是人都有,却又完全不一样,它们神奇地让每一个人成为绝无仅有的自己。全球七十亿人,便有七十亿个不一样的人。

这十一个特征是与生俱来的,不可复制的。倘若再加上人生存所处特有的环境因素、经济、教育和文化背景等,让人又都具有了思想的独特性。

每一个人的生命,都是造物主的杰作。这世上的人,注定要以自己的"独一无二",为人类做出非凡的贡献。

让生命体现价值,享有尊严,这样的国家是伟大的国家,这样的国民,是无愧于生命的国民。

不幸的是,我们曾经漠视生命,以为生命源源不断,而对生命毫不足惜。"民可使由之",实质上就是"命可使由之"。无穷的战乱,无以计数的财富掠夺和王权更替,无不建筑在毁灭生命的基础上。千百年来,中国人的命,生来就是等着被人取的。

更为不幸的是,我们竟然也轻视自己的生命。我们总是把自己看成是渺小的,低微的,毫无价值的。在我们眼中,有地位的人总是特别高大,平民又总是特别平凡。我们习惯于景仰,习惯于听命。我们不知道,其实每一个人都是特别的人,特殊的人。正是因为这一个个的特别与特殊,才组成了人类大家庭的丰富多彩,延续了人类大家庭的生生不息。

普罗大众的生命,终究从卑微到了神圣,从神权、王权时代终究走到了人权时代。在世界人口大国彰显以人为本,让十三亿中国人个个具有人格价值和人格尊严,是世界之幸,人类之幸。中国人的这一步,是人类解放的一大步。

天下没有一样的人,生命体征揭示每一个人非同凡响。又展示每一个人天然平等。人不可自命不凡,也无须自卑自弃,在精彩绝伦的人类世界,凡是人都享有尊严的一席。

天下没有一样的人,每一个人都是唯一的。

生命的哲学

一

在我们这个星球上,最灿烂最伟大的,无疑是生命。

哪里有生命,哪里就会有世界。

大千世界,生生不息的生命,因每一个独立又联系的"我"而精彩纷呈。

感恩上苍,感恩生命,让"我"在这个星球上,留下了自己的印记。

二

凡是人,都会留下生命的印记。

生命,具有无穷的意义,最本质而又最朴素的意义,在于传承。

养育生命的,是物质。

照亮生命的,是思想。

物质和思想,成就了生命的躯壳和灵魂。

生命的传承,就是物质和灵魂的传承,生命因传承而永恒。

无传承,即无生命。从这个意义上说,每一个生命都肩负着传承的使命,每一个生命都是非凡的。

三

生命的轨迹,是命运。

神秘的轨迹,便有神秘的命运;平坦的轨迹,便有平坦的命运。

主宰轨迹的,是时代和生命。

时代影响生命,决定生命。而千百万的生命,也会影响时代,改变时代。

敬畏命运,其实是对未来的不确定,对生命的不自信,让神秘的命运主宰了生命。

每一个生命,都向往阳光一般的时代,拥有阳光一般的命运。

当时代不再腥风血雨,当命运不再大起大落,当生命不再悲喜交加,当生命的轨迹体现自己规律的时候,这样的生命才是掌握了自己的命运。

什么样的时代,便有什么样的生命;同理,什么样的生命,便也构建了什么样的时代。

和平发展的时代,拓开了崭新的生命之路。生命的回报,便是创造富有生命气息的新时代。

四

生命的终点,是死亡。

生命的每一分钟,都面向着死亡前进,死亡是生命的必然结果。

所有的生命都恐惧死亡,诅咒死亡。其实,无可回避的死亡,恰恰在激发生命,转换生命,让生命更有意义。

因为死亡,才会有生命的紧迫,这种紧迫,来自于生命的责任。生命在于奉献。而奉献,是生命送给死亡的礼物。

因为死亡,才会有生命的珍贵,这种珍贵,来自于生命的权利。生命在于享有,而享有,是死亡提前送给生命的礼物。

死亡,是生命的安息,是生命对生命的礼让。

缺失了责任的生命,是死亡的悲剧;履行了责任的生命,是死亡的正剧。

有意义、有奉献的生命,会永远地活着。因为这样的生命,享有尊严,享有"崇高人们的热情眼泪"。

敬畏死亡,才会敬畏生命。

五

生命的象征,是时间。

时间培育生命,生命记载时间。

时间赐予生命的,是记忆和忘却。

有记忆,便有了生命的历史。

有忘却,便有了生命的空间。

记忆,能让生命厚重;而忘却,则让生命轻逸。

生命的美好,在于应该记忆的,记忆了;应该忘却的,尽快地忘却。

生命的不幸,在于应该记忆的,忘却了;应该忘却的,却又被牢牢地记住。

记忆和忘却的错位,是生命对时间的错位。

正视时间,便是正视生命。

六

生命的法定形式,是人权。

生命的存在价值,是自由。

生命的完美体现,是人性。

生命的最高境界,是尊严。

在生命的旅程中,我们每一个生命都负有不可推卸的使命:

让高傲的生命学会谦恭;

让卑劣的生命受到宽恕;

让卑微的生命得到激励;

让平凡的生命挺立起来。

在生命的汪洋大海中,碰到的每一个生命,都是生命的幸会。生命在于开放、在于互信,全世界不同信仰、不同种族、不同肤色的生命和谐共处,这就是生命的盛大节日。

生命的盛大节日,值得每一个生命为之奋斗。

七

在科学的殿堂,在权力的巅峰;

在喧嚣的都市,在寂寥的海岛;

在高山、在平原,在富饶或贫瘠的每一寸土地上,所有的生命都是平等的生命。

生而平等,是生命的基本准则,是现代人类文明必须恪守的道义和原则。

平等的生命,蔑视趋炎附势,鄙视特权和世袭。

平等的生命,让生命的世界阳光雨露,公平正义。

为着生命的平等,为着生命的解放,无数个生命被奴役、被屈辱、被剥夺,不屈不挠,奋勇抗争,在生命的历史上,留下了血的印痕。

生命的丰碑,永远铭刻着先驱者的光辉名字。

一切为正义而活着,为正义而奋斗的生命,都是不朽的,永恒的。

世间之"慢"

陡峭的山岭,蜿蜒的公路,稳稳前行的汽车。

路难行,山路更难行。在那坡陡路窄、悬崖急弯之处,往往竖有醒目的"慢"字警示,这是生与死的警示,但凡开车的人,都会一眼不眨更加小心地放慢了行车的速度。

山路要慢行。然而,在那平平坦坦、坚实宽厚的高速公路上,照样也得限制车速。那些动力超强的小车,时速可达200公里,但都必须减速一半,让狂飞的汽车"慢"下来。原因很简单:性命不能如此地飞奔。

世间之事,该快则快,该慢则慢,此谓常理。然而,现如今的中国人,哪里会这般地想,万事求快,只想快,都想快,总以为"快"是有勇气、有力量的表现。快,会获得一片掌声,赢来一阵喝彩。而对于"慢",总是嗤之以鼻,不屑一顾。

其实,慢,相对于快,自然也是一种速度。许多时候,慢,更是一种充满理性、富有智慧的速度。

人世间许多有为之人,都是"慢"出来的,如"台上一分钟,台下十年功"、"十年磨一剑"、"十年树木、百年树人",以十年、百年来练一分功、成一番事,如此的"慢",却往往住传之不朽。

煌煌天日,芸芸众生。这普天之下,放眼望去,一些关乎根本的事物,枯荣兴衰的规律,其实是要"慢"的。慢,才有意义。

生命是要慢的。上天赐予生命,是人不可再得的福分。天地无穷,生命有期,活上一百岁,也仅仅三万六千五百天。珍惜生命的人,都会觉得每一天都精彩无比,每一天也都在永远地失去。感悟生命,品味人生,慢慢地享受生命的每一刻,让短促生命拥有漫长行程,该是如何的美好。

生活是要慢的。生活就是一部书,无论生老病死、悲欢离合,都是生活。而绚丽多彩的生活,需要用心去发现。古朴的乡村,现代的都市,都饱染着浓郁的情感。是情感让生活的每一个细节都打动心弦,让生活的每一页都成为永恒的记忆。生活的行程应该放慢些,那些焦虑疾行的过客,何不回到原本属于自己的恬静而富有人性的生活当中来,真正成为生活的主人。

灵魂是要慢的。灵魂是人的气质、精神与思想,也即人的心。"心者,人之大本也"。这个"大本",用精神铸就,以心血浇灌,绝非一日之功。在物质飞速发展的时代,脚步不能快于灵魂,有什么样的灵魂,就有什么样的人生。从贫困到富裕,不会一蹴而就,它既是财富创造的过程,也是灵魂升华的过程。世上有倍增的财富,而无倍增的灵魂。真正人性的灵魂因日积月累而厚重,厚重的灵魂让人体现了自身的价值。

文化是要慢的。有文化地活着,是人与动物的一个区别。书,要一页一页地看,你就一步一步地进入到书的世界,你仿佛在与先贤对话,又仿佛与名家攀谈,字里行间,跳动的是人类共同的文明,因为你就是文明的一部分;历史,要一章一章地读,你就一脚一脚地走进了时光的隧道,你仿佛回到了远古,又仿佛跨越了重洋,风云变幻,展现的是人类共同的历程,因为你就是人类的一部分。工作如诗,生活如画,人生就是一部精彩纷呈的大戏。让我们拥有文化,慢慢地欣赏文化,那将使你成为真正意义上的人。

慢,从一定意义上讲,比快好。因为慢,更从容,更稳健。人生需得慢慢地走,正如清香四溢的绿茶,让人一阵一阵地闻香赏色,让人一口一口地品啜感悟。生命只有一次,只有愚鲁的人,才会不顾一切地狂奔到头。

世间之人,往往图快,其实何必。快也好,慢也罢,世间的快与慢都得顺应规律,正如茫茫宇宙中的日月星辰,星罗棋布,井然有序地运动着,没有任何力量能挑战这种规律,能跨越这种格局。我们能设想地球能加快转动么?

顺应规律,是文明社会的聪悟。许多时候,慢慢地走,风光竟是如此美好。

水的感悟

一

在我们这个星球上,最具有生气的,无疑是水。

千川万流之水,从密林深处,从雪山顶上,从荒漠陡峭的悬崖峻壁,从人迹罕至的奇峰险洞,汩汩而出,滔滔不尽,蜿蜒曲折,凭流而去,终究汇聚成波澜壮阔的大江大河。

晶莹之水,灵动之水,孕育出万世不竭的生命,冲激出人类灿然的文明。

二

子在川上曰:"逝者如斯夫!不舍昼夜",壮哉,伟哉。湍急的流水,恍如飞逝的时光,昼夜不息地流去。

流逝的是水,留下的是生命。那被水浇灌的历史和文明,始终展现出昂扬的生机:

水,永远滋润着人类的生命和精神;

水,忠实地托起了人与人、国与国的交流;

水,荡涤着人类社会的尘埃、污垢和陈腐;

水,沐浴着普天之下的生命、自然和环境。

天下之水,天下之本也。

三

智者敬水。

潺潺之水,奔腾之水;清柔之水,飞泻之水。但凡是水,皆有灵性。

水,"上天则为雨露,下地则为润泽",敢为天下而舍己,仁也;

水,"唯无不流,至平而止",损有余而补不足,天下至平,义也;

水，滴水无助，至柔至弱，却能以柔攻坚，水滴石穿，化柔弱为神奇，智也；

水，敢"赴千仞之壑石而不疑"，纵然粉身碎骨，照样惊涛拍岸，勇也。

仁义智勇之水，能不敬乎？

四

水之性，即人之性。

一方水土，出一方的人。

有涓涓细流，必有呵护之人；

有清纯平和的流水，必有清纯平和的人民；

有追波逐浪、奔流不息的河水，必有锐意进取、永不停步的奋进者；

有波涛汹涌、雷霆万钧的潮水，必有涛头弄潮、中流砥柱的壮士；

有逶迤曲折、历重险而不绝的江水，必有荡气回肠、百折不挠的勇士。

有什么样的水，便有什么样的人。那一个个生动的人、灵气的人、善良正义的人，原本就依水而生，傍水而活。

亲水者，被水亲。

五

天下之水，天下之势也。

水有生命，它与人共生，而不被人所滥，更不被人所屈。

水有正义，它被人所用，而不被人所奴，更不被人所侵。

水有尊严，它与人相谐，而不被人所秽，更不被人所亵。

一方之水，在于人，在于德，在于养。护其源，畅其流，顺其势，浩然之水，永无穷尽。

水能载舟，亦能覆舟，千古至理，后来的人，万不可恣肆妄为而遭惩罚。

六

泉水淙淙，奔突竞涌，再大的磐石也挡不住清清溪流。

万丈瀑布，从天而降，再小的水珠也能成就惊险一跃。

大江汹汹,大河滔滔,飞波逐流,奔腾到海。

浩渺的海洋,波涛万顷,那是世界的水,水的世界,浩浩荡荡,气象万千。

巨大的洋流,向着太阳,滚滚向前,任何力量无法阻挡。

天下之水,天下之道也。

感悟正义

一

自然界总有如此壮烈的一幕：

火山爆发，沸腾的岩浆势不可挡；

惊雷霹雳，强大的闪电划破黑暗；

怒潮汹涌澎湃，大海在翻腾；

暴风席卷而来，天地在咆哮。

日月无光，山河震悚。

这是大自然的力量，让人敬畏的力量。

二

人类的力量，是正义。

在乌云密布的危难时刻，就会有正义的狂飙突起。正义是人格的闪光，良知的崛起，人类因正义而生生不息。

有邪恶，有善良，便有正义；

有谎言，有真相，便有正义；

有欺凌，有反抗，便有正义；

有侵略，有自卫，便有正义。

正义的力量，就是惩恶扬善的力量，就是激浊扬清的力量，就是让人类精神万世不懈的力量。

正义，让人昂然而立。

三

正义无国界。

正义是人类共有的最具伟力的精神资源。

二十世纪最波澜壮阔的正义,便是反法西斯战争。当人民遭受杀戮、正义遭受踩踹的时候,中国、美国、苏联、英国、法国以及其他无数的国家,黄色人种、白色人种、黑色人种等万众组成的人民力量,集合在正义的旗帜之下,以前所未有的正义,惩罚前所未有的邪恶。人类胜利之日,便是正义伸张之时。

正义无尊卑。

最底层最卑微之处爆发的正义,往往最悲壮、最深沉。

二十世纪最经典的正义形象,当推马丁·路德·金,为了争取美国黑人的正当权利,从美国黑人有权坐公共汽车开始,他奋勇抗争,以他的火一般的激情、压倒一切的正义,最终以生命换来黑人平等的权利。他的《我有一个梦想》的绝世演讲,以排山倒海的气势,让正义之声响彻美国,响彻世界,"直至公正似水奔腾,正义如泉喷涌"。正义的光芒让美国的种族歧视政策化为灰烬。

正义是人类的风骨,是人类的灵魂,是人类永恒的追求。

四

正义的位置,不容挑战。

正义是国家的第一力量,是最根本的国家利益,国家因正义而伟大。正义的国家,无论何时何刻,都会以举国之力量,坚守国家之正义。

正义是人的第一品格,是最本质的人格力量,人因正义而崇高。正义的人,无论贫富强弱,都会以自己的一腔正气,恪守人格之尊严。

正义不会迟到。

我们呼唤正义,寻找正义,在最无助的时候,还是渴望迟到的正义。其实,正义就在我们身边,正义就在我们心中,人民的意志,就是正义的展示。

正义总是与人民在一起,民心所向就是正义所向。

放弃正义,即非正义。

五

正义与权利同行。

正义,是人对自身及他人正当权利的维护,是人短促生命中的漫长追求。持续正义就是人格的完美实现。

正义,是国家权力合法性的不可或缺的基础,是国家整体利益的个体实现。保护每一个人的合法权利,即国家正义,与此相悖的一切都是非正义。

正义,是对权利的合法维护,是对权力的道义制约。

正义的国家,必有正义的人民;同理,正义的人民,也一定会有正义的国家。当人民与国家融为一体,就是正义的旗帜高高扬起的时候。

六

正义不容蔑视。

正义不被玩弄。

正义如火山,愈是压抑愈爆发;

正义如闪电,愈是黑暗愈震撼;

正义如海潮,前赴后继,一浪追一浪;

正义如风暴,横扫千军如卷席。

让我们每一个人敬畏正义,守护正义,与正义同在。

七

正义至尊,正义至上。

在崇山峻岭,在江流险滩,

在高原雪域,在万丈沟壑,

只要有人类的足迹,便有正义的光辉。

我们无惧艰难,无惧险阻,因为我们有正义。

正义之光,永远之光。

感悟人民

一

辽阔的大海,帆影点点。

逶迤的乡间,炊烟袅袅。

大自然赐予人类宁静祥和,如诗如画。然而,历史往往将它变成战争的史诗,血染的图画。

人类就是这样走了过来。

二

在风云变幻的世界政治版图上,高扬起正义旗帜的,一定是人民。

在光明与黑暗、进步与倒退、文明与愚昧的历史转换关头,天崩地裂,惊涛击岸,只有人民才能以它的智慧与胆略,做出关键的抉择。

人民,是朴实而伟大的群体。

人民,是谦恭而强大的力量。

任何伟大的人物,只是人民中的一员。人民的意志,就是伟大人物的行动纲领。

人民不朽,人民万岁!

三

毛泽东说:"人民,只有人民,才是创造世界历史的动力。"这一精辟的阐述,被美国人丹尼尔·B·贝克引入《权力语录》,让世界各国的政治人物明白人民的地位、人民的作用和人民的分量,对人民敬畏,就是对自己的理性。

精彩绝伦的世界历史,其实就是人民的创造史,人民的进步史。

人民,并不总是动力。人民,天生有着自己奋斗不息的目标。

亚伯拉罕·林肯说:"人民,也只有人民,才是国会和法院的合法主人。"这又是一个朴素的真理,人民的所有理想和奋斗,都是为了让人民成为"合法主人",不管如何艰难险阻,人民一定会一步一步地实现它。

做权力的合法主人,让人民当家做主。

四

北京紫禁城,昔日皇权中心的正面,高高地矗起了人民英雄纪念碑。这是人民第一次在国家政治中心为自己的英雄树碑,碑面上镌刻的"争取民族独立和人民自由幸福"的碑文,是纪念碑的精神,也是人民永恒的追求。

人民挺立起来,皇权黯然终结。

人民英雄纪念碑,人民力量的象征。它方正、厚实,显示出人民的正义、大气,凛然不可侵犯;它高耸、挺拔,无论何人,都只能仰视、谦恭,意味着人民的至高无上。

人民英雄纪念碑,从它落成的那一刻起,就奠定了人民在新生共和国的地位。

风云激荡,岁月如火,人民英雄纪念碑始终巍然屹立。

五

人民是大海,深沉宽广,包容博大,它默默流淌,无私地奉献;它也会咆哮怒吼,气势磅礴,无情地荡涤一切污泥浊水。

人民是火焰,奔腾跳跃,生机盎然,它是黑暗中的光明,寒夜中的温暖;它也会无情地燃烧,愤怒地吞噬,与一切腐朽的东西同归于尽。

善待人民,敬畏人民,人民必会回报海一般的宽厚,火一般的温暖。

蔑视人民,欺压人民,人民就是怒海,就是大火,人民的反抗,就会翻江倒海,就会烈火燎原。

人民是如此的善良,如此地温顺,却又是如此的不可挑战。

六

人民的秉性是正义。

人民,在不同时代,有不同的追求:战争年代,人民追求和平;贫困岁月,人民追求温饱;建设和发展时期,人民追求和谐,追求幸福。

人民的追求,就是国家奋斗的目标。

然而,人民也有永远不变的追求,无论战争与和平,无论贫困与富庶,人民始终如一追求的,是正义。

"正义比太阳还要有光辉。"

世上任何政治力量,都要千方百计谋求人民的支持。其实,只要你拥有正义,你便拥有人民,这是朴素而又简洁的定义。

失去了人民,从根本上说,是你失去了正义。人民与正义同义,人民又与正义同在。

七

人民的权力是选择。

当人民面临选择的时候,便显示出力量和权威;也只有选择,才能体现出人民存在的价值。人民的选择,决定着历史发展的方向和路径。

二十世纪,风云的百年。人民从历史沧桑中,义不容辞地选择了共和,选择了共产党,选择了改革开放,国家与民族才有今天这般的进步与强盛。

历史关头的历史抉择,只能由人民来完成。

伟人之伟大,在于伟人能发现人民的选择,顺应人民的选择。背离了人民的选择,就是倒退,就是灭亡。

人民有了选择的权力,便有了创造世界历史的动力。

让人民选择,就是让历史进步。

八

"为人民服务",一句响亮的口号,成为公权力的行为准则。

为人民服务,把人民放到了无比尊荣的位置。拥有公权力的所有人物,都只是人民的公仆。

其实,为人民服务,只是公仆行为准则的一半。为人民服务,受人民监督,才是行为准则的全部。

失去监督的服务,不会持久;失去监督的服务,不会尽责;失去监督,为人民服务只是一句空泛的口号。

受人民监督,要与"为人民服务"一样高悬于共和国大厦之上,让人民作为合法主人,管住公仆,让公仆始终谦卑,始终清白,始终勤奋。

人民有了监督之权,便是公仆的守法之时。

九

繁华的都市,乡间的小道,处处都有人们奋进的脚步,路漫漫,人漫漫。

那一个一个独立、自由的人,为着共同的信念,团结在一起,便是人民。

我、你、他,我们、你们、他们,一切善良、正直的人,都是人民之中的一员、一群。为着人民的使命,为着人民的荣誉,我们每一个人都必须成为真正的人。

一个一个的人都站起来,人民自然挺立起来。

爱国者谨记

凡一国之民,理当爱国。
国乃民之家园,民之护佑,焉能不爱。
国爱民,民必爱国,这是不证自明的天下至理。
欲让民爱国,必先国爱民。

先有民,后有国。
人民创立国家,人民养育国家,人民托起国家之大厦。
无民,则无国。
悠悠天下,人民至上。尽心尽责地为人民服务,是国家存在的价值和意义。
强大的人民,谦卑的国家,是爱国者的梦想。

爱国者谨记:
真正的爱国,就是真诚地去爱人,让所有生活在这块土地上的善良人们,都闪现人性之光。
真正的爱国,就是真诚地去爱自己的家园,让上苍赐予的国土不被玷污,不受糟蹋。
真正的爱国,就是真诚地去爱自己的国家,管住国家机器,让它忠诚地永不停顿地为人民服务。
不轻言爱国。一旦爱国,就是承诺,就是履行公民神圣使命的开始。

爱国,不是做游戏,不是喊口号,不是写文章,不是唱歌跳舞,不能那样轻松,那样浪漫,那样豪言壮语,信誓旦旦。
爱国,是责任,是行动,是现代公民庄严崇高的使命。
爱国者,应以国民之尊严,维护国家之尊严。个人尊严之不争,岂有国家之尊严。倘如是,一国之尊严,在于国家维护每一国民之尊严。

爱国者,应以国民之正义,维护国家之正义。个人正义之不争,岂有国家之正义。倘如是,一国之正义,在于国家维护每一国民之正义。

爱国者之路,注定是奉献之路,荆棘之路,正义之路。

人人当爱国。

执公权之公仆,更担爱国之重任。

凡公仆者,必以民为本,必以国为重,秉持公理,恪守公器,珍惜公帑,堂堂正正奉公,清清白白尽仆。

管好公仆,为民众爱国之首务。

公仆为公,国家之幸。

有爱国,就会有贪国、误国、乱国。

贪国者,化公为私,贪国为己。国家是一座宝库,若贪贿无艺,贪婪无状,则宝库必空。

误国者,尽情糟蹋,误国误人。国家是一道山脉,若砍伐无度,收索无端,则山脉必虚。

乱国者,随心所欲,胡作非为。国家是一艘巨轮,若章法无常,折腾无宁,则巨轮必危。

毁国肇于贪,亡国始于乱。欲求国富民盈,国宁民安,国正民和,爱国无尽期,爱国者无一日之松懈。

大国,小国,皆为世界之一国。

民穷,民富,皆为世界之一民。

世界之国,地理相通;世界之民,同群相依。

从世界看中国,浑然是一体,爱中国,也要爱世界。

爱国者谨记:正义无国界。爱正义之祖国,也爱正义之他国。

爱国者谨记:理想无尊卑。以理想爱国,爱理想之国。

一个伟大的国家,必有众多伟大的爱国者,这是国家的骄傲,更是爱国者的骄傲。

时代缩影的观察

大国的眼光

当今世界大国,若不具备从太空看地球的眼光,遑论大国。

若按此论,大国的眼光,又非美国、俄罗斯、中国三国莫属。

"欲穷千里目,更上一层楼"。美、俄、中三国,凭着自己强大的综合国力,宇宙飞船穿梭太空,易如反掌。从太空遥望地球,何止千里目,已是万万里之目。

当年美国的宇航员阿姆斯特朗登上月球,一句"个人一小步,人类一大步",成为享誉世界的名言。其实,站在月球之巅的阿姆斯特朗,还讲过一句同样经典、同样精彩的话,却鲜为人知。他在月球上转过身来,远远地发现了那个哺育人类的地球,不无惆怅地说:

"我发现距我几十万公里远的一个亮点,那就是我们的家园地球,它很孤寂。但是,我们必须生活在那里。"

这恐怕是人类从太空看到的一个最真实的地球,阿姆斯特朗看到了,拥有太空载人飞行器的国家都看到了。有了这样的眼光,对地球、对人类本身,无疑都是一个翻天覆地的变革。这种变革,自然应该在航天大国中,首开先河。

航天之国应该具有大国眼光,那是更开阔、更宽容,因而也是更纯真的眼光。

大国的眼光,不是沾满利益的眼光。世俗观点认为,"没有永远的敌人和朋友,只有永远的利益"。错了,大国的眼光应该是人性的,宽厚的,超脱的。同处一个地球、只有永远的邻居,永远的朋友,永远的地球人。所有的国家,无论大小、远近,都将被注定无可选择地永远相处。

大国的眼光,不是以强凌弱的眼光。世俗观点认为,实力至高无上,人类社会的冲突和对抗最后还是靠战争来解决。错了,大国的眼光应该是和平的，理性的，仁慈的。现代社会，公理即强大，而战争，就是死亡和毁灭，一旦打响，便都是失败者。一个烽烟四起、战火弥漫的地球，是人类的耻辱。拥有无可比拟实力的大国，首先高扬公理，鄙弃战争，这地球便会永远地祥和，永远地生机盎然。

大国的眼光，不是狭隘封闭的眼光。世俗的观点认为，国家利益至高无上，为了国家利益，可以抛弃乃至牺牲一切的利益。错了，大国的眼光，应该是科学的，人类的，全球的。每一个国家的利益，都必须尊重和服从人类的利益、全球的利益。因为，我们只有一个地球，我们必须生活在那里。

一个航天大国的眼光应该看到：太阳把自己的光芒无私地照耀到地球；月亮让自己无怨无悔地默默守护着地球；在浩瀚无际的银河系，所有的行星，精准地恪守着宇宙的运行规则。人类居住的地球，是宇宙体系中渺小的一员，它需要阳光，需要规程，需要与所有其他的星球友好相处。

大国的眼光，其实就是太空的眼光。从太空看地球，自然应该有了崭新的世界观。

倘若美国、俄罗斯、中国首先具有了太空的眼光，于地球而言，当然是无上的福音。

最强势的汉字：抓

有强势的汉字么？

有。

照理，字无强弱之分。然而，在一定的社会背景下，有些汉字便占了强势的位置，譬如："皇"字、"权"字、"钱"字，这些字，虽是一笔一划写出来的，字的背后，却是强大的统治力、统摄力。

于今而言，这些字又谈不上最强势。一个"皇"字，随着帝制崩溃，自然也就逐步地隐去；一个"权"字，但凡理性的掌权者，总要把"权"与"民"结合在一起，还要让民来监督权，"权"也就逐步地强势不起来；至于"钱"字，尽管流通八方，所向无阻，却又有许多人羞于谈钱，耻于爱钱，好像也羞羞答答地"强势"不起来。

最强势的汉字，应该是一个喊得最响、说得最多、流行最广而又威震四方、统领全局的字。

若如此，非"抓"字莫属。

抓，原本只是一个动词，用手取物即为"抓"。只要有手，人人都可抓而取之。

"抓"字，从手从爪，在中文的字库里，其实很俗，俗到几乎登不上大雅之堂。而今，"抓"字竟然显赫起来，显赫到无"抓"即无以治政的地步。

开始的时候，"抓"字还只是停留在抓强盗、抓犯人、抓小偷上，用一个"抓"字，代表了合法与正义，一旦"抓"了，就是以正治邪。

此后，"抓"字，开始广而用之，其地位便不可抑止地攀升，终于居高而临下。

在阶级斗争一抓就灵的年代，从抓运动、抓思想改造、抓辫子开始，发展到抓地主、抓富农、抓反革命、抓坏分子、抓右派，进而抓资本家、抓知识分子、抓走资本主义道路的当权派，年年抓，月月抓，乡间百姓搞不清楚，只知道天天在抓人。

总算熬过了抓阶级斗争的岁月,举国上下开始抓经济,"抓"字有了新使命,从抓纲治国到两手都要抓、两手都要硬。

一手抓经济建设,于是,有了抓改革、抓开放、抓经济、抓发展、抓项目;

一手抓思想建设,各种"抓"就跟了上来,抓思想、抓精神、抓苗头、抓动态、抓意识形态,一刻不停地抓。

"抓"字已是堂而皇之地进入领导层,成为各方领导的常用字、专用字,成为每个时期各项工作的打头字:抓体改、抓转制、抓整顿、抓市场、抓投资、抓转型、抓创新、抓稳定、抓物价、抓民生,只要上头有布置,下头就来抓。

为了"抓",领导自身又分工来抓:分管领导各抓一方、各抓一块,往往是各抓各;当头的一把手则抓全局、抓全面、抓班子、抓人头、抓队伍,其实,统统一把抓。

为能让当领导的一直地抓下去,管领导的部门又有了抓党风、抓党纪、抓教育、抓典型,直到抓出腐败分子。

"抓"字享有如此的殊荣,还不够,为了抓出声势、抓出气势,又提出了"抓"的要求,譬如:抓深、抓实、抓细,重点抓、抓重点,反复抓、抓反复,还要找出抓手,级级抓、层层抓,一抓到底。

偌大一个中国,不抓行吗?当然要抓,又有不少官员抓一把就走。

有了一个"抓"字,领导的意志,便能成倍地放大,当然,有"抓"就有"被抓",许许多多"被抓"的人,只管埋头做。

抓,是手的功能,放,也是手的功能,然而,抓惯了,还会放么?

看来,"抓",好像还是会一直地强势下去。

最卑微的汉字：爬

汉字中,何字最卑微？

各有各的说法。依我看,最卑微的汉字,应是"爬"字。

何谓爬？

手脚伏地而行,称之为爬。这"爬"字,实在卑微。

其实,最早先的人,就是爬的。天苍苍,野莽莽,险恶的原始生态,万物竞生,适者而存。丛林中的原始人,爬树攀岩,爬高蹿下,留下了艰辛爬行的足迹,顽强地生存了下来。

天佑吾人,人不负天,让人终究告别了爬,挺直腰杆站了起来,昂起头,抬起眼,手能抓,脚能跑,手脚分工,丛林的格局从此改变。

人之站立,大概是人最早享有的尊严,也是人之为人的永恒的尊严。

至此,爬,似乎功成名就,功德圆满。"爬"字,随着人的不必爬,在汉字字库里应是难得一用的字。

然而,人世间的事其实难料。现如今许许多多的人,总以为爬比站立好,竟依然在爬,爬了一生,爬了一世,爬了一代又一代,爬得艰难,爬得辛酸,却也爬出了功利。

文人在爬,这是文人自诩的。不知何时起,把写文章,自嘲为"爬格子",意思是伏案埋首,让一个一个文字爬上方格,爬满方格,爬成一篇一篇文章,出书的人、办报的人、机关里行文的人,好像莫不如此。照理,文字个个自由、鲜活,经过文人手笔,或天马行空,独领风骚；或飞流直下,势不可挡。字成文,文如人,顶天立地之人,写出意气风发之文；堂堂正正之人,写出正气浩然之文。抬头问天,低头察地,荡气回肠的文章,不是爬着写出来的。而"爬格子",则全是另一番景象：说是字在爬,其实是人在爬,已经俯首帖耳,装作咬文嚼字,已经照搬照抄,装作一挥而就,这样爬出来的文章,连自己都不要看。

文人之不幸,乃是将格子成为文字最后的归宿,而这归宿,竟然是爬着进去的。

　　做官的人在爬。"官"字下面两个口,顺着杆子往上爬,这是民间对官员的描述。官场上,有不少的人爬着做了贪官、做了昏官、做了庸官。照理,做官的人富贵不能淫,威武不能屈,哪里能卑躬屈膝地往上爬?然而,爬,却成了一些人的为官之道,手脚伏地,显得勤勉忠良,于恭顺中现出谨慎;摧眉折腰,显得温厚乖巧,于奴颜中透出稳重。这爬字,是贪官的防身术,是昏官的障眼术,是庸官的看家术。爬有如此之术,便越发地通行起来:只要有人爬,便会有人跟着爬;只要有路可爬,便会顺路而爬;若是大家都爬,便会挤着爬、争着爬、抢着爬。只有爬,才能尽显奴才本色,当然,也只有奴才,才会有爬的资格。

　　当官的人,个个都知道"爬得越高,跌得越重",却总有一些人寻死一般地照样爬。

　　能写文章的,当是有思想的人,能做官的,当是有权威的人。这有思想、有权威的人,都在卑微地爬,做百姓的还能不爬么?于是,又有了许许多多谋生的百姓,爬山、爬坡、爬坎,这种爬的味道,当然与爬格子、爬官场不一样,然而总归是爬,而一旦有了糊口的饭碗,百姓的爬还得更加小心翼翼。

　　已经站立起来的人,还都如此心甘情愿地爬,心力交瘁地爬,全然不顾尊严地爬,这"爬",还不卑微么?

时代缩影的观察

不必在意的"世界第一"

据国家新闻出版总署消息，2009年，中国生产图书30万种，70亿册，出版发行报纸439亿份，中国图书出版品种与总量居世界第一。

发明了造纸和印刷术的文明古国，终于在图书出版领域创造了世界第一，算是名至实归。

相对于另类的世界第一，如打火机、领带一类的产品，图书出版的世界第一，含金量自然不一般。低档打火机、低档领带，中国稳居第一。此种第一，其实饱含着难以计数的人力资源，投入的劳动力和劳动时间如天文数字一般，挣回的却是一点点微薄的加工费。这样的世界第一，说是第一，其实心酸。

在低端领域以低端产品，漂洋过海，屡屡创造"世界第一"，与一个大国而言，如何相配？

如今，在图书出版这样的文化高端领域，中国人总算扬眉吐气。天量一般的图书，足以培养天量一般的民众，可以期待，文雅、文明，也会名至实归。

几乎同时，《人民日报》海外版刊登了全国政协委员、中国出版集团公司总裁聂震宁的文章，呼吁全民读书。据第6次全国国民阅读调查结果显示，2008年我国全民阅读率仅为52.45%，比1999年的60.4%下降了7.95个百分点。国民年人均阅读图书4.5本（人均图书消费1.75本），远低于韩国的11本，法国的20本，日本的40本，以色列的64本。聂震宁委员更是忧心如焚地指出"人均阅读量在总体上呈下降趋势"。

中国人怎么了？中国人爱喝酒，爱打牌，爱洗脚，爱唱卡拉ok，爱聚在一起胡天海地地吹牛，却唯独不爱读书。人均阅读图书4.5本，还是靠18周岁以下的未成年人在支撑，若扣除这一群体，人均阅读率更惨。国民不爱读书，好像无关紧要，然而在文明世界，却让大国国民的颜面尽失。

失去的岂止是颜面，最根本的是素质。一群不爱看书、不愿看书的人,不会有头脑,不会有思想,也不会有眼界,不会有智慧,基本上是一批乌合之众。依靠乌合之众,又如何走上文明复兴之路?

中国人为何不爱看书?这又是一个让人深思的问题。这稳居"世界第一"的出版量,都在出版些什么?这谁都难以回答。当然,还是可以凭着推理,从正面回答一二:

其一,出版物当是以内销为主,也就是说,写出来是给中国人看的。外国人看不懂中国的书,且不说汉字的难读难懂,就连许多的名词概念亦都充满中国特色,诸如"五讲四美三热爱"、"廉政教育要从娃娃抓起",让外国人怎么都弄不明白。中国人用中国眼光看中国的书,应该是十分地轻松;

其二,出版物的质量当是没有问题,这很重要。中国的一些产品老是出问题,"问题产品"又岂止是一般性的问题,在吃的、喝的产品里面投毒下毒,都已到了谋财害命的地步。市场管理部门、质量监管部门,面对汹涌而来的假冒伪劣产品,屡屡失守,只能呼吁民众自己"擦亮眼睛"。相比之下,图书的质量令人欣慰,高扬主旋律,大唱正气歌,应是图书出版的主格调。乃至有人发表文章,建议要像管图书质量那样地管食品市场。

图书不仅质量好,而且精品无数。国家级的奖项、专业类的奖项,以及各省各市自己设置的奖项,极为丰富,自然也极为震撼。许多书还未上市,就已一路叫好,好书之好,好书之多,已经让人都看不过来。

图书质量好,当然有赖于一支庞大的作者队伍,教授、学者、明星、艺人,商人、老板,大官、小官,让作者队伍浩浩荡荡,各行各业都忙着出书,自然是题材丰富,内容感人,特别是许多官员、学者的书籍,写的都是非常重要而又通俗易懂的道理,让人一看就懂,认真地读,一辈子都会受益匪浅。

如此多的书,如此好的书,还不够看么?

然而,中国人就是不爱看书,如此低的阅读率,不知是不是算错了?不过,睁大眼睛看看,饭店、酒店、歌厅、美发厅之多,远远超过书店,甚至洗脚店也比书店多,可能已经说明问题。更何况,但凡中国人自我查找问题,当首第一条必是"不看书、不爱学习"。人均阅读率应是真的。

看来,这样的"世界第一",不必太在意。

换一种活法,如何?

中国人该有怎样的活法,其实是命里注定的。

偏偏很有些人,总是拿中国人与美国人作对比,好像只有这样的对比,才能比出现代化的差距,甚至把这种差距作为中国人现代化的一个目标。

美国以占世界5%的人口,却消耗世界三分之一以上的资源,美国人这样的活法,中国人能学么?

倘若一定要学美国人,《B模式3.0》一书的作者莱斯特·R·布朗先生算了一笔账:

假如每个中国人都以美国今天的水平消费纸张,则到2030年中国14.6亿人口的纸张消费量,就将是今天全世界纸张生产总量的两倍,全世界的森林将无望存在。

假如中国人和美国人一样,每4个人拥有3辆汽车,那么到2030年中国将拥有11亿辆汽车。为了配备所需的公路、高速公路和停车场,中国所需占用的土地将相当于现在的稻谷种植总面积。同样,11亿辆汽车每天将需要9800万桶原油,现在世界的原油日产量为8500万桶,全世界的原油储备将不复存在。

布朗先生的预测似乎耸人听闻,在中国人眼里,更是一种打压。然而现实的严峻,远远超过布朗先生的预测。据国务院发展研究中心和世界银行联合研究报告《中国:推进高效、包容、可持续的城镇化》中方执行负责人之一、国务院发展研究中心副主任韩俊披露:"中国有69个资源枯竭型城市,占118个资源型城市的58.5%;400多个缺水城市,占661个城市的2/3以上;500个大型城市中,只有不到1%的城市达到世界卫生组织空气质量标准。"资源枯竭与环境恶化,显然给中国城市发展亮起了红灯。

无节制无约束的汽车消费,似乎也在印证布朗先生的预测,以杭州市为例，2011年9月，杭州市机动车保有量约为200万辆。从2013年2月开始，杭州市汽车保有量以月均1万辆以上的速度增长，杭州市每月便有20多公里长的路面被汽车吞噬，疯狂的汽车，追逐有限的空间，根本无视人的存在。汽车尾气制造的空气污染，弥漫难散，整座城市乌烟瘴气，让人张不开口、呼不下气。杭州如此，全国其他城市都如此，中国人刚开始享用汽车，便已面对汽车成灾的苦果。

中国人的餐桌，同样不安全，这自然是中国人自找的。一向节俭的民族，居然忘乎所以地挥霍，人人都在追求"舌尖上的快乐"，吃喝无度，那按自然规律生长的鸡鸭鱼肉，蔬菜瓜果，又如何接济得上？人疯狂地想吃，自然得让地上爬的、地里种的，都疯狂地长。"谁知盘中餐，粒粒皆激素"，各种有毒有害的食品，已经到了躲无可躲的地步。中国人自己让自己的命不值钱。这样的"活法"，其实是"死法"。

中国人自然还得活，还得有尊严地活。那就得换一种活法，找一条适应中国人的活路。

天下的活路颇多，于中国人而言，如此惊人庞大的人口规模，只能选择一条节约的路、节制的路、可持续生存的路，这就是中国式的现代化道路。人口如此众多，资源如此有限，中国人只要自由而健康地活着，便是知足的活路。

世界上自然有许多现代化的国家，各项人均指标遥遥领先。中国人没有这样的命，走一条节俭节省的现代化道路，兴许是对人类的大贡献。

中国人眼中的美国国名

United States of America，美利坚合众国，英文简称USA，一个在全世界无所不在的国家称谓。

据说，美国公民护照颇有美国特色，标注着一段文字：不管你身处何方，美利坚合众国始终是你强大的后盾。这样的文字，这样的口气，显出美国在全球拥有的无可比拟的强大国力。国民持有这样的护照，自然是一份荣耀。

如此显赫的美国国名，在中国，却曾经有过一段让人啼笑皆非的经历。美国国名的中国称谓，竟然几易其名，看似变化多端，内中隐隐折射的却是中国人对美国从初始的一无所知，到后来又有说不出的爱恨情仇。

据梁建先生在《国家人文历史》载文披露，"自美国进入中国人的视野以来，中国人对其国名称谓多达60余种"。这颇有笑话的味道，似乎对美国这个国家，爱怎么称呼就可怎么称呼，任由民间自行取舍。官方没有设置一个统一的称呼，美国这个国家在当时中国人眼里，可谓无足轻重。

据梁建先生所述：1784年，美国商船"中国皇后"号来到广州。广东民间有以外国国旗来区分某国人的传统。美国星条旗上蓝白相间的星星，在广东人看来有点类似于花，故而美国被广东民间称为"花旗国"。

广东民间对美国形象的俗称，竟然叫响了。"花旗国"即美国，在老百姓中植下了根，这也意味着，美国之进入中国，首先是进入中国的民间，当官方对美国还是茫然无知的时候，中国民间已经有了自己的第一印象。"花旗国"，在中国人对美国的林林总总的称谓中，应是一个颇有代表性的称谓。

彼时，大清王朝自诩"天朝大国"，世界诸国在"天朝"眼里，只不过是"蕞尔之邦"。天朝大国居高临下，无论世上何国何族，都不在"天朝"的眼里，若外国遣使来华，也只能算是"万邦来朝"，自然慑之于"天朝之威"。一个堂堂大国，竟然无视世界之翻天覆地，其实露出了败亡之兆。

在这等文化心态下,美国国名在中国自然不会有像样的称谓。梁建先生查证:"1820年,美国国名第一次出现在中国人的著作《海录》中。"《海录》中把美国称为"咩哩干国",这应是采取音译取名的方式。对美国的另外称谓,如"呵嗻哩噶",也是America的音译。"咪唎㗇"国则在很长一段时间内为中国官方对美国的正式称呼。然而,"咪唎㗇"国都加上"口"字偏旁,在中文语境中,自然带有歧视的色彩。

自命"天朝"的眼光,其实囿于国门之内,看不到一个崛起的世界,这自然是中国的悲哀。

由"咪唎㗇"转音为"美利坚",已是晚清时期。美国经济与社会已然显出无可争议的生机和活力。其时,美国国力的雄厚及其对清政府"借师助剿"等"亲善"举措,使清廷的各级官员对美国的印象有了根本性的改变。"美利坚",这三个在中文中极具美好意义的文字,全部安到了美国国名上,这么美好的中文称谓,在中国对世界诸国的译名中,唯有美国独享。

美利坚合众国这一称谓,至新中国成立后,便鲜见于报端。美国支持国民党与中共内战,此后又因朝鲜战争、越南战争,中美关系降至冰点,美利坚合众国这一称谓,在中国便被"美帝国主义"这颇有政治色彩的名字所取代,简称"美帝"。在官方宣传和文艺作品中,美国是邪恶的化身、战争的魔鬼、财富的掠夺者,只有"美帝国主义"才是美国嘴脸的形象称谓。

美帝国主义的这一厌恶称谓,直到20世纪70年代初中美两国元首主导的《中美联合公报》签署以后,才慢慢淡出了中国的媒体,"美利坚合众国"又回到了中国人的视野中。

美国的国名称谓在中国的起起落落,显出了中国人对美国的爱恨情仇。"太平洋很大,完全容得下中美两国",这是二十一世纪中国领导人新的战略眼光。过往的封闭无知与仇视敌视,都进入了历史。中华人民共和国与美利坚合众国这一对当今世界最大的战略伙伴,正在构建人类历史上从未有过的新型的大国关系。

远隔重洋,中国人还是应该对太平洋彼岸的美国人说一句:美利坚合众国,我们把最好的中文称谓毫不吝啬地送给了伟大的美国人民。

美国,美好之国,这大概也是中国人的美好祝愿。

怕死的美国人

人高马大的美国人，竟也怕死。

尹钛先生所著的《美国精神》一书中，记录了这么一个小故事：

一位日本军人，当年和苏联红军、中国的国民党军、英国军队全打过仗，最后在菲律宾从美国人手里九死一生地捡回一条命。

这位日本军人跟多国的部队交过手，最怕的是美国人，为什么？他的回答足以让人大吃一惊：因为美国人怕死。

日本军人说："怕死的军队最可怕，你没法把他弄死。美国人怕死，躲在坦克、推土机后，你打不到他。而他因为怕死，不把你打没了不肯罢手。没有打到一半肯停手的。"

还有一位二战时日本的海军飞行员也说，和美国人没法打仗。中途岛的时候，日美舰载机的性能差不多，但是美军飞行员一上天，就玩了命地打，油用完了就往海里跳。他们知道飞机不值钱，性命值钱，肯定会有人来救援，所以美国人见了日本人就缠住不放，往死里打。只有把对手打得粉身碎骨，才能保得住自己的性命。

日本军人怕美国人，看来有一定的道理。但凡把将士的性命当性命的军队，是可怕的。二战末期，为了减少美军士兵的伤亡，为了反法西斯战争的决胜，美国对日本不惜动用了恐怖的原子弹，让穷凶极恶的日本军国主义遭到了致命的打击。

美国军人怕死，警察也怕死。美国的警察训练有素，装备精良，耀武扬威，气势吓人。尽管如此，却也怕死。在执勤中，若犯罪嫌疑人无视警告，稍有抗拒，警察便先发制人，不惜以任何手段将对方击倒，无论如何也要保证自己的安全。

怕死的人，把生命放在至高的位置。19世纪末期，防弹衣由怕死的美国人研制生产。当美国士兵用防弹衣挡子弹的时候，中国的义和团们宁可用自己的大刀和长矛，也不要洋人的枪炮，袒胸露臂，高喊"刀枪不入",一批倒下,一批再冲上去,前赴后继,如此勇猛地不怕死,最后都是悲惨地死去。

防弹衣自然是给怕死的人穿的。朝鲜战场上,美军因装备了尼龙防弹衣,在激烈的交战中,使士兵胸、腹部的致死率降低65%,多少人从残酷的战场上保住了性命。

荷枪实弹的军警尚且怕死,普通的美国老百姓更是怕死。在美国,只要愿意,人人都可以握上一支枪,以枪壮胆,用枪保命。早在1791年,美国宪法第二修正案就作出规定,"人民持有和携带武器的权利不得侵犯"。几百年下来,枕着枪睡觉,捏着枪防身,已经成为美国人的生活方式。美国人的私宅,风能进,雨能进,国王不能进。若有人误闯私宅,说不定主人已经端枪瞄着你。如今,美国的枪支泛滥,枪击事件不断。然而,要取缔枪支谈何容易,美国人绝不让自己的生命置于危险的境地,用枪支防身保命是美国宪法赋予的权利,怕死的美国人自然备足了枪支弹药。

美国人的怕死,其实源于对生命的珍爱。在美国,孩子的生命至高无上,对孩子生命安全的保护是最大限度的,比如,校车有鲜明的颜色和最牢固的设计,学生放学时,所有的车辆必须无条件停下来,让校车先行,这是法律规定,并成为美国人的理念:要像保护总统一样保护孩子的安全,未来的美国总统就在这些孩子中。

这种对于生命的珍爱,已经成为美国人的价值观,哪怕逝去的生命,同样至高无上。半个世纪前的越南战争,美军伤亡惨重。直到如今,美国仍然在寻找那些在柬埔寨、越南、老挝等国家失踪的美军士兵遗骸,兑现"让每个人回家"的承诺,任何人只要找到阵亡美军士兵的遗骸,便可得到25万美元的奖励。对找到的遗骸则盖上美国国旗,隆重地送回国内。

美国人如此怕死,如此地拿命当命,这样的国家,这样的人民,自然要另眼相看。

美国人的算术功夫

美国人的算术功夫好像不怎么样。

有证可据。《环球时报》2013年10月10日报道:经济合作与发展组织发布的一份报告显示,美国国民的读写和算术能力低于经合组织成员国平均水平,其中青年人算术能力在参加测试的24个国家与地区中排名倒数第一。

美国人的算术能力,常被国际媒体嘲讽,类似的评价似乎年年都有。中国的媒体报道这类消息,当然也不忘为中国人的算术能力而得意。中国人精于算术,常在相关的竞赛中,拔得头筹。

我多次到美国公务,也曾实地领教了美国人的算术功夫。其实,美国的普通民众,在日常生活中似乎已经用不着算术。但凡需要消费的场所,计算机计价、刷卡结账,转眼之间便办妥了。计算机、信用卡的普及,谁都懒得再一笔一笔地记账,一分一分地算计,这算术本领也就慢慢地退化。

美国人的算术功夫,若与中国人相比,自然逊色。比如一个旅游景点,在美国人眼里好像不是赚钱的金饭碗,往往是免费参观或者"一票通"。而中国人则会拆散细分,游客到处买票,不停地买票,买票与卖票,大家都在不停地做算术,这中间该有多少的算计与计算。又比如建一个超市,美国人哪里地旷人稀,就在哪里建,好像有点不动脑子。但是建成后,却引来大批的消费者。而中国人计算人流、客流、车流,在人气越旺的地方,越是去开店设市,最后是路堵、车堵、人堵。而且,中国人大概穷得太久了,许多人锱铢必较,毫厘必计,这算术功夫自然不差。

美国人大大咧咧,疏于小算术,却精于大算术,特别在关系国家与民众命脉的大事上,从来都算得明明白白,半点都不糊涂。当年的越南战争,美国人输得很惨,飞机、军舰除了打仗,还有一个任务,就是运送美国大兵的遗体回国。战后,美国政府在华盛顿建起越南战争纪念碑,黑色大理石的碑面上把58156名战争死难(失踪)者的姓名,一一刻上。在战争中捐躯的每一条人命,都被国家和民众牢牢地记住。这 58156 名死难(失踪)者,自然是自下而上用心地算出来的。

美国人对中国的算术功夫,其实也非常了得。比如当年晚清政府的庚子赔款,意想不到地被美国人做出了极其高明的算术。

1901 年,晚清政府与西方列强签订了丧权辱国的《辛丑条约》,其中美国应得白银 3200 多万两。当时这笔巨银,对正在崛起的美国,自然是一块难得的肥肉。然而美国政府中富有远见的政治家却在算另一笔账:将赔款退还中国,用于选拔留学生赴美深造。时任美国总统罗斯福向国会提出"我国宜实力帮助中国厉行教育,使此巨数之国民能以渐融洽于近世之境地",得到国会同意,将庚子赔款专款用于中国选派留学生赴美,并规定不低于 80% 的学生应攻读农业、机械工程、矿业、物理、化学、铁路工程、银行等专业。对中国文化进步有杰出贡献的胡适先生就是当年庚子退款的留学生之一。中国如今数一数二的清华大学,其前身即清华留美预备学校,就是因庚子退款选拔留学生而建立的,十多年间,派出的留美学生就达一千多人。此后,中国政局动荡,许多院校经费不保,而唯独清华的年度预算终因美国的退款而有保障。一般的国家、一般的人,会做这样的算术么?

美国人对中国的算术,竟比中国人算得还准,这自然又是一种了不起的算术功夫。二战的尘埃尚未落定,当时的美国总统罗斯福认为,中国五十年后必是世界强国。彼时的中国,饿殍遍地,百业凋零,经济民生都已气息奄奄,谁会相信罗斯福的这种判断。五十年后,中国果然列入世界强国行列。政治家的算术头脑,竟是如此地精准。

美国人的大眼光、大算术,其实是世界一流。世界最大的计算机产业在美国,信息高速公路又由美国提出,率先开通。美国强大的数据信息系统如今又将全球海量的数据,尽情地吸纳了过去,大数据时代,看来又将被美国所主导。

大手大脚,不精于算小账的美国人,其实是有着常人所不及的大计算。

时代缩影的观察

丑闻与丑事

丑闻与丑事，两者自然是一回事，但也并非全是一回事。

但凡丑闻，一定是丑事。而丑事，在许多时候，往往就是丑事，不一定成得了丑闻。

在美国，丑闻奇多，军队里有性侵犯，监狱内有虐囚，反恐战争中又有虐俘，一旦让媒体获悉，便大做文章。这个世界上头号发达的国家，好像总是被丑闻缠住。

美国有两位在职总统，先后曝出了世界级的大丑闻。

一位是尼克松总统，在1972年的总统大选中，为了取得对手民主党内部竞选策略的情报，派人在华盛顿特区的水门大厦民主党全国委员会办公室，安装窃听器。丑事曝光后，参众两院和新闻媒体穷追猛打，专案调查，国会质询，对丑闻的围剿历时两年。最后，尼克松总统终于不得不向全国发表辞职讲话，成为美国历史上第一位因丑闻而黯然下台的总统。

另一位是克林顿总统，他与白宫女实习生莱温斯基"不恰当关系"的丑事，被发现后，立即被媒体捅了出来，引发政坛的狂风巨浪。克林顿先是被众议院弹劾，好不容易涉险过关。之后又在参议院遭弹劾，在生死攸关的听证会上，这位世界上最强大国家的权力掌门人，经受长达4个多小时的审问、质询与自辩，虽然最终被判无罪，然而总统颜面扫地。当筋疲力尽的克林顿总统被媒体追问此时的心态如何时，总统的口才确实一流，一句"我觉得自己有了从未有过的成熟"，似乎又让总统回到了品行的高端。

如今的奥巴马总统看起来安分守己，却也被丑闻缠上了。美国一名小小的情报分析员斯诺登，竟然有胆量向全世界揭发白宫对各国政要的电话监听，一夜之间，白宫内的丑事，竟然酿成世界性的丑闻，舆论顿时哗然。奥巴马总统也被陷入丑闻的漩涡。

美国社会似乎也唯恐天下不乱，嫌丑闻不够多，竟然无中生有地编造丑闻。在美国热播的电视剧如《反恐24小时》《纸牌屋》里,就有临阵脱逃的总统,里通外国的总统,凶险淫乱甚至杀人灭口的总统。这些电视剧,让至高无上的美国总统,成了丑陋不堪的猥琐小人。这样子虚乌有的情节与故事,也只有在美国能拍摄、能播放。这种"逐丑"的文化,把总统贬得如此邪恶,自然是让美国人警惕:总统也是人,总统也会变坏变恶。唯有制度的囚笼才能管住总统。

世界上很多国家风平浪静,看似没有丑闻,其实暗流汹涌,危机四伏。罗马尼亚社会主义共和国第一任总统齐奥塞斯库,在其执政后期大搞个人崇拜和家族统治,丑事连连,却从未有丑闻听说。据报上登载:这位酷爱极权的总统喜欢听掌声,被称之为"奇书"的《齐奥塞斯库选集》,内里每一篇文章,也就是齐氏在历次会议上发表的讲话正文之中,都标注着与会者的掌声和欢呼。在该国共产党十一大工作报告的结尾段落,全部字数连同标点共243字,竟有六次暴风雨般的掌声。齐氏每讲不到40个字,就要接受一次如沸腾一般的掌声和欢呼。以人的语速每秒4字计算,齐氏每讲话10秒钟就要被热烈的掌声打断一次。如此"深受爱戴的领袖"齐奥塞斯库,在席卷全国的政治动乱中,却如丧家之犬,任何对他曾经狂热般鼓掌的人都没有施以援手。可怜的齐氏夫妇,被罗马尼亚人民无情地抛弃之后,丑闻才水落石出,于齐氏而言,自然为时已晚。

这种在台面上享尽风光,在台底下干尽丑事的政治人物,实在很多。伊拉克的萨达姆,利比亚的卡扎菲,都是以强权建起铁幕国家,媒体和舆论铁板一块,哪里会有丑闻?席卷一国的,都是山呼海啸一般的欢呼与拥戴,巨大的光环,罩住了权力之下卑劣不堪的丑事,直到权力的崩溃。

其实,任何国家任何制度,都有丑事,丑事是人性的弱点使然。但凡行丑者,都想包藏得密不透风,掩人耳目。

而丑闻,则是对丑事的公开,以阳光对腐朽,以正义对非正义。只有民主的制度、健全的法制,才会对丑事给予制度性的曝光和惩处。

丑闻来自于丑事,却能给丑事带来灭顶之灾。

看来,这丑闻与丑事,竟然相生相克。

第 五 辑

中国的墙,真多。

围住一个家的,称为围墙。

围住一座城的,称为城墙。

围住一个国家的,称为万里长城。

厚厚实实的墙,巍巍然,凛凛然。有形的墙外是无形的墙。

世世代代传下来的墙,任凭风吹雨打,总归厚实坚硬。

其实,最厚重的墙,是在人的心灵深处。

有感于总理逛书店

百忙之中的总理也逛书店了,这自然让读书人眼睛一亮。

2014年11月21日,国务院总理李克强在视察杭州运河时,顺道走进路边的晓风书店,关切地询问书店的经营情况,并经书店老板推荐买了两本书。

杭州的各大媒体争相报道了这则平常又不平常的新闻,冷清惯了的书店,热闹了一阵。

领导干部爱看书,总被称道。20世纪80年代,上海市委书记汪道涵,是一个书迷。每至周末,稍有闲暇,他便去书店,在密密排列的书架中挑选翻阅,林林总总买上一批,还忘不了挑上几本,买了送给身边的工作人员。书店知道汪道涵的爱好,有新书到店,便给他收藏着。汪道涵每去书店,都是悄悄来去,书店也总是给他一片静谧,从不惊扰。汪道涵的嗜书,是当年上海滩上的一段佳话。这样的官员,用今天的眼光,怎么看,都觉得非常遥远。

如今的官,当然不是上世纪的了。只要当上了官,都说忙得没有时间看书,其实是在唬人。但凡爱看书的,总是有时间可挤。至于有些官,原本就不看书,吃喝玩乐,声色犬马,书外自有黄金屋,书外自有颜如玉,"一寸光阴一寸金",哪里还会舍得如此金贵的时间,往书店跑,笨笨地、冷冷地读书。

如今的贪官,贪的本领十分了得,不断有贪官事发的消息传来。一旦查处,便是抄家,往往能抄出整房的珠宝玉器、古董珍品、金银现钞,却从没有听到满屋的藏书。有视财如命的官,却鲜有嗜书如命的,这大概是贪官的耻上加耻吧。

中国的百姓,也越来越不爱看书,有关部门每年都会公布国民阅读率一类的统计数据,如果还有一点羞愧心,这丢脸的数据,其实在狠扇中国人的耳光。中国人开店,最难的便是开书店。这书店,得有好的书,得有雅的人，至少，得有看书求上进的人。照理，"文革"禁书的时代早已过去，然而，这些不看书的人，始终厌书、烦书，远远地躲着书，这书店总是冷冷清清，一家一家地少下去。有点头脑的书店老板，趁早改头换面，开起了生意兴隆的酒店、饭店、洗脚店。

如今的市场，最热闹的应该算是网商了。中国人买杂货、买便宜货的劲头堪称一流，2014年的"双十一"，一天网购的金额创下天量的571亿元，各种散货、陈货、新开发的货，随着无可指数的物流，在本已塞车满满的马路上寻隙飞奔，给全民消费浪潮平添了一道让全世界都目瞪口呆的"黄金抛物线"。相比之下，无人追捧的图书，有这般福气么？无人光顾的书店，有这种运气么？绝大部分的中国人，其实不爱书。

看来，中国缺的不仅是书店，更缺的是从官至民的读书人。

平心而论，爱书的人，总还是有一些，真正的读书人，若能从少得可怜的书店里，寻到一本好书，便如掘到宝一般地欣喜。

这少得可怜的书店，还在少下去，倘若总理再来，还有书店可逛么？

有感于《舌尖上的中国》

中国人爱吃,是出了名的。

中央电视台拍摄的长达七集的美食纪录片《舌尖上的中国》,把中国人的爱吃上升到"舌尖上的中国",对于每天为吃而活着的人来说,自是一片叫好。

有权威媒体专门评论,"吸引无数观众深夜守候,垂涎不止","让许多人流下感动的泪水",并由此"升华到爱国主义的境界"。

看来中国人的吃,竟然到了吃出情感、吃出境界的地步了。

其实,中国人历来爱吃,把吃当作享受、当作口福,有关吃的文化、吃的历史,源远流长。苍天有眼,让这个国家物产丰富,江河湖泊,漫山遍野,都有无尽的产出,成就了中国人的一张嘴。

以前大概是穷的缘故,中国人逢年过节,基本上就是一个"吃"。如今富裕,也还是一个"吃"的命数,只是吃得更多、更精、更挥霍。相当一些人,哪怕吃掉了健康,吃掉了性命,都在所不惜。

当然,中国人也很有吃的胆量。从敢吃螃蟹、敢吃乌龟,到匪夷所思地吃老鼠、吃蜥蜴、吃蜘蛛,乃至水煮活猫、生吞蛇血。这种吃相,恐怕也是闻所未闻的。

百姓以吃为乐,以吃为福,享受舌头上的自由,无可厚非。只要吃得文明、吃得健康,尽可由着百姓去吃。国家媒体、高层评论大可不必推波助澜,让本已爱吃的中国人,现时竟可戴着"爱国主义"的帽子,世世代代地吃下去。

整天想着吃的人,不会被人瞧得起;整天津津乐道于吃的民族,大概也不会被人瞧得起。

一个优秀的民族,总是有至高的追求。倘若中国想崛起在世界文明的殿堂,拥有荣誉、享有尊严的一席,不妨从"舌尖上的中国"走出来自省一番:

中国人把多少时间投入到吃的上面，却没时间看书学习。近年来，国民阅读量逐年下降，年人均阅读图书仅 4.5 本，大大低于韩国的 11 本、法国的 20 本、日本的 40 本、以色列的 64 本。而我们每年人均 4.5 本的阅读量，相当一部分还是靠 18 周岁以下的未成年人在支撑。若还有点脸面，中国人当是羞愧的。

中国最多的是饭馆酒楼，到处灯红酒绿，举目皆是挥霍无度的吃喝。书店、图书馆、阅览室，这些人类成长不可或缺的精神殿堂，不断地被压缩、被挤出，在酒楼林立的繁华都市，已经少得不知去向，这自然是现时中国人很有些丢脸的价值选择。

中国人长于吃，精于吃，想方设法地吃，算是吃出了一个"舌尖上的中国"，然而在人类科学技术发明创造的领域却鲜有建树。影响人类二十世纪生活的 20 项重大发明中，没有一项由中国人发明。在全球化时代的文学领域、哲学领域、制度领域，我们仍然没有打动人类情感的新作品、照亮人类前进的新思想、影响人类发展进程的深远而重大的典章制度。

我们拥有数不清的烹饪大师，却拿不出学术大师。

我们整天热热闹闹地享受美味与美食，却从来顾不上安安静静地体验哲学、文学、艺术等思想与精神领域的美感与美妙。

一个舌尖上的中国，是无法在世界上挺立起来的。

"舌尖上的中国"，看来是对中国幽默了一番，这个近似讽刺的称呼，足以让我们警醒：倘若我们一味地追求舌尖上的享乐，我们还将卑微地活着。

墙的悲悲喜喜

中国的墙，真多。

照理，有多少房，便有多少墙，这在全世界，大概都是一样的。然而在中国，墙却出奇的多。

围住一个家的，称为围墙。

围住一座城的，称为城墙。

围住一个国家的，称为万里长城。

这还不够，城墙上面再筑起短墙，称为女墙；房屋顶上也筑墙，称为山墙；宫室内还要筑墙，称为萧墙；富贵人家立起高墙，普通人家砌起护墙。

各种各样的墙，有土夯的，有砖砌的，有石垒的，或逶迤起伏，或拔地而起，在不同的所在，显示不同的气势。

墙的最大气势，大约算是"包围"之势，先祖造字，便暗隐着这样的心机。"墙"字，其右下方是端端正正的"回"字。而"回"字，则是一个大"口"，密密实实地围住一个小"口"。中国人回家，便是回到层层叠叠的墙里面。

中国最有气势的墙，是万里长城，壁立陡峭，巍峨险峻。始皇帝建长城，本想御敌于国门之外，保万世之太平。却不想城墙之内，竟是连绵不绝的同族相诛，同室操戈。

纵然如此，历朝历代坚信高筑墙、广积粮为立国之道，浩浩荡荡地修墙、造墙，哪怕掏空国库的真金白银，也要树起国家的铜墙铁壁。万万没想到，高筑城墙，筑起的却是封闭与困守。封闭酿成内乱，困守引发恶斗。城墙愈多，战火愈频；城墙愈厚实，国家愈危殆。

民间百姓也热衷于造墙。防盗墙，风火墙；外墙，内墙；夹墙、灶墙。一道道，一堵堵，室内有墙，室外还有墙，墙外又有墙，中国人构筑起墙的世界，殊不知，把世界也挡在了墙外。

中国人造墙，本意是求安宁、保太平。然而，墙太多，人与人的隔断也跟着多，这墙内墙外的事，便有了戏剧性：让人开怀一笑的是，隔墙有耳、墙内开花墙外红；让人嗟叹不已的是，祸起萧墙、红杏出墙、兄弟阋于墙。这墙后面，竟是莫可指数的啼笑皆非和家国情仇。中国历史上，多少悲喜的故事，都发生在墙内外。

厚厚实实的墙，巍巍然，凛凛然。可世上终究没有坚不可摧的墙。一旦有了缝隙，中国人又善于挖墙脚、掏墙基，更有人骑墙观望，乃至墙倒众人推，推倒了又重来，这是墙的悲喜，也是墙的命数。

墙，到了现代，好像更加的威风。"文革"时期，墙俨然成为战场，凡有墙的地方，都被贴上了诬人、整人、杀人的大字报。这纸糊的"墙"，竟然如乌云般罩着，让墙下的人辨不清是非、找不到方向。

中国人还喜欢让大标语上墙。从"知识青年到农村去"、"只生一个好"、"要致富先修路"到如今"垃圾分类，学会做文明人"，平整的墙，斗大的字。只要有墙，便有标语，墙愈大，标语愈震撼，一个时候便有一个时候的标语。人筑起了墙，墙却挡着人，人老老实实地跟着墙走。

墙，历尽风霜，始终坚挺。如今的墙，愈来愈多。曲曲折折、高高低低的墙，围住了学校，围住了机关，围住了本该敞开的公共领域。一堵墙，让墙内墙外，内外有别。

墙，竟然还能赚钱，这是时下很多人的醒悟，让中国的墙进入了一个新的境界。许许多多的墙，围住了风景秀丽的公园，围住了祖宗传下的古迹，围住了一个个湖泊、一段段江河，甚至用新砌的墙，去围住往日的墙，比如城墙、古墙，哪怕傲视天下的万里长城，也被新砌的墙严严实实地封住了入口。墙，已然是收钱的闸门。墙的这般作用，自然让筑墙的人欢天喜地。

然而，让人哭笑不得的是，墙愈多，人愈担惊受怕。愈是看不到墙外的事，愈让人恐惧。在钢筋混凝土浇筑的墙外，装起了电子监控，有形的墙外是无形的墙；在重重的墙外，还有安保人员把守巡逻，这又成为时时警惕的人墙、移动的墙。墙，愈来愈先进，愈来愈有气势，人却愈来愈孤独，愈来愈害怕。

墙，依然还在建。开阔的大地，被墙划成一块一块，天地变小了，视野收近了。墙，如蜿蜒的长蛇，柔韧却又无情地盘住了一家一家的宅院，一幢一幢的公寓,一个一个的社区。每一个人都面对着无数的墙,难以逾越的墙。

世世代代传下来的墙,任凭风吹雨打,总归厚实坚硬。

其实,最厚重的墙,是在人的心灵深处。

别了，明信片

现如今的中国，已经很难买到明信片。

在杜克大学中国新校区执教的斯蒂芬·凯利先生，为了买一张中国明信片，花了整整7个星期，跑遍了其所在的昆山市的里里外外，这个将近200万居民的城市，就是没有明信片。

执着的斯蒂芬·凯利先生并不放弃，与他妻子坐上了时速约200公里的超现代化高铁列车，前往人口超过2000万的大城市上海，寻找那薄薄的明信片。最后，在所住宾馆的门房自己收藏的明信片里，他总算如愿以偿。

斯蒂芬·凯利先生将他购买明信片的经历，写成文章，发表在美国《纽约时报》的网站上，他写道："手写明信片相对稀少，表明人们已经匆忙走向数字化和失去个性的未来。看到中国文化和通信的一笔一画缩进了3英寸宽、5英寸高的屏幕中，看到精美的毛笔字简化成两个大拇指的点摁，真叫人悲伤。"

中国人远没有斯蒂芬·凯利先生的这一份伤感，我们在追求新生事物的道路上，跑得比谁都快，我们早就迈过了明信片时代。

别了，明信片。

这是因为中国人有了现代的通信方式，电话、短信、微信，那一份问候、一份情感，手指按动，瞬间即至。那传统的明信片，要购买，要书写，要寻找投递之处。一旦投入了黑黢黢的邮筒，便如投进了深不见底的世界，竟不知何时能至。相对于手机的通信方式，明信片只能羞愧地落荒而走。

别了，明信片。

这是因为中国人有了现代的表达感情的方式。短信、微信，记录了你的所思所想，轻轻地点击，便群发而去。但凡你需要告知的亲朋好友，无论人在何方，都能一眨眼都收到了你的情感和心意。那笨拙的明信片，需要你一笔一画地书写，一字一句地排列，一片一片地用心，还需要经历不知多少人的手,飞越不知多少的山水,才能飘入收信人的手中。明信片所传达的情感,是一份需要时间的情感,需要等待的情感。现代的中国人,自然没有这般的耐心,明信片只能被遗憾地抛弃。

别了,明信片。

这是因为中国人在现代化的进程中,总是不断地追求新颖,又不断地舍弃传统,甚至舍弃人最可贵的一些本质。现代的通信手段,改变了人们的书写和阅读:手指的点摁代替了传统的笔和纸,快速点击,让人不会写字;手机的屏幕代替了纸质的书报杂志,人们整天遨游在无穷无尽的信息大海中,无法分清虚幻和真实。明信片当然比不过强大的网络科技,它在中国被冷落,是再自然不过的事了。

其实,现代社会的明信片,依然有着自己独特的地位。

在许多科学技术高度发达的国度,明信片照样享有自己的一席之地。在机场、火车站,在宾馆、展览馆,在商场、书报摊,各种历史文化的、自然风景的、民俗风情等图案的明信片,精美、典雅,既不张扬也不自卑地陈列着。人们喜爱明信片,因为它单薄,却有活力;它简约,却有特色;它传统,却依然魅力无比。它是文化的缩影,是地域的窗口,是人们行走天下的足迹,也是人与人个性化的情感交流。满载生命印记的明信片,仍然其乐融融地和现代的人们生活在一起。

英国《卫报》常驻中国的一位记者,曾经在他的文章中引用了一些人的玩笑话:"在中国生活一个月可以写本书,生活一年可以写篇散文,而生活五年后可能只写得出一句话了。"这自然是戏言,却透出些微的真实。中国正在经历快速的变化,人们永无休止地求新,又毫不留情地弃旧,当一切都变得崭新的时候,中国人只能在博物馆里寻找自己的往日。

别了,明信片。

别了,与明信片有着相同命运的许多正在逝去的事物。

如此告别,让我们既无历史,也无未来。因为当未来一旦来临,也会迅即被抛弃。

笑不起来的笑话

近日,羊城晚报登载《电话初到中国时》的晚清轶事。

1882年,电话初到中国。英国人皮肖普,在上海正丰街至十六铺之间,铺设了一条电话线。对着话机,两地的人竟如面对面一般地对话,这样的神奇与新鲜,自然轰动了上海滩。

很有人不相信,认定是洋人做了手脚,决心拆穿外国佬的西洋镜。他们预设了通话内容,分别在正丰街和十六铺的两只话机上,实地操作,现场验证。当话机里传来对方清晰的声音时,才信服了电话的神效。

这是电话初到中国时的笑话。

其实,外来的技术只要进入国门,都会遭遇到类似的笑话,有的笑话简直让人哭笑不得。

1882年4月,外商在沪创办上海电光公司,试办电灯。最初是在电光公司、招商局码头等处安装了15盏电灯,是日晚间,这些在中国本土上从未有过的玻璃灯泡,一起大放光明,原以为照亮了黑暗,谁知道"人心汹汹,不可抑制",已经习惯了黑暗的民众认为电灯将引来雷击,惊恐不安,以致投石击灯。给世界带来光明的电灯,竟遭此噩运,这自然又是笑话。

1874年,英商修筑了从吴淞到上海的中国境内第一条铁路,30余里,每天开行六趟。火车贴地而驰,车轮滚滚,竟被国人视作败了风水,让地下的祖宗不得安宁。又不巧在江湾一带轧死一行人,民众情绪激愤,挥动铁锹铁棍,扒掉了路基,酿成风波。清政府在当地士绅的压力下,以28.5万两白银将这一铁路买断,全行拆毁。中国首条铁路竟以如此方式,建了起来又儿戏一般地自行拆毁,这个笑话算是闹大了。

当年的西太后,也是笑话的制造者。西方的汽车进入晚清内宫,这自然是亘古未有的稀奇事,也标志着交通工具将面临巨大的变革。西太后欣欣然地坐上了汽车,引擎轰动,车轮便转了起来,汽车与轿子当然不一样,正当享用之时,主事的太监猛然发现司机坐在太后的前排,这便坏了宫中的礼制,仆人能坐在老佛爷的前头么?竟然颇有"创意"地提出,要司机跪着开车,爆出了汽车史上空前绝后的笑话。

这样的笑话,实在笑不起来,似乎荒唐,却是真真切切地发生过。中国人对西方先进的科技文明,似乎总是从猜疑、排斥到最终的接纳,好像无比小心、无比的警惕,其实却是天大的愚昧与无知。李鸿章对国人的愚昧深恶痛绝,曾经极为无奈地说:"官商禁用洋人机器,终不得放手为之"、"文人学士动以崇尚异端、光怪陆离见责,中国人心真有万不可解者矣"。

同样的引进技术,在西方却有着迥然不同的命运。比如火药,自然是中国的发明,进入欧洲大陆,便身价倍增。欧洲人利用这一发明成果,开发矿业,打通路堑,深挖隧道,经济力量惊人地扩张。特别是以火药为武器的大炮,一举改变了战争格局,推翻了军事贵族为首的封建社会,宣判封建堡垒的灭亡。英国科学家、著名的科学技术史研究专家李约瑟对此有精辟之语:"中国的技术革新一旦在欧洲大陆上落地生根,就给欧洲社会制度带来了惊天动地的巨大变革,的确令人惊心动魄,然而相比之下,中国社会却几乎全无变化。"如此语重心长,当然是历史发展的警示。

科学技术是人类文明的共同成果,应无国界之分,人人都可得而学之,学而用之。欧洲人之所以如此饥渴地学习东方,因其经历了被恩格斯称为"这是一次人类从来没有经历过的最伟大、进步的变革"的文艺复兴,已经具有了思想和文化的准备。当他们掌握了新兴的科学技术,便从制度、上文化上加以变革和创新,科学的成效便惊人地放大了。

近代中国的现代化,主要是以技术推动的。然而,推动技术进步的人群,却全无思想和文化的准备,对先进事物的一无所知,以致闹出笑话,这其实是必然的。

看来,以技术推动的现代化,倘无思想和文化的进步,这样的现代化,注定是艰难的。

时代缩影的观察

中国足球与呜呜祖拉

中国足球与呜呜祖拉,两者风马牛不相及,怎么都扯不到一起。

然而,中国的足球,与非洲的呜呜祖拉,还真有些缘分,甚至冥冥之中还有些相同的命运。

先说中国足球。

中国人喜爱足球。据说,足球是我们中国人发明的。古代中国的蹴鞠运动,便是今日足球之母。有人找到史料证明,中国城市淄博为足球起源地,这自然又成为中国人的文化自信。

中国人自封"足球起源地",其实是对自己的羞辱。早先的中国人还能颇有创意地发明蹴鞠,甚至北宋的市井无赖高俅还因踢得一脚好蹴鞠而备受皇帝的宠幸。然而古代的蹴鞠与今日的足球相差十万八千里,后来的中国人,对现代足球毫无建树,更无贡献。近几十年,中国足球更是屡战屡败,一败涂地,连一些蕞尔小国都能把中国足球队踢得落花流水。

中国很有些人历来爱做"看客",中国足球让中国人真的做了看客。四年一届的世界杯足球赛,32个国家的足球队各逞勇猛,驰骋绿茵场,中国人只能看,包括中国足球的国脚,也挤进了庞大的看客群。

照理,中国足球不应该如此落寞。无论怎么说,中国毕竟是一个大国,中国人想干一点事,比如,足球场上踢出中国人的威风,谁都阻挡不了。

中国有钱,经济实力排名世界第二。以举国之力,打造一支亚洲级或者世界级的球队,谁都支持。

中国有人,世界第一人口大国,从千万人乃至万万人中选一个足球队员,绰绰有余,这样雄厚的人力资源,谁都害怕。

中国有球迷,世界最大的足球爱好者人群在中国,足球的一半是球迷,亿万人的助阵呐喊,谁都惊心。

242

然而,中国足球依然兵败如山倒。他们没有创造荣誉,却制造了天大的丑闻,黑球、黑赛、黑哨,让中国足球蒙羞。

再说呜呜祖拉。

呜呜祖拉,非洲的一种简单乐器,据说最早是用非洲羚羊角做的,用来驱赶狒狒。只要呜呜祖拉一吹响,狒狒就受不了而逃跑。上届南非世界杯赛,呜呜祖拉大显神威,看台上一片一片的呜呜祖拉吹起来,犹如成群"大象的叫声",声势喧天,气势压人,让西方的"足球绅士"头痛不已。

非洲球迷手中的呜呜祖拉,这个细长的塑料小喇叭,都由远隔千山万水的中国制造。与百宠千爱的中国足球不同,中国的民营企业只要有一线生机,便倔强地趁势成长。呜呜祖拉的出厂价在人民币(下同)2元至2.5元之间,每生产一只呜呜祖拉,老板只赚一角,工人也仅赚一角,利润实在微薄,可到了国外贸易商的手中,价格便骤然升至18元到53元,浙江宁海一家企业就卖出100万个,自己仅赚20万元,丰厚的利润全都入了外商的腰包。

中国足球队员踏不进世界杯赛场,中国的廉价产品却捷足先登。与呜呜祖拉同时进军世界杯的还有中国制造的手机链、钥匙扣、荧光棒、假发套、遮阳帽,这自然都是民营企业的功绩。

场上竟无中国人,场下尽是中国货。看来,呜呜祖拉与中国足球显然不在一个位置上。

中国足球龟缩国内,在每4年一次的世界杯上,找不到中国队员的身影。大国弱旅,这是公平竞赛规则的结果,倘若中国足球队员尚有耻辱感,才是找回尊严的开始。

呜呜祖拉,声势浩荡地漂洋过海,借着非洲喇叭,吹出了中国声音,中国制造无可阻挡地覆盖着世界杯赛场,中国足球失去的威风,让呜呜祖拉夺了回来。

呜呜祖拉风光了么?

其实,中国足球与呜呜祖拉是难兄难弟。世界上任何国家的球队都深爱中国足球队,因为只有中国足球队,能让他们一战而胜。有了中国足球,他们的积分便稳稳地上升。外国贸易商自然也欢迎中国制造,那些极其低廉的血汗产品正是他们发财致富的源头。

当然,中国足球与呜呜祖拉毕竟不一样,留给中国足球的,尽是悲哀;而呜呜祖拉,却是悲壮。

但凡悲哀,只是可怜;但凡悲壮,是要敬礼的。

漫话财富

财富,当然是好东西。

我总以为,财富是跟人的,有什么样的人,便有什么样的财富。

据说,从一张纸币的模样,大致可以看出一个国家富裕与文明的程度。出国时,我特意留了心,发现一些发达国家流通的纸币,干净,挺括,很有质感。看来,富裕国家的富裕民众,都很在意把钱当作钱。

中国人如今钱多了,钱却不干净:皱巴巴,脏兮兮,软沓沓,好像失去了筋骨。中国的钱,其实很辛劳,一刻不停地在转手,从建筑工地到农贸市场,从酒楼饭馆到车站码头,一忽儿沾满泥巴,一忽儿沾上鱼腥;一会儿湿漉漉,一会儿油腻腻。这般的钱,真不敢往口袋里塞。

钱不当钱,是时下中国的通病。有钱的人也好,没钱的人也好,都只盯着钱的价值,不会爱惜钱的本身。这钱,竟然越来越脏,越来越污秽。中国的钱,称作人民币。污秽的人民币是人民币之耻,也是中国人之耻。

钱,一旦失去了尊严,也就少了文明的内涵。而缺乏文明的财富,是没有价值的,也是累积不起来的。

其实,中国人是很看重财富的。古人对"财"的造字,是很动了脑筋的:"财"字左边的"贝",是古代货币;右边的"才",像草木初生的样子,祈盼财富如草木一般茂盛繁密,生生不息。

然而,中国人的财富,却往往得而复失,聚而散之。

中国人的传统观念以为,人活着要有财富,人死了还要有财富。多少金银财宝,都是国民财富,却被埋于地下,永不见天日,这世上竟有如此蠢的人,如此蠢的事。直到今天,这旧的传统,总归破不掉,阳间的财富还是源源不断地流到阴间去。如今冥币大行其道,一把火,一阵烟,烧得精光。阴阳两个世界,把中国人的财富给毁了一半。

"人为财死,鸟为食亡",这是许多中国人的一个财富观念,为钱拼命,为钱卖命,财富胜于性命。天下熙熙,皆为利往,这自然是好事。然而,世上很多人是见钱眼红,全不顾道义。为了谋利,小人敛财,恶人抢财,愚人守财。做了官的人,也在发横财,捞不义之财。古人云:刻薄成家,理无久享。这几已成为财富谶语。

"劫富济贫",这是劳苦大众最后的生财之道。用暴力夺取财富,结果是富人成了穷人,穷人却更穷。当财富可以任意地被剥夺,任意地施予,得不到法制保护的时候,再多的财富,也是空的。用暴力夺权,用暴力劫财,在历史上的中国屡屡上演,屡屡得手,除了积蓄暴戾之气,不会使财富增长。于百姓而言,却是一代一代地穷。

中国人的财富悲剧,还在于亲手创造了财富,又亲手毁掉了财富。如今到处都在开发,到处都在建设,一面用钢材、水泥、混凝土飞快地搭起了财富神话;一面却又把刚建的大楼、大厦毫不吝啬地拆了、毁了。这已不是在创造,而是在折腾。财富,于中国人而言,有时真如滔滔大江,流过来了,又无情地流走了。

财富,其实是一出悲喜剧。有文明的制度,文明的国民,财富会给人带来无比的喜悦。失去了文明的内涵,失去了法度的保障,财富就是一出悲剧,一出把有价值的东西撕毁了给你看的悲剧。

中国已然进入财富时代,这自然是中国历史上开天辟地的时代,人人仰望财富,人人创造财富。然而,穷极也穷惯了的中国人,财富一旦来临了,是文明地享有,还是疯狂地失去?这对中国人来说,不能不说是一个考验。

"不要说我们一无所有,我们要做天下的主人",这是《国际歌》中的经典歌词,把深刻的哲理简洁而豪迈地唱了出来。无产者之所以一无所有,原因就在于不是"天下的主人"。人民成为"天下的主人",人民便会拥有属于自己的财富。

有文明的制度,才有文明的财富。

悠悠天下,煌煌财富。取之以道,施之以德。

并非幽默

法国人浪漫,颇有想象力。

据联合早报网消息:法国空中巴士公司近日计划推出迎合中国人口味的"凤凰舱"设计,舱内不但有麻将桌,乘客还可唱卡拉ok。

中国人真的被捧上了天,在万米高空,尽情地打麻将,率性地引吭高歌,这样的娱乐,这样的享受,竟然要在现代化的飞机上出现了,怎么说,都让中国人振奋不已。

这很有幽默的味道,然而却已列入设计,相信不久将会出现首航的"麻将娱乐"飞机,在"噼噼啪啪"的麻将声中,直飞蓝天。

中国人怎么了?居然有这般待遇!中国麻将,素以低俗出名。自诩浑身都是艺术细胞的法国人,看来还有开发市场的经济细胞,如此煞费苦心,着意迎合,挖空心思地讨中国人的欢心。

其实,讨好中国人的,又岂止是法国人,近年来在另外一些国家也屡有所见,屡有所闻:

比如,国外的奢侈品商店,外国人好像节俭得很,少有光顾,于中国游客却是必到之处。商店都会聘用一些华人当导购,会讲中国话,又懂中国人的心思。而中国人也很争气,只要是有品牌的,不问价格,悉数照买。

又比如,外国人拍有中国元素的电影,也开始变得小心翼翼,生怕得罪中国人。美国好莱坞干脆停拍一部有损中国人形象的片子,这好像是从未有过的。惹恼了中国人,美国大片还有市场么?

中国人有钱,怕啥?!如今该怕的是外国人了,倘若谁对中国人不客气,中国人一句"抵制×货",还不让人吓破了胆!

为了让中国人高兴,大把大把地花钱,外国人忍气吞声,放下身段伺候中国人。"麻将飞机"可算是生动的一例,在外国人设计、外国人制造的飞机上,又有外国空姐的赔笑伺候,如此扬眉吐气地一边打牌,一边腾云驾雾地进入全球通的进程,自然十分痛快。

常有中国人为自己担心,怕被"西化"。其实,中国人有自己的活法,一边走遍天下辛苦地挣钱,与钱无关的事情是不会去关心的;一边也要享受生活,洗脚、按摩、喝酒、划拳、打牌、唱歌,高潮迭起,其乐融融,这哪里是能被"西化"的人。

就在中国有人担心被"西化"时,西方却有人担心被"中化"。中国人到处挣钱,到处花费,钱如魔杖,会计人跟着钱打转,西方人如今不就在曲意奉承吗?天长日久,西方人说不定也会跟着一起洗脚、打牌、喝酒、划拳的。

其实,各类人群,各有各的活法。一般来讲,日夜在麻将桌边、甚至出国都要麻将相陪的中国人,应该不会被"西化"。同样,西方人刻意迎合,无非是盯着中国人的钱袋子。一旦中国人没了钱,飞机上的麻将桌一定会拆掉,该拍的电影也一样要拍,而奢侈品商店又会去巴结另外的富人,实际上,人家从心底里根本没把你当回事。

在飞机上能打麻将,自然开心,这也是中国人有钱的一个象征。然而,有了钱的中国人,空下来也该想想,作为大国国民,该对现代人类文化思想、典章制度贡献些什么?

整天打麻将的人们,能思考这个沉重的问题么?

斯文扫地之种种

人若到了自甘堕落的地步，还有何话可说。

令人惊诧的是，如今一些所谓精英，竟也是这般的人，斯文者不斯文，上层人其实下流，在公众场合，自我作践、自找羞辱以致斯文扫地，闹出种种不堪，让人情何以堪。

神气活现的"屌"

"屌"，想不到也有堂而皇之、神气活现的一天。今日之中国，网络上有"屌"，报刊上有"屌"，很多年轻人更是口不离"屌"。"屌"，真的发迹了。

中文的"屌"，历来是一个猥词，是下三流的市井泼皮、无赖骂街的脏话。稍有一点文化的人，绝不会口中带"屌"，而良家女子闻"屌"便会羞得脸红，掩面而去。"屌"字之不雅，其品味之低，以至于在中文词典中形单影只，其丑无比，没有任何字与"屌"搭配相伴。

文明古国终究有自己的文化底线，"屌"字的不入流，便是文化人守住的文化底线。

如今的"屌"，神气了，斗大的"屌"字横在报刊的标题上，居高临下，煞是抢眼。据说，报纸一有问题便要查，而这"屌"字，如此下流，竟无人查究，这样的报，真个是"屌"了。

举眼皆"屌"，正经人不"屌"，也难。

著名学府的"淫棍"

"淫"，不雅之词，上不了台面，"万恶淫为首"，可见中国人对"淫"之痛恨。"淫"到极，"淫"到顶，便是"淫棍"，《金瓶梅》中的西门庆，大概算是淫棍中的教师爷。

著名学府北京大学，近日竟与"淫棍"扯上了。该校教授邹恒甫在其微博中声称"北大淫棍太多"，这自然让看客无比兴奋，斯斯文文的教授，竟然成为如狼似虎的淫棍,这又是天下之奇闻。北京大学愤而将其告上法庭,必欲让其"赔礼道歉,恢复名誉"。

北京大学总是在风口浪尖上,要反思,要"恢复名誉"的事,其实很多。"淫棍太多",当然触动了校方的神经,举一校之力,对簿公堂,与北大而言,是值的。

邹教授自然输,北京大学自然赢。北京海淀区人民法院认定邹教授侵犯北大名誉权。这场"淫棍"之争乃至"淫棍"之讼,其实无聊之极。在校门外的看客眼中,还未搞清何谓"淫棍"、何谓"太多",闹剧便早早地落下了幕布。

北大的历史上,又可以留下一笔,曾经的学校和教授,当年为"淫棍太多",在公堂上撕破了脸。

罕见的"集体嫖娼"

男人嫖娼,自然下流。这种下流之事,总是偷偷摸摸,掩人耳目,在私密之地完成私密交易。

让人大跌眼镜的是,嫖娼,也到了三五成群、集体嫖的地步,构成这一战斗"集体"的,竟然是上海滩上赫赫声威的大法官。一经媒体披露,舆论哗然,法院很没面子,妓女自然撑足了面子。

其实,法官也是人,是人总归有七情六欲,脱下法袍,便偷鸡摸狗,这样不良的法官,中国有,外国也有,不算稀奇。

稀奇的是,这成群的法官,竟有一样的嗜好,一样的色胆,一样的厚颜无耻,旁若无人一般地嫖娼狎妓,这中间的法律道德、人格、人伦,都已被公然地践踏。

集体嫖娼,这无耻得惊人的记录,竟然被上海法官首创。

官场上的"公共情妇"

反贪年代,新闻不断地有。

如今,贪官拥有几十、上百的情妇,不算新闻。反而是几个贪官共用一个情妇,对"性资源"的如此"节约",倒让人耳目一新。

自古以来,情敌即死敌。男人为了争女人,西方人以决斗的方式,中国人以棍棒拳脚的方式,都是以命相抵,这是男人的血性,也是男人的杀气,所谓"红颜祸水",便由此而来。

官场上的"公共情妇",算是开了历史的先河。当官、当大官的,同傍一个女人,其状怪怪,其乐融融,看似是男女关系的苟合,其实却是权力关系的乌合。分散的权力,在"公共情妇"的穿针引线之下,合成了赤裸裸的贪腐联盟,休论人格扫地,只要公帑入囊,这样的官员,既是男人之耻,也是官场之耻。

如此官员,断不会为女人而争,这大概也是"公共情妇"之悲。

当然,最惨的是中国的官员,这面目已然糟蹋得不成样子。

读报有感

一、诺贝尔奖值多少钱?

据《南方周末》报载:一位房地产老板向朋友打听,诺贝尔文学奖有多少钱?朋友告知是100万美金。房地产老板说:"这有啥稀奇,也就是我一年的纯收入。"

打探诺贝尔奖奖金有多少,这样的人在世界上不会少。但是,能说出"这有啥稀奇"的话的人,决不会多。中国的房地产老板如此的"眼界",倒也让人开了眼界。

诺贝尔文学奖全世界一年只有一个,能拿到这个奖项的人,几乎都是天才加勤奋,耗尽了一生的心血。然而此种奖项此种人物,在中国房地产老板的眼里,可谓不屑一顾,"也就是我一年的纯收入",又有什么了不起?

中国的一些房地产老板,腰缠万贯,气势如牛,他们在生意场上,以钱开路,攻无不克。赚了钱,又以钱显阔,目空一切,自然地鄙视诺贝尔奖这100万美金。

房地产老板这样的话,人们只当是胡话、昏话,若让这样的房地产老板开阔眼界,也是妄想。

然而,问题是,如此"眼界"的老板却掌控着芸芸众生的安居之所,岂非悲乎!

二、教授杀人

据《扬子晚报》报载:九江学院政法学院副院长张俊教授,上班时在办公室对院长李长江割喉焚尸,手段极其残忍。

教授,学识渊博,温文尔雅,在社会上历来享有美誉。然而现如今,人都在变,教授也是人,教授也在变,不必指望但凡教授,一定是为人师表。教授剽窃,教授嫖娼,教授在公共场合互殴互打,乃至教授雇凶杀人等,常常见诸报端,公众对此也已习惯了。现在曝出一个操刀杀人的法学教授,又算是开了"先河"。

这位张俊教授整个作案过程不麻烦任何人,出手极快、下手也狠,几分钟时间让院长一命呜呼,竟让"隔壁的工作人员没有听到任何声音"。此种手段,颇有职业杀手的味道。

凶手与被害人同为学院领导,同在一个学院教书育人,没有深仇大恨,不会下如此毒手。据说是"权力场上长期积累的恩怨"。这又是新闻之中的新闻,堂堂高等学府,竟也筑起了"权力场",权力之恶斗到了生死搏杀的地步,已至让法学教授沦落为杀人凶手。

"权力场"真有如此之凶险?九江学院算是血淋淋地演了一幕。看来,只要"权力场"不退出高校,还会有更吊诡、更血腥的故事发生,读者还要有点思想准备。

三、日本人长高了

据《羊城晚报》报载:中国男人的平均身高只有 1.69 米,低于日本和韩国。

日本人长高了,而且高于中国人,这让中国男人颇有点难堪。其实,仔细想来,也是自取其辱。许许多多的中国男人宁愿在酒席上灌酒,宁愿在洗脚馆泡脚,宁愿在歌厅哼歌,宁愿在不男不女、不阴不阳的氛围中如痴如醉,早就没了风雨历练,早已少了阳刚之气,估计中国人还会矮下去。当然,其中也有房地产商的"功劳",密密实实的楼房公寓,让人只有苟延残喘的空间,哪里还有强身健体的活动场所?

日本男人的平均身高压过了中国男人,而且日本人的平均寿命也远高于中国人,据世界银行数据显示,从 1995 年至 2008 年,日本人均期望寿命始终比中国人高出 10 岁。这又让还想活下去的中国人痛心。仔细想来,又能怪谁?中国人拼命地发展经济,五湖四海地挣钱,夜以继日地挣钱,断子绝孙般地挣钱,为了钱,什么都可以牺牲,能活到现如今这把年纪,已经算是不错了,还真想长长久久地活下去?

其实,有些事情不必比,更不必和外国人比,中国人有中国人的活法,不管怎么活,重要的是怎么让自己活得健康、活得幸福、活得有意义。若做到了,中国人自能高高地挺立起来,长长久久地活下去。

新编寓言三则

猪的陶醉

农夫从集市买下白白的、憨态可掬的小猪崽,捧着回家。

猪舍在屋后,磨光的水泥地,冲刷得干干净净。角落边铺着厚厚的草垫,散发出稻草的清香。

小白猪找到了自己的家,蹦跳,打滚,快乐地溜达。玩累了,在温馨的草垫上呼呼地睡去。

农夫精心照料小白猪,让它好吃好睡。小白猪明白自己在农夫家的地位:它不必像狗那样起早摸黑地看家守门,也不必像鸡那样东奔西走地刨地觅食,它只顾吃、只管睡。小白猪摇头晃脑,陶醉在幸福之中。

一天又一天,小白猪长高了,长大了,肥头大耳,臀圆腿壮,左邻右舍都夸农夫养了一头大肥猪。

下雪了,结冰了,腊月的寒风一阵又一阵。大肥猪早就不出门了,尽情地吃,懒懒地睡,打着呵欠,等候农夫给它换上新草垫。

农夫忙着找绳子,忙着磨刀,忙着生火烧水。

绳来了,刀亮了,水沸了,养了一年的肥猪,到头了。

猪,还在傻傻地陶醉。

电梯的自负

摩天大楼。高速电梯。

潮水一般的人,从大厅奔向电梯,挤上电梯,顺着电梯往上走。

电梯,狭小的空间,却是大楼上下关键的通道。

电梯,每时每刻都在运行:往上,往上,往上。电梯让你上,可以让你顺层而上,也可让你一步登顶;往下,往下,往下。电梯让你下,就可让你瞬间而下,一步又回到了原点。

电梯,众星拱月般的电梯。它若在高处,无数的人便仰头恭候;它若打开了门,人们便簇拥着投向它的怀抱。凡是进出大楼的人,一步也离不开电梯。

电梯,控制你的节奏,托起你的人生,电梯的威权无时不在。面对一个个往上走,而又不得不下来的人,电梯的强势无与伦比,它极为自负,它感觉操控电梯内每一个人的命运。

电梯从没想到,人一旦离开了这刻板的上下通道,迎面而来的,竟是一个广阔的天下,自由的世界。

电梯的威权,其实只限于上上下下奔走的人。

徘徊的幸福女神

熙熙攘攘的人,争着挤着往前赶,拼命地想寻找幸福,得到幸福。

幸福女神却一直在他们身边,孤独地徘徊。

幸福女神很奇怪、很纳闷,她拦住人发问。

第一位是企业家,他说,有钱才有幸福。然而,如今钱愈多,离幸福愈远,他还得去追赶。

第二位是教授。他说,有名望才是幸福。但是,得到了名望,却仍然不幸福。他要有更大的名望。

第三位是普通人,只想做一个自由平静的人,平淡的生活,让他觉得自己一辈子无缘幸福。

幸福女神深深地叹了一口气,她说:幸福并不在于幸福本身,而在于对幸福的向往和追求,她时时刻刻在你们身边。你们不明白幸福,将永无幸福。

这三个人摇摇头,告别了幸福女神,又匆匆地去追赶永远达不到的幸福。

新语丝

"前进的道路永远在施工"

"前进的道路永远在施工",这是近来在一些中国人口中新冒出来的时兴话。

中国人总是走自己的路,而自己的路"永远在施工"。一边修路,一边还能飞快地前进,这种惊人的速度不可思议。

世间的路,很多。中国人不屑于那些"路",喜欢自己走出一条路,于是便有了"永远在施工"的路,可谓路漫漫其修远兮。

类似的话,一直就有,比如"逢山开路,遇水搭桥",很有披荆斩棘、一往无前的气势;又比如"摸着石头过河",这又更进了一层,既有勇气,又显出谨慎,小心翼翼而绝不回头。河深水急,仅靠"摸着石头",该是何等艰难险阻。

看来,中国人的路,都是艰难的路,险隘重重的路,甚至于无路之中,自己奋力辟出一条路。这般往前走,自然悲壮且空前,一般的人看不明白。

"前进的道路永远在施工",中国人选择了自己的路,边施工边前进,负重前行,为之付出的代价,应该要有足够的思想准备。

"中国护照的含金量"

全球化时代,中国人也开始拥有了护照,于千百年的闭关锁国而言,自然是一个了不起的进步。

手持中华人民共和国护照,通行天下,得到世界诸国的尊重,这大概是护照背后的"含金量"。

中国外交部部长王毅日前访问巴黎时做出表态:"要提高中华人民共和国护照的'含金量'。"对持有护照的国民,应是一个好消息。

中国经济持续快速发展,国民生产总值排名世界第二。然而工业国家诸如欧美等国,对中国人的签证要求却越来越严。根据 2012 年居民国际旅行自由度指数的调查,中国在103个国家中排名第92位,排在中国之后的只是伊朗、朝鲜等国。给予中国护照免签的仅18个国家,诸如阿鲁巴、贝宁等国,其实这些国家对世界各国都是免签的。

一个堂堂大国,护照含金量如此之低,令人尴尬。王毅部长的表态让人振奋。

护照的含金量,其实是一个国家的尊严、国民的自尊,也即吾国吾民在他国他民心目中的地位。

提高中国护照的含金量,固然仰仗国家的强大与文明。同时,这种强大与文明,还得恪守国际准则与国际惯例,成为国际大家庭中负责任的一员。若如此,护照含金量自然显示了出来。

看来,要提高中国护照的含金量,光靠王部长的努力还远远不够。

"挂职"

现如今,官场上盛行挂职。

所谓挂职,就是在保留原职务的同时,由组织安排,到别的地区或单位挂一个职务,作为培养干部的一个举措。

"挂职"之职,应该是职位、职务之职,又因职位、职务而享有相应的职权。这样的"职",来之不易,受之有愧。一旦任职,便当履职、尽职,倘有误职、滥职者,是要"挂冠"的,奉上官帽,以谢百姓。

要挂冠的官,其实是实干的官,负责的官。而挂职的官,是去学习锻炼的官,许多人往往挂上空名,不担实责,挂职期满,便多了晋升的资本,哪里会有挂冠的事?

其实,"挂"字,在中文的本意上,还有"钩取"之意。《庄子·渔父》曰:"好经大事,变更易常,以挂功名,谓之叨。"若如此,挂职便有了"钩职"、"叨职"之嫌,就其本意,竟有"钩取"功名的味道了。

挂职自然还是挂职,挂职这样的美差,当然让人趋之若鹜。一个上级机关的文弱书生,转眼间成了万人求之不得的副乡长、副县长、副市长,位重权重的领导职位,变成了学习、实习的平台。

名利在前,挂职者自然如过江之鲫,衔接而来。

嘻嘻,只见挂职的,未闻挂民的。

疯狂的老鼠

深夜,凝重的黑暗,覆盖了天上与人间,万籁俱寂,人们进入了梦的世界。

老鼠出来了,它伏地而行,毫无声息,窜动中透出阴气。

老鼠与人相邻,却全然与人为敌。它穿墙打洞,偷吃食物,无所顾忌地啃咬一切,甚至给人留下恐怖的鼠疫之症。

人对老鼠深恶痛绝,想尽了种种灭鼠之法,比如:

养猫捕鼠。猫是老鼠的天敌,一物降一物,弱肉强食;

鼠夹逮鼠。在老鼠出没之地,布下鼠夹、鼠笼,利用老鼠的失足,逮而灭之;

鼠药毒鼠。投下毒饵,利用老鼠的贪婪,让其误食而亡。

然而,老鼠十分机警,一旦失足,便再不重复同样的错误。并且老鼠有惊人的繁殖能力,不可思议的生存能力,老鼠家族始终兴兴旺旺地繁衍着。1945年,美国在日本广岛、长崎投下两颗致命的原子弹,生灵涂炭,万物遭毁,其辐射更是长久地戕害人类,老鼠却抗住了辐射,照样子子孙孙地繁衍生育。

老鼠杀不尽么?

据说,有人想出了极为残忍、血腥的灭鼠之法,其法、其术,其实极其简单:逮住老鼠,将其肛门缝住,然后放鼠归洞。

老鼠归队了,鼠友们聚了过来,"吱吱,吱吱",大约是询问,是关心。这老鼠全然不理,狂躁地打转,只想摆脱肛门的伤痛与栓塞,却根本无济于事。这老鼠又盯上了鼠友们的食物,无视"鼠规",肆无忌惮地吞噬起来,想以吞噬来打通肛门,当然又是枉费心机。

这老鼠由狂躁而狂暴、而疯狂,已然失去"鼠性";鼠友们由猜疑而冷漠、而激怒,每一只老鼠都对其怒目相对。

狭隘的鼠穴里开始疯狂地自戕,一窝的老鼠,相互扭打,相互撕咬,尖利的牙齿,无不冲着对手的弱处。瞬间,老鼠们自相残杀,剥皮,啃肉,咬掉了尾巴碾碎了头,"吱吱"声由亢奋而惨叫、而哀号,最终悄无声息。

鼠穴成为死亡之穴,整整一窝的老鼠,都被自己的同类生吞活剥,血肉模糊。即使侥幸存活的,也是气息奄奄。

灭鼠的人大获全胜。

这般的胜利,却是人的阴毒。如此阴毒,又何限于对付老鼠?人一旦无德无良,照样会用同样的手段对付自己的同类。人的自相残杀,又狠过老鼠!

人与动物之异,在于人有良知,有伦理,这种良知与伦理,就是正义。即使面对恶贯满盈的对手,人类崇高的武器,便是正义!

大千世界,多少人为了成功苦苦地奋斗,又有多少人为了成功不计手段,恰恰跌入了非正义的陷阱。即便成功,也是无耻的成功。

成功,固然令人称羡,而通往成功的路径与手段,却必得让人肃然起敬。

老鼠祸害人类,人类理应自卫。最好的办法,还是"老鼠过街,人人喊打"。那是公开的宣战,正义的惩罚。

一份沉重的新婚礼物

新婚之夜，给亲爱的人送上礼物，该是何等的温馨、甜蜜。

却也有沉重、沉重得让人窒息的新婚礼物。孙中山送给宋庆龄的便是这一种礼物。

1915年，孙中山与宋庆龄在日本结婚。这是孙中山在辛亥革命之后的动荡岁月中的幸福时刻，面对如此美丽、如此文静的宋庆龄，孙中山庄重地送上新婚礼物：一把手枪，20发子弹。在面临追捕暗杀的危急关头，作防身御敌之用，其中最后一发子弹，当留给自己。

没有钻石戒指，没有白金项链，却是一把沉甸甸、冷冰冰的手枪，还有每一发都可以取人性命的子弹。

现如今的人们，当然无法探知当时宋庆龄的心情。然而，我们可以设想，作为新娘的宋庆龄决不会欣喜若狂，也断不会沉浸于无比的幸福之中。

这对宋庆龄来说，一定是一份沉重的新婚礼物。她出身名门，自然有着书香之气；她温柔贤淑，天生有着大家闺秀的气质。我们可以设想青春宋庆龄的千姿百态，却断断想不出她端枪杀人的模样；我们也可以设想宋庆龄有着高雅精深的学识才华，也万万想不出她会有装子弹、扣扳机的本事。由此推想，倘若宋庆龄一旦使用这珍贵的礼物时，最能精准射杀的，大概只能是自己。

但是，宋庆龄接受了这一新婚之礼，因为她选择了孙中山，便是选择了革命之路。这是正义的道路、艰险的道路、大义凛然的道路，她自然不会回头。

其实，每一个人各有不同，却都在走自己的不归之路，而宋庆龄的不归之路却是为着国家和民族，为着光明和幸福。

然而，我依然感到沉重，洞房外的黑暗与恐怖，婚床边的手枪与子弹，为着推动中国的进步，竟是如此的凶险。

沉重的,是历史。辛亥革命之前的大清王朝,对世界进步文明一直置若罔闻,以拒绝主义的态度,顽固地坚持腐败没落的封建专制。一国上下,纵有几个图强求新之人,却又有何用?封建帝制气数已尽,国家大厦百孔千疮,危机四伏,轰然倒塌是迟早的事。辛亥革命爆发,终于让大清王朝走到了尽头。绝对权威一旦失去,绝对混乱便跟着而来,各种政治力量鱼龙混杂,趁势而起。城头频换大王旗,民众生活苦不堪言。偌大一个中国,竟然没有一种政治力量能撑住天下,险乎?悲乎?

沉重的,是人民。中国历代统治者信奉暴力,以暴力夺天下,又以暴力镇治天下,好像天经地义一般。暴力之下,走投无路的民众,只能以暴力应对暴力,在腥风血雨中换来社会转型。一个有着五千年文明的民族,在二十世纪初的现代世界的门槛上,竟然不懂民主共和为何物,不懂沟通协商为何物。暴力逼得民众走上以暴力推翻暴力的路径,这是危难时刻的唯一正义。然而,对民众而言,总归是惨重的代价。中国的进步,是否必得以血以命来换取?这是历史留给每一个中国人思考的大问题。

彼时彼刻,站在历史风口浪尖的宋庆龄,温文尔雅之下,暗中揣着手枪,时刻准备扣动扳机,是再自然不过的事。若是时局再恶化,情势再危急,若是宋庆龄还有点气力,机关枪也会搬过来给她的。

沉重的一页历史,终究翻了过去。孙中山、宋庆龄这样的历史风云人物,早已完成自己的使命,留给后人的是巨大的思想财富。"世界潮流,浩浩荡荡,顺之者昌,逆之者亡",这是风雨中国的警世箴言,也是苦难民族的惨痛教训。

无论伟人,无论凡人,都得结婚。在当今中国,已经不会有人在婚礼上送枪送子弹了,这自然是幸事。中国总是在进步,尽管这种进步竟是如此的沉重。

一份礼单的沉思

文明的差距,于极细微之处,都能纤毫毕见。

当年,大英帝国赠送大清皇朝一份厚礼,便印证了东西方两种文明的莫大距离。

1793年,马戛尔尼勋爵代表英国国王向乾隆皇帝表贺其八十华诞,精心准备了琳琅满目的礼品:"一架天象仪、一些地球仪、机械工具、天文钟、望远镜、测量仪、化学和电机工具、窗厨玻璃、毛毯、伯明翰五金制品、谢菲尔德钢铁和玻璃制品、铜器和韦奇伍德陶器"。

这份礼单,既是英国先进的工业文明的象征,又蕴含着希望中国跨入大航海时代,跟上世界的潮流。

真不知号称世界大国一国之尊的乾隆皇帝,对于逼近紫禁城的强大的西方文明,持何感想。

其实,对浑浑噩噩却又自以为是的清朝朝野来说,这些礼物没有实际应用的价值,也没有起到对现代思想与文化的启蒙作用。

"天象仪、地球仪、天文钟、望远镜",是一个民族探索遥远星空,走向深蓝海洋,奋发进取的产物,没有与全球视野相应的制度和文明,这些器具,充其量只是腐朽朝廷的新鲜摆件。

"机械工具、化学和电机工具、测量仪",是一个民族追求技术进步,催生社会化生产的萌芽,走向工业文明的起步台阶,没有现代科学和工业的基础,这些礼品的结局,只能是被当作珍贵的礼品而束之高阁。

中西文化的巨大差异,一直因封闭而神秘,如今被英王的这份礼单悄然捅破。愚昧腐朽的满清政府,固守祖宗传下的物质和精神遗产,采取拒绝主义的态度,无视西方先进的科学技术和文化,甚至当作"奇技淫巧"而不屑一顾。没有人明白:一个崭新的具有强大生命力的文明,已经不可阻挡地崛起。时势逼人,不学习、不变革、不融入,对先进的文明采取拒绝甚至敌视的态度,危机一旦爆发,谁都无法逃脱。

珍贵的英王礼品,没有给朝廷带来对文明的反思,却酿成文明的冲突,造成冲突的竟是腐朽的封建帝王礼制,足见当时中国物质文明落后,精神文明也落后。

冲突缘于马戛尔尼特使觐见乾隆皇帝,按中国规矩,马戛尔尼必行三跪九叩之礼,天朝法度,不得有违。这种侮辱人格尊严的礼数,中国人早已习惯,能向皇帝叩头,已是莫大的荣耀。

大英帝国之所以崛起,其中一个重要原因,便是崇尚人格的尊严,马戛尔尼如何肯匍匐在地,"三跪九叩",喜庆的送礼,演变成外交僵局,实质又是文明的差异。中国以封建专制为内质的精神文明,也是气数已尽。

一份礼单以及围绕送礼的觐见冲突,在大清皇朝对外交往史上留下了令人羞辱的一页,"人不侮之而自侮",面对先进的文明,皇朝的主政者充分显露自己的愚昧、昏聩且自大,已然为皇朝埋下了崩溃的伏笔。

中国封建专制的意志,如铁一般的坚硬。"吾非求尔等前来,汝既来即须遵吾之章程",这是朝廷的果敢,也是朝廷的昏庸,他们宁愿抱残守缺,也决意将如日中天的先进文明拒于国门之外。

自古而来,中国的帝王数之不尽,而有雄才大略者屈指可数,这自然是中国的悲哀。乾隆应是有雄才大略的帝王,然而,即便强势如乾隆,在文明转型的激荡风云中,仍然只想以帝王之术统御国家,而不追求民族精神文化之变革,不融入世界先进之潮流。此后之中国,灾难接踵而来,国家陷入腥风血雨,热衷于叩头的民众,最终轮到被砍头的命运,这自然是不思进取、不图变革的弱国弱民的报应。

"天象仪、地球仪、望远镜",大英帝国的礼品,其实别有深意。倘若,中国人能惊醒而自励,这百年中国的近代史,何至于此。

这份礼物,也是一种测试,彻底测出了中国皇朝制度的无药可救。

一个独特的视角

一个国家的进步,从遣词用字这种最细微之处,也能清晰地观察到。

美国《华尔街日报》刊载加利福尼亚大学洛杉矶分校的一项研究,通过分析 27 万多册中文书的用词评估中国人的价值观。

该研究主要关注 1970 年至 2008 年期间出版书籍的用词。他们得出的结论包括:1970 年时,"服从"一词的使用频率是"自主"的 3 倍,而到 2008 年,该比率翻转,"自主"变成多数。近 40 年来,中文书籍的作者日益频繁地使用诸如"选择""竞争""私家""自主"和"创新"等词,这反映了社会转型时代中国人价值观的深刻转变,"显示中国经济改革对社会影响之深"。

从浩如烟海般的文献书籍中分析中国人的用词用字,从字词的变化来研究中国的变化,印证了中国人价值观的进步足迹,这样的研究,不能不说是一个独特的视角。

倘若借助这个视角来观察中国社会,中国人自己更有深切的感受。随着社会的进步,中文的许多字、词,有了很大的变化:有些已经定格在历史中,永远退出了公众的视野;有些则受到社会的谴责,不会有人再热衷于此类字词;还有更多的正在逐步被新的字词所替代。字词这一构成中国语文的基本元素,显示了自己激浊扬清,始终站在时代前列的活力。

为帝王专享达千年之久的一些字词,如"朕""寡人""陛下""圣旨"等,终于不用了。这些曾经金光闪闪、威严无比的字词,连同封建王朝的崩溃,被孤独地留在了历史的尘埃中。"朕"字使命的结束,意味着社会的巨变。

丧失人权、有辱人格的一些字词,如"妾""婢女""丫鬟""书童","瘸子""瞎子""哑子""聋子"等,也不被人所用了。这些曾经栖息豪门、充斥市井的字词,渗透着卑微与耻辱,终究被时代抛弃,成为旧文化的糟粕,意味着人开始享有属于自己的尊严。

带有历史烙印、体现苦难时代的一些字词,如"地主""富农""反革命""叛徒""卖国贼"等,也已经存入历史的记忆。这些曾经触目惊心、充满仇恨的字词,终究被结束了,意味着一个强盛、和平与正义社会的到来。

中文的字库,以千以万计。由字组词,变化无穷,犹如滔滔江水,奔腾雀跃,透出灵气,席卷陈腐,万千之水,生出万千之景。如今的字词,更有一番美景,如晶莹之水,领一江之春。

"民主""自由""法治""公平""正义""人权""尊严",这些曾经让人仰视而不敢企及的词语,登上了历史舞台,进入寻常百姓的心灵,成为现代中国人的精神信仰。

"企业家""农场主""志愿者""公益使者""旅行者""挑战者",这些闻所未闻的词,从密密麻麻的词缝中脱颖而出,勾画出时代的精彩,体现出生命的价值,词的背后就是一个个富含理想、敢于追求的中国人。

"互联网+""网络""网购","微信""微博""自媒体",这些崭新的词语,伴随着日新月异的科学技术,已经成为中国人生活的一部分。一个词语,便是一个创新,一个全新的时代,自然需要全新的词语。

社会在变,中文的字词也跟着变。更新更美更活泼的字词,如火炬,点亮了生命的航程。

天量一般的字词,大概用得最多的是"我"字,曾经的"我"字,最个体、最微小、最不值一提,如今活跃在书刊上、网络上、影视上的"我",却是独立的、个性的、自我奋斗的"我"。不变的"我"字,有了全新的意义。

这又是一个视角,一个名至实归的"我"字,引领着中国文字的创新、中国文化的新生。

一份童心，一份人性

我有外孙了。

小家伙生于2016年6月28日，新的生命来到了家庭，皆大欢喜。

女儿、女婿一定让我给取名，这自然是难事。但一想，取一个有意思的名字，便是给他一份终生的礼物。试想，还能有什么礼物是能够始终如一陪伴他的？

名字是寓意，寄托着价值取向。这小家伙名聿怀，取自诗经中的"文王"："聿怀多福"。即：胸怀宽广，幸福自然就多。人，各有天分和命数，许多事情无法求之，而胸怀广阔，却能求之而得之。

小家伙很可爱，其实，小生命个个可爱。他的可爱，是在他的眼睛，这是一双从未被视觉污染的眼睛，又黑又亮，一闪一眨，稚嫩中透出灵气，间或，还有一点调皮。但凡他要看的，他一定目不转睛地看，天知道，他看到了什么，看出了什么。

我们第一次带他去西湖。秋天的阳光，给西湖增添了一份高贵。一个多月前，全世界最强大、最有发展潜力的30多个国家的元首聚集在这里，共商全球事务，优美秀雅的西湖，从深闺走上了世界的舞台，依然从容淡定，尽显大家风范。

聿怀是从这西子湖畔，开始睁眼看世界。他晶亮的眼神，透出无比的欣喜、新鲜和新奇。

他喜欢看天，天这么高、这么远，一望无际。一只鸟拍翅飞上了天，一群鸟从四处跟着飞上去，那是自由，无尽无止的自由，无遮无拦的自由，无拘无束的自由。童车上的聿怀手舞足蹈，他也想飞，他也想去那自由的天地。鸟远远地飞走了，他还痴痴地看，不舍地看。

他喜欢看树，树这么直、这么高，粗壮的树干，绿绿的树荫。风来了，树枝动了，树叶沙沙地响，奏出天然的乐曲。那是大自然，人类的大怀抱，他微微地眯眼，似乎睡去，其实在享受。大自然的怀抱，生命中不可或缺的怀抱。

他喜欢看人,人这么多、这么好,无论是中国人、还是外国人,无论是高雅的人、还是率性的人,无论是富贵的人、还是贫寒的人,无论是蹒跚学步的人、还是拄着拐杖的人,在他眼里,不管什么人,都是人。他招手,他叫唤,试着想打招呼;他蹬腿,他探身,想着融入人群。他更多的是在凝视,第一次看到一群来自异国他乡的人,多么亲切,多么友爱,他有着天然的念想:我们都是一样的人。

他看到了,天地如此广阔,大自然如此美妙,人群如此和谐。他看到了自由、生命和人性,他看到了,所有这一切,都自然地融合在一起。

小生命问世,我们做长辈的,搜肠刮肚的总想给他什么,却从未想到,他与生而来竟也能带给我们什么,那就是一份童心,一份人性,这恰恰是我们正在远离的、遗忘的东西。我们成熟了,老练了,老成了,却也世故了,隔阂了,荒芜了。我们回不到童年,找不到童真。

新的生命在成长,他们应该有自己的路,只要胸怀宽广,那一份童心,及由童心而来的人性,便会永远相随。

童车里的小聿怀,让我又有了童真,又有了对生命本质的感悟。

第六辑

千古尘烟,多少城池终被风吹雨打去。

杭州,却古城春色,依然自我,其形、其神,历尽千秋而不绝也。

一逸一险,风水之奇也;

一妖一伎,风情之奇也;

一慵一勤,风气之奇也;

一横一纵,风景之奇也;

一邪一正,风霜之奇也;

江南奇,最奇是杭州。

给高贵者以高贵

何谓高贵者?

高贵者,不趋炎附势,不卑躬屈膝,拥有崇高的信念,并且有尊严地将之付诸行动的人。

给高贵者以高贵,应是对高贵者最好的回报。

有这么一个真实的故事。

世界著名的格林尼治天文台,建于1675年,位于英国伦敦市东南郊的格林尼治小镇。1884年,格林尼治天文台被国际经度会议决定,以经过格林尼治的经线为本初子午线,也是世界计算时间和地理经度的起点,可见格林尼治天文台在世界的地位和作用。

格林尼治天文台的天文学家们,涉历几个世纪的风雨沧桑,一代接一代地坚守专业领域,为全人类的文明和进步,做出了卓越的贡献。

当英国女王参观格林尼治天文台,知道天文台长、天文学家詹姆斯·布拉德莱的薪金级别很低,极为诧异,表示一定要提高他的薪金。布拉德莱甚是不安,恳求女王千万别这样做,他说:"如果这个职位一旦可以带来大量收入,那么,以后到这个职位上来的,将不是天文学家了。"

布拉德莱台长深知世俗的力量,那是一种忘乎所以而又不择手段地追名逐利的力量,无所不至,无坚不摧。凛然的高贵,往往经不起世俗的蚕食与销蚀,即便如英国这样讲究气度和尊严的国度,布拉德莱台长也担心,投机钻营者必然挤掉学术精英,格林尼治天文台自然一日复一日地败落。于他而言,唯一的选择,便是远离世俗,不屑于名利。

远离世俗,给高贵者以高贵,这应该是诸如格林尼治天文台、牛津大学、剑桥大学等英国的学术殿堂,历经百年乃至千年不朽的一个原因。

然而,远离世俗、看淡名利又谈何容易。于高贵者,该需要何等的意志和操守,于主政者,又该需要何等的眼光与境界。人世间,更多的是给高贵者以世俗,诱高贵者以名利,甚至就是将名利视作高贵,让原本高贵的人,沦入沽名钓誉的污泥浊水。

中国的"两院"院士,可谓国之瑰宝,自是高贵,普通民众敬而仰之,视作科学的良心。然而,像布拉德莱台长那样的眼光,我们会有吗?中国的院士,不幸被世俗捧上了名利的高堂,各种荣誉、各种待遇,唯恐不及,都安到了院士头上。其中,最为显赫的是,让院士享受副省级待遇,学术傍上了官位,其用意,自然是让院士更加荣耀。给者愿给,受者愿受,岂不知,今日之给,即明日之失,中国的院士便有衰败的气息。于普通百姓而言,只是不断地听到"院士造假"、"院士拉票"一类的丑闻,不断地看到官员披上学者的外袍,钻进院士的竞争行列。当然,院士自是院士,而在民众的心目中,已经开始不高贵了。

给高贵者以名利,这种行径,在当今实在太多。无比尊荣的大学校长,也正在步院士的后尘,从圣坛滑向泥沼。但凡文明国度,大学校长不仅有学养之精深,且有道德之风范,亦是社会之楷模,领衔一校之长,当是终身之荣誉。当年北京大学的校长蔡元培、胡适,一代宗师,岂是一个地方长官或一个部门首长的官位可比。然而,大学校长如今也挤入了浩繁的官员序列,政府或部门的一个官员,可以对大学校长指手画脚,发号施令,权力凌驾于学术,大学校长自然唯唯诺诺。校长已然如此,令人仰慕的图书馆馆长、博物馆馆长、档案馆馆长等,也早已褪去了职务的光环,成为安排官员的岗位,学养底蕴和学术风骨,已然被世俗驱赶。

一个国家、一个社会,终究需要一大批高贵者。高贵者是国家的脊梁,民族的精魂,是无数正在成长青年的导师,让高贵者高贵,自然是让一个民族高贵,让一个国家高贵。

给高贵者以高贵,这恐怕是对中国人价值观的一个考验。

戈黛瓦夫人的赌注

曾有人竟敢为一城民众的素质打赌。

这位敢于如此"豪赌"的人,是英国考文垂市的戈黛瓦夫人,为了争得对民众的减税,她押上了自己美丽惊艳的身体。

这个令人匪夷所思的故事发生在公元1040年的英国考文垂市。

是年,统治考文垂市的利奥弗里克伯爵,不顾民众死活,决定向市民征税,支持军队出战,这对于困苦中的人民,无异于雪上加霜。

利奥弗里克伯爵善良美丽的妻子戈黛瓦夫人,深深地同情民生疾苦,她再三恳求伯爵,减收征税,救民众于困顿。利奥弗里克伯爵勃然大怒,严厉斥责妻子,为无良的贱民求情,不是一个贵族夫人的行为。戈黛瓦夫人决不退让,她大义凛然地说:我要让你发现,人民是多么可敬。

利奥弗里克夫妇决定打赌:戈黛瓦夫人要赤身裸体骑马走过城中大街,假如市民全部留在屋内,不偷窥戈黛瓦夫人的话,伯爵便会宣布减税。

这是一场前所未有的、强弱并不对等的打赌,似乎儿戏,又似乎荒淫。当然,更确切的,应该是戈黛瓦夫人的勇气和纯真。

戈黛瓦夫人走上了不归之路,她高贵的尊严和神圣的私密,都将被一览无遗。

考文垂市民同样面临道德和良知的审视,他们中的每一个,都将以戈黛瓦夫人的美丽和纯洁,来净化自己的灵魂。

次日早上,戈黛瓦夫人跨上马背,缓缓地走向城中,她优雅的气质、与生俱来的美丽,仿佛从天而降。初升的太阳,穿过云层,透过树梢,给冰清玉洁的戈黛瓦夫人披上了乳白的霞光。

考文垂市所有的楼房,都紧紧地掩上了门窗,全市民众留在屋内,戈黛瓦夫人是他们想象中的庄严的女神,他们不能让戈黛瓦夫人蒙羞。

寂静的街道,空无一人,唯有清脆的马蹄声,为戈黛瓦夫人伴行。

戈黛瓦夫人赢了,她以自己的形象,独特地展示了考文垂市民的高尚和正义。

考文垂市民赢了，他们以自己纯真的品德，维护了戈黛瓦夫人圣洁的形象，实现了戈黛瓦夫人的预言："人民是多么可敬。"

利奥弗里克伯爵信守诺言，宣布全城减税。

如神话一般的故事，感动了画家约翰·柯里尔，留下了千古不朽的世界名画《马背上的戈黛瓦夫人》，让人们永远地记住戈黛瓦夫人高贵而美好的形象。

考文垂人民的形象同样不朽，他们可以为自己的正义和尊严而骄傲。一个国家拥有这样的人民，便有了国格；一个人体现这样的尊严，便有了人格。十八世纪的工业革命之所以发生在英国，让英国发挥了引领人类进步的火车头作用，从根本上说，是英国拥有了懂得尊严、维护尊严的伟大国民。

戈黛瓦夫人的时代已经过去，一千年太久，人类的至理却依然新鲜生动，一国之崛起，其实是国民之崛起，无正义无尊严的国民，承担不了国家崛起的重任。

懦夫和勇者的故事

懦夫和勇者,并不相关的两个故事。

先说懦夫的故事。

瓦西里·米哈伊诺维奇·布洛欣少将,苏联内务人民委员部首席行刑员,被吉尼斯世界纪录列为"现代世界历史上亲手杀人最多的人"。

据史料披露,布洛欣共亲手处决9000多人,在骇人听闻的"卡廷事件"中,布洛欣充当了一个重要的角色。他杀人时,总是围着屠夫用的皮围裙,戴着长及肩膀的橡胶手套,用德国PPK手枪重复射击动作,28天内,他用手枪杀了7000多人。

布洛欣因敢于杀人,1940年被最高苏维埃授予红旗勋章,这自然是布洛欣的荣耀。

布洛欣应该明白,他所杀的人,都是无辜的。如果说这是法治,却丧失程序;如果说这是正义,却不敢公开。布洛欣只是奉着上面的指令,起早摸黑地杀,一批接着一批地杀,布洛欣成为称职的杀人机器。这样血腥的杀人机制和杀人机器,让人不寒而栗,莫名地恐惧。

布洛欣杀人近万,却仍然是一个懦夫,一个失去人性的、可耻的懦夫。面对严酷的政治,他不敢违抗上面,不敢追问真相,他不敢不杀人。

用鲜血染红的红旗勋章,没有给布洛欣永久的荣誉,政治变局让他连带出局。1953年他被强令退休并被剥夺军衔。受此重大打击,这位杀人屠夫最后总算勇敢了一下,自己结束了自己的生命。

再说勇者的故事。

2002年9月11日,美国遭受"9·11"恐怖袭击一周年纪念日。

这天上午,从四面八方赶来的美国人,聚集在纽约世贸大厦遗址,举行悼念死难无辜亡灵的活动,场面极是悲壮。在沉痛的气氛中,纽约市长朱利安尼领头,有关官员及亲属代表先后上台,逐个宣读遇难者的名字,每一个名字就是一个生命,美国人民给了死难者最后的尊严。

长长的宣读从上午 8 时 52 分至 11 时 20 分,历时 2 个半小时,是人类历史上罕见的悼念仪式。30 多家电视台同时播放 3000 多个死难者的名单画面,各报刊登了 2700 多个死难者的照片,让死难者与活着的人同在,与历史同在。

这是一场震撼灵魂的悼念,显示意志的公祭,美国人民以人性、以正义,表达对恐怖主义的蔑视。

"9·11"恐怖袭击是美国永远的哀痛。恐怖分子用美国的飞机,在美国的土地上,对象征美国无可匹敌力量的世贸大厦,进行毁灭性的袭击。全世界善良的人们,透过电视目睹了这场惨绝人寰的大灾难,以人类共有的良知,为美国人民祈祷。

美国人是勇者。他们从恐怖袭击的废墟上,勇敢地站了起来。他们不可能被打倒,这不仅在于他们拥有无可比拟的科技、经济和军事力量,更重要的是,他们有着人性的力量、文化的力量,及由此形成的精神和意志的力量,他们是勇敢的人,"9·11"一周年公祭便是勇者最好的自证。

懦夫和勇者,都在激荡的潮流中,演绎自己的故事:或者扭曲人性,耻辱以至毁灭;或者坚定人性,正义乃至悲壮,他们个个不同,一旦选定自己的角色,便会演出一幕幕历史的丑剧、悲剧和正剧。

懦夫和勇者的区别,就在于懦夫舍弃正义,勇者坚守正义。

在这个世界上,还会有懦夫,更多的却是勇者。

农夫与绅士的故事

对伟大的回报是伟大。

一对英国的农夫和绅士,分处社会贫富的两端,却都以自己的伟大,演绎了一个神奇而真实的故事。

据《英国精神》一书的著述:一个名为弗莱明的穷苦的苏格兰农夫,以农糊口,终日在田间辛勤地劳作。有一天,他正在干活,突然听到附近泥沼里有求救的哭喊声,他急忙循着声音找去,发现一个小孩掉到粪池里,情况十分危急,农夫挺身而出,把小孩从死亡的境地里救了回来。

次日,一辆崭新的马车载着一位优雅的绅士,来到了农夫家门口,他就是被救小孩的父亲,专程登门道谢,农夫拒绝了绅士的报酬,说:"我不能因为救你的小孩,而要你的报酬。"这时候,农夫的儿子进来了,绅士说:"我要报答你,让我带走你的儿子,让他接受良好的教育,假如这个小孩像他父亲一样,他将来一定会成为一位令你骄傲的人。"在绅士的眼里,教育是改变贫穷、实现人的价值的最好途径。

农夫答应了。他的小孩勤奋地学习,从圣玛利亚医学院毕业,成为举世闻名的弗莱明·亚历山大爵士,也就是盘尼西林的发明者,为人类做出了重大的贡献,1944年受骑士爵位,得到诺贝尔奖。

故事还没有结束。数年后,绅士的儿子染上肺炎,是弗莱明发明的药救活了他。行善的绅士,获得了意想不到的报答,这真是颇有戏剧性的大结局。

这位绅士的儿子,就是名震全球的英国政治家丘吉尔爵士。在二战中,丘吉尔作为英国人民的统帅,气吞山河,百折不挠,展现了钢铁般的意志,成为"有史以来最伟大的英国人",也是诺贝尔奖的获得者,同样为人类做出了重大的贡献。

农夫和绅士,贫富两极,地位悬殊,然而他们都是善良的人,有人性的人,他们在人生一闪而过的关键时刻,做出正确抉择,他们以自己伟大的付出,终究获得伟大的回报,他们为世俗社会树起了良好的道德标杆。

农夫的伟大,在于他虽贫穷而有悲悯之心,居困厄而无贪财之念,在荒野的那一刻,以生命对生命的救援,是人性使然,他毅然拒绝了绅士的报酬,这样的贫穷,显示的却是高尚。

绅士的伟大,在于他虽富贵而无傲慢之心,居高位而有高尚之德,在面对农夫儿子的那一刻,他便决意让农夫的孩子接受良好的教育,这是英国人的立国精神。绅士以高尚回报高尚。

倘若农夫见死不救,倘若绅士知恩不报,倘若这世上都是以钱对钱,以俗对俗,甚至以粗鄙对粗鄙,以卑劣对卑劣,这文明世界自然没有丘吉尔、弗莱明所创造的那一段灿烂的文明,还会留下更多的卑污与丑恶。

农夫和绅士,他们以自己的眼光和胸怀,救助了下一代,改变了下一代。更重要的是,他们以自己闪光的人格,照亮了下一代励志奋发的精神航道。

农夫和绅士的故事,是英国人的一个缩影,让我们看到:文明的崛起,其实是从最细微之处开始的。

"持节"何必"宣威"

一生平和,以著书从教为业的胡适先生,竟也能"持节宣威"。

抗战时期,胡适被国民政府任命为驻美国大使。一介教授,陡然成为"持节"驻美的使者,胡适故乡的胡氏宗族,自然是风光万分,此是胡适之荣光,也是故里乡亲之荣光,在胡氏宗祠特立匾额,上书"持节宣威",光宗耀祖,至今仍挂在绩溪上庄胡适的故居内。

这很有哭笑不得的味道。

抗战前期之中国,屡战屡败,甚至不战而败。九·一八事变,500多日军突袭东北军驻地北大营,逾万名守军竟然溃不成军,一败涂地。此一仗,打出了日本人的野心和信心,此后,日军日日进,国军节节退,直到堂堂中华民国总统府,被日军第16师团部盘踞,南京30万军民惨遭杀戮,震惊中外。

如此国难,出使美国的胡适先生,还有何威可宣。他的唯一使命,便是求助美国,要钱要物要援助,这对心高气傲的胡适而言,自然是难为他了。

乡间的百姓,以为做官便是好,到美国去做官,更是不得了。有点文化的,世代囿于四书五经,哪里知道国际关系的波谲云诡,不求自强的穷国弱国,不会有恩赐的尊严。才华横溢的胡适先生,在美国东奔西走,四处求助,其实日日辛酸。

立于胡氏宗祠的"持节宣威"之匾,可算是懦弱国家中的懦弱之民的经典之作,是卑微乡民梦幻中的扬眉吐气。倘若中国之使节,可在列国诸强中宣威、扬威乃至示威,这对于饱受欺凌的国民,该是何等的痛快。

胡适的时代已然过去,今日之世界,和平与发展,是进步的主流,无论何国,都有自己尊严之一席。今日之中国,当然也得刮目相看,就其经济实力和军事力量而言,名列世界诸强之前列,休说"扬威",已经是不怒自威,还会有哪一国敢小看,敢轻看。中国的分量,不言自明。

时代缩影的观察

中国的百姓,总是走不出被挨打、被欺侮的历史悲情,忘不了弱肉强食的丛林铁律,有出头之时,便日日都想"亮剑"、"亮肌肉",壮军威,扬国威,以武慑人,其实愚蠢。

中国的先贤哲士便没有这般的愚鲁。秦汉以来,特别是唐宋时期,强大的中国便以平等友好之身,礼贤诸国,开辟海上丝绸之路,从东海、南海直至波斯湾和东非。经济和文化的频密交流,树立了繁荣和平的中国形象,极大地推动了中国和所经国家的港口史、造船史、航海史、海外贸易史、移民史、宗教史、国家关系史、中外科技文化交流史,中国为人类的进步做出了至丰至伟的贡献。

昔日的海上丝绸之路,并非威武之路、威慑之路、威迫之路,而是和平之路、交流之路、共同发展之路,中国文化,犹如丝绸一般绵软和柔韧,具有强大的吸引力、感召力。尊贵美丽的丝绸,将中国和世界柔和地联结在一起。

走上现代之路的中国人,要开辟新的海上丝绸之路,为新世纪的人类进步再做贡献。"持节"不必"扬威",走出国门,要扬的是中国之文化、中国之责任、中国之正义。地球本来就小,四海之内皆朋友,没有世界各国的共存共荣,何来中国之发展。

中国的百姓,本来就是本本分分地做人,规规矩矩地做事,如今稍稍有点国强民富,何必整日想着"扬威"。当年英国的百姓无论世道如何,都有自己的"定海神针",意大利著名记者路易吉·巴尔齐尼曾对英国人如此评价:"他们死守着,现在还在死守着使其伟大和强大的美德——他们从本国的土地、四周的海洋、天气以及他们历史的变迁中所吸取的美德。"

看来,美德才是国民的定力和张力。

中国人自然也有自己的美德,坚守和彰显美德,方为立世之本。

煌煌世界,扬威不如扬德。

胡适之悲

胡适有悲么？

胡适应该不会有悲。这位从安徽绩溪走出来的学者，是美国哥伦比亚大学哲学博士，学贯中西，以力主白话文而成为中国新文化运动的开山宗师。

胡适的学术成就，让人肃然起敬。他是中国著名的历史学家、文学家、哲学家，他以深邃的历史眼光、博大的世界情怀和严谨的治学精神，著述丰富，得到国际学术界的广泛认可，先后被美国哈佛大学、英国牛津大学等一批世界著名大学，授予三十二个名誉博士学位，如此尊荣，堪称现代中国第一人。

胡适性格随和，温文尔雅，予人慈爱，给人尊严，总想以自己的学问，给苦难人们带来一片自由的天地。

胡适心胸如此博大，会有悲么？

胡适其实有悲。

1917年，中国正处于历史的激流漩涡之中，犹如一艘古老衰败的航船，时时都有分崩离析的厄运，在这乌云密布的时刻，胡适从美国学成归来。其时之胡适，风华正茂，激情难抑。在上海码头，他对迎接的朋友说："如今我们归来，一切都将不同。"他引的虽是伊拉漠斯的名句，却全是他自己的心声。他饱受西方文明的熏陶，踌躇满志，渴望以科学、民主、自由、平等来唤起中国，改变中国。然而，凭着几个人、几本书所宣扬的西方民主自由，浑浑噩噩的人们不会有兴趣，军阀想的是地盘，商人想的是银圆，政客想的是权力。胡适的自由主义思想面对的是腐败透顶的专制体制和唯唯诺诺的群体奴才，根本没有理想和信念，胡适的主张不会有用，更改变不了中国。胡适至死，都无法实现自己的理念，也没有看到他心目中的"一切都将不同"，这是胡适之悲。

胡适崇尚自由，却被封建礼教紧紧地束缚。胡适的婚姻，由其母包办,双方并无恋爱的基础,也无共同的理念,以一个完全新思想新生活之胡适,去爱一个传统守成的旧式女子,毫无幸福可言。然而胡适一生坚守这段婚姻,他在日记中写道,"假如我那时忍心毁约,使这几个人终身痛苦,我良心上的责备,必然比什么痛苦都难受"。胡适以自己的痛苦,维系了传统的家庭。蒋介石在悼胡适的挽联上题:"新文化中旧道德的楷模,旧伦理中新思想的代表",可谓胡适一生的写照,在新文化中仍然充当旧道德的楷模,就其个人而言,无异承受了无比的牺牲,这自然也是胡适之悲。

胡适自小就承袭了母亲"宽恕人、体谅人"的精神基因,求学美国,又沐浴了西方自由主义的理念,素以平等待人,给一切人以尊严,他有自己的理想人格和理想社会的价值标准。晚年,他已不关注政治,然而政治却还是来关注他。次子胡思杜面对政治风暴,被迫与他断绝关系,此后在1957年的"反右"中自杀身亡,遗体不知去向,最终只能以衣冠冢在胡适墓旁尽孝。爱子之心,人皆有之,何况胡适。因理念之不同,殃及后人,直到死无葬身之地,当然是胡适之悲。

胡适之悲,令人嗟叹。唐德刚先生评价胡适,是"把我们古老的文明,导向现代化之路"。古老的文明,走上现代化之路,便是阵痛,便是涅槃,便是浴火重生,这就注定了胡适的悲剧命运。

胡适一生,总归盖棺论定,知名大学者毛子水为他撰写字字珠玑的墓志铭:

"这是胡适先生的墓,生于中华民国纪元前二十一年,卒于中华民国五十一年。这个为学术和文化的进步,为思想和言论的自由,为民族的尊荣,为人类的幸福而苦心焦思,敝精劳神以致身死的人,现在在这里安息了!我们相信形骸终要化灭,陵谷也会变易,但现在墓中这位哲人所给予世界的光明,将永远存在。"

然而,胡适却给自己留下了永恒之悲。

胡适之死

人都有一死,却各有各的死法。

大概是命数注定,有怎么样的活法,便有怎么样的死法。通常,积德行善的人,便会从容泰然的归去。

胡适一生清正、仁爱,饱有学者风范。这样的人格,自然享有有尊严的死法。胡适的死,死得从容而又决然,冥冥之中,是一种神玄的安排。

1962年2月24日,极为普通的一天,胡适这位享誉世界的著名学者,走到了生命的尽头。

这一天,胡适直到死的那一刻,都毫无死的预兆。他作为台湾"中央研究院"院长,在主持第五次院士会议时,因心脏病发作而猝然离世,享年72岁。

胡适告别人世的地点,于胡适而言,应是最佳之地:台北南港小山上的蔡元培馆。蔡元培与胡适,同为中国思想界、学术界的泰斗,都先后担任北京大学校长,又先后任职"中央研究院"院长,位尊望重。尤为可贵的是,蔡元培与胡适,都倡导"独立之人格,自由之思想",在中国广袤的学术星空,首先亮起了耀眼的光彩,可谓心气相通。胡适在蔡元培馆踏上不归之路,真乃天作之合,绝非人力所能为也。

胡适最终倒在了讲台上,作为一个学者,自然是极其的荣耀与尊严,一如战士倒在冲锋陷阵的沙场上。是日下午五时整,胡适满脸笑容地走到讲台上致辞。这位堪称第一流的演说家,决不会想到这竟是他一生最后一次演讲。他与往常一样,于谈笑中娓娓地道出深刻的哲理,照例获得满场的笑声与掌声。谁能想到,这竟是胡适一辈子听到的最后的笑声与掌声。然而,满耳净是朋友、同事的笑声、掌声,在溢溢的温情中溘然长逝,这普天之下,有如此难能可贵的死法吗?

胡适的死,是突然的,也是决然的。胡适演讲完毕,微笑着和一些人逐个握手。他突然面色苍白,晃了一下,仰身倒下,后脑勺先撞上桌沿,再重重倒地,心与脑俱遭重创。一位在中国开创一代新风的学术巨星倏然而去,已无需任何的抢救。

胡适素以他平和之心、非凡之脑,终生研学,成为中国乃至世界的学术楷模。而他的归宿,竟然是心脑重创,看来他的逝去,是决然的,甚至决然得让任何医生都没有抢救的机会。

巨星坠落,星空失色。胡适已然离去,大概是另一个世界更加需要他。

胡适之死,让人唏嘘,哀痛中生出无尽的惋惜。诸多细节,看似不经意的巧合,却全是命数的注定:他博爱人间,人间自然给他一份温情;他酷爱讲台,讲台自然还他一份尊严;他一辈子用心用脑,心脑自然以同时离去,还他一份安息。

胡适的归去之日,圆满地成就了他的生命之绝唱,这是一位视自由如生命的人的最好归宿。他最后演讲中的一段话,竟然成为他留给一生都挚爱的人民与国家的最后遗言:

"科学的发展,要从头做起,最基本的做起,绝不敢凭空的想迎头赶上。"

这样直白而深沉的话,应是胡适最后也是最沉重的告诫,后来的中国人能听懂么?

假若鲁迅还活着

假若鲁迅还活着,还在写文章,该会怎么样?

这自然是毫无意义的假设。鲁迅死了,已经永远地搁下了自己的笔,他再也不会对这个社会发表一丝一毫的意见了。

然而,就是这种毫无意义的假设,却屡屡被人假设。

中国的知识分子爱说话。在阶级斗争为纲的年代,爱说话的人,往往祸从口出,惹上麻烦,引来牢狱之灾。人们在惊恐中,便把鲁迅拿来作话题,结果大概也是明摆的:作为"投枪和匕首"的鲁迅,是一定要说的,一定要写的,鲁迅也不会有好下场。

难说。

假若鲁迅还活着。既然活着,总想活下去。他一定得适应时代,认真地钻研比他的著作更伟大的著作,自觉地在灵魂深处爆发革命。他会深入车间、田头,会与工人、农民交上朋友。可能把大庆,也可能把大寨,搬上了革命样板戏的舞台。至于像阿Q、孔乙己那样的人物,那样的故事,都已经过去了。过去的只当是过去了,不会再有人感兴趣。

这自然也是一种假设。然而,这样的假设,也是的的确确会有的。我们所知道的许许多多的人,当然包括很有名的人,都是这样活过来的。

对鲁迅作这样的假设,也是一种假设,而且是一种更人性化的假设,难道非得让鲁迅自取其辱,老了还去坐牢?

其实,对历史事件、历史人物,不必去做各种各样无谓的假设。历史,只要过去了,便是历史。

然而,中国人喜欢假设,尽管无端,却很有人匪夷所思地去假设,又有许多的人喜欢听,喜欢信,甚而至于,被假设的场景,信以为真地当作结论了。

譬如,有学者假设甲午战争是北洋水师打败了日本海军,此后的清廷命运、中日关系将完全是另一种格局,如此假设下去,自然令人不胜唏嘘。

譬如，又有学者假设朝鲜战争不爆发，新生的共和国无抗美援朝之恶仗，便可一鼓作气，直取台湾，中国又当是另一个局面。这种假设，又让人以为机会失之交臂。

再譬如，更有许多学者假设没有恶斗的"文革"，中国便不会有失去的十年，中国的国家力量早就比肩日本，世界一流。这种假设，更让许多人真以为中国早就该强大了。

对曲曲折折的历史，偶尔做些假设，也无不可，更多时候，只是凑凑热闹，显出做假设者的学问与洞察，倒也罢了。然而，竟会有人将假设作为研究的结论，倒是怪了。比如鲁迅若活着，便定会遭殃，便是一个完全不成立的假设，竟有了铁定的结论。人世间的事，能如此荒诞地假设么？

胡适曾经说，做学问要"大胆的假设，小心的求证"。如今，假设是足够的大胆，而求证，又有谁会有心思去求、去证。

各种无聊的假设，依然会不断地有。

马克思墓志铭的遐想

伦敦海格特公墓,在绿树辉映下,卡尔·马克思安卧在那里,他已经完成自己的思想使命。

庄严厚实的墓碑上刻着马克思在《关于费尔巴哈的提纲》上的著名的结束语:"哲学家们只是用不同的方式解释世界,而问题是改变世界。"简洁而又深刻,足以让任何一个还有一点思想的人久久思考。

这段墓志铭,是马克思奋斗一生的伟大缩影,也是留给后人的精辟的思想财富。

马克思逝世以后的一百多年来,世界发生了翻天覆地的变化,科学的力量、市场的力量、全球化的力量,当然,最核心最本质的还是人的力量,深刻地改变了世界。如果马克思还活着,他一定会对人类社会无与伦比的进步和前所未有的挑战,继续他的探索和思考。

马克思属于全世界。他所开拓的思想领域,激励着后来的人们不断地观察世界、分析世界、改变世界。1999年,英国剑桥大学、英国广播公司先后在学术界和全球范围评选"千年第一思想家",马克思都是稳居第一。马克思还活着,马克思的思想还在闪耀,人类社会许许多多的人们,还是以他的思想去"改变世界"。

马克思绝不会想到,他的思想在一百多年后,被遥远的中国写入国家宪法,进入执政党的纲领,成为一个如此巨大国家的行动指南。他也绝不会想到,自己的思想竟然如此深刻地改变了中国,改变了中国人,改变了中国历史的进程。

改变中国,就是改变世界的一部分。这是对中国的国家定位和人民使命的最好诠释,尤其是在中国崛起的历史关头,改变中国,是如此的深沉和紧迫。

要改变中国,就必须遵循人类社会科学发展的规律。马克思之所以伟大,用恩格斯的话来说,就是"正像达尔文发现有机界的发展规律一样,马克思发现了人类历史的发展规律"。科学发展的规律,是人类共有的,也是被无数历史实践所证明了的真理。老一辈无产阶级革命家,不远万里,留学西方发达国家,就是为了探索和追寻这个真理。20世纪80年代的改革开放,本质上就是一场遵循人类社会科学发展规律的变革。离开了科学发展的规律,离开了人类社会共同的足迹,那就是歧路,就是死路。

要改变中国,就必须改变每一个中国人。马克思说,"我们现在所做的一切,都是为了人的自由而全面的发展"。人的自由而全面的发展,是一切发展的基础和前提。生动活泼的政治局面,生机勃发的经济格局,和谐稳定的社会环境,无不由自由而全面发展的人来支撑、来主导。束缚人的思想,蔑视人的权利,无异自绝于人类的文明与进步。

要改变中国,就必须要有世界情怀和世界眼光。中国,是世界的中国,中国的发展离不开世界。中国人,十三亿之巨,居世界各国之首位,依存地球,才有中国人的位置。中国人要学会感恩世界,回报世界,做世界大家庭中的模范一员。一个强大民族的谦卑情怀和宽广视野,换回的一定是尊严和拥戴。胸襟狭隘,目光短视,那就不配做一个伟大的民族。

毛泽东有改变世界的雄心,也有被"开除球籍"的担忧。一个封闭、落后、不思进取的国家,恐怕是要被开除球籍的。

看来,要改变中国,首先还得改变自己。一个把马克思主义作为党的纲领的组织,却又有许多的人对马克思思想一知半解,甚至一无所知;把"为人民服务"作为政治准则,却又有不少人对人民根本没有感情,甚至只想人民为自己服务;天天生活在世界上,却对世界优秀文明成果置若罔闻,甚至视为异端。这样的人,这样的眼光,还不堪忧么?毛泽东担心的开除球籍,是迟早的事。

马克思静静躺在曾经被他猛烈抨击的资本主义腹地——英国伦敦,墓碑上方是他目光深邃的头像。正如法拉格在回忆马克思时所说:"思考是他无上的乐事,他的整个身体都为头脑牺牲了。"

马克思的思想永存。当然,不会思考、不思进取的平庸人们,将永远徘徊在马克思思想大门之外。

贪官不畏死，奈何以死惧之

贪官怕什么？

贪官死都不怕，还能怕什么？

这并非高看贪官。"贪官不畏死，奈何以死惧之"，这是曾经一位大贪官的辩护律师的惊人之语。他说，这些年自杀的涉贪官员远比判死刑的多。死对贪官，是一个更好的选择，或许，还是一种解脱。

贪官不怕死，这话有一定的道理。

当年，江西省副省长胡长清利用其职务上的便利，收受、索取他人财物折合人民币544余万元，被法院判处死刑，立即执行。这是对胡长清的极刑，也是对官场的一个震慑。然而，一个贪官死了，后面的贪官还是如灯蛾扑火一般，继续贪，向着死路直奔。如今的贪官，又哪里是胡长清可比，贪腐的数额已经到了以千万计、以亿万计，胡长清的头，没有吓住那些不要命的贪官。

20世纪90年代，有一位领导人面对猖獗的贪腐，拍案而起，誓言以100口棺材开杀戒，肃贪腐。如此声势，自然是为了震慑贪官。近二十年过去，贪官照样贪，而且从个案发展到窝案，团伙作案，塌方式腐败，贪官要钱不要命，何曾被死吓住。

平民百姓总是善良，总是以己之心度人之腹，以为贪官怕死，杀一儆百，便能让贪官改邪归正，这自然也是善良人民的善良愿望。

其实，贪官早已失去了人性，失去了人所应有的基本的敬畏之心，贪官的所作所为，一般的人敢么？

肆无忌惮地践踏法制。一国之法，高悬于庙堂之上，庄严神圣，凛然不可侵犯。然而，贪官视庙堂如游戏，视法制如废纸，从国家命官、封疆大吏到一镇一乡的小官小吏，只要涉贪，如出一辙地无法无天，一权在手，便利令智昏，无钱不贪，无女不淫，无恶不作，无所不为，人已疯狂，还怕死么？

忘乎所以地亵渎公器。公器，乃天下之公物，为天下之共有，又为天下之共用，尤以官爵为公器之最。贪官已不满足于受人钱财，而明目张胆地鲸吞公帑、侵占军费、买官卖官，堂堂公器沦落玩物，贪官敢与天下人如此交恶，还怕死么？

恬不知耻地羞辱民意。贪官自贪之日起，便已是罪犯。以罪犯而在人民头上，如教父一般口若悬河，如长官一般发号施令，无耻至极。东窗事发，其实就是一囚犯，民心被如此羞辱，正义被如此嘲弄，天地不容，神人共愤。如此之人，还怕死么？

贪官不糊涂，其实明白法律不可抗，公器不可亵，民心不可侮，更明白清正廉洁乃为官者命之所系。然而贪欲毁人，那些贪官何曾迷途知返，硬是走上了万劫不复的亡命悬崖。

贪官真的什么都不怕了吗？

但凡是人，总有所怕之物。贪官怕的是正义的法治，不少贪官被暴露后，自己了断自己，直奔黄泉路，为的就是逃避法律的制裁。

正义的法治，如悬剑，锋利无比；如阳光，昭然若揭；如天网，无可逃匿。正义一旦降临，所有的真相，所有的罪孽，便都水落石出，一网打尽，这岂是贪官自己一条贱命所能抵的。

"贪官不畏死，奈何以死惧之"，若如此，严明的法治与不怕死的贪官，必有一番无情的较量。最后的结果，定会让骄奢淫逸透顶的贪官，生不如死。

管管科学

一

科学要管么？

科学是个好东西。

人类迄今为止许许多多的进步，都是科学的进步。从汽车、火车、飞机到宇宙飞船，从手机、电脑、网络到移动互联网，科学有如暗夜的火炬，划破了重重黑暗；又如动地的春雷，震撼了沉沉大地。科学所拥有的巨大变革的力量，让人类文明的进程更加辉煌灿烂。

科学改变世界，科学改变人类，科学还将改变未来。

如此美好的东西，要管么？

二

有时候，科学也是坏东西。

核武器是科学，这样的科学，能使几十万、上百万人瞬息之间死于炼狱。当今核大国储存的核弹头，足以毁灭我们这个人类赖以生存的星球。有科学家称，若核大国将研制核武器的人力、财力，投向攻克癌症的研究，人类早就能摆脱癌症死亡的阴影。

生化武器是科学。这种科学，让人极度恐怖、极度痛苦，而且是人类自相残杀的又一利器。

所有的军事武器都是科学，这类科学，无不是为了精准地杀人毙命。

这样的科学，制造悲惨世界，灭绝人类万物，还能不管么？

三

科学还会成为失控的东西。

当今的科学成果，最惊喜的莫过于互联网。是互联网让人、知识、信息,如此快捷、如此畅通地联系在一起。然而,加倍的科学成果,便有加倍的现实风险,网络黑客、网络袭击,以网络世界撼动现实世界,同样在戕害人类。

科学造福人类,人所享有的现代生活,无不受惠于科学。然而,也是这身边的科学,让人竟然成为科学的受害者:核辐射、电子辐射、化学污染以及资源穷奢极侈地被挥霍,人生存的空间,变得前所未有地恶劣。

科学与毁灭之间仅一步之遥。科学一旦失控,毁灭接踵而来。

失控的科学,也该管管。

四

科学必须管控。管控科学的,只能是民主政治。

科学的背后是人,是人在研究科学,发现科学,应用科学。对科学的管控,其实就是对人的管控。而人,只能以民主政治的理念和体制,来规范、约束,一方面激发人的创造力,一方面控制人的破坏力。比如正在实施的以人为本的科学发展观,就是在科学发展的前头,加上"以人为本",其本质便是民主对科学的管控。

一百多年前,中国一批极具远见卓识的先贤哲人,便力倡引入科学与民主。中国不可无科学,更不可无民主。于今来看,这样的思想,还是十分地闪光。

科学与民主,如鸟之两翼,人之两腿,决不可分离。没有民主政治的体制,便不会有灿然进步的科学。同样,没有科学的思维、科学进步所产生的力量,也不会有民主政治的基础。将科学与民主,不分先后地引入中国,其实是将人类社会发展的基本规律不可分割地引入中国。

要让科学走正路,不走邪路,唯有民主政治的体制机制。若如此,科学给予人的,尽是福音。若科学离开了民主,宁可不要,半点也不要。

不幸的是,今日某些科学,已如脱了缰的野马,又如失去理性的疯人,科学疯狂地前行,人的良知与灵魂远远落在后面。若不管,竟不知如何收场。

救救科学,管管科学。

想起孙悟空的血统

孙悟空有血统么?

《西游记》作者吴承恩笔下的孙悟空,一个筋斗十万八千里,无所不能,极是了得,却总归是虚拟的。

子虚乌有的孙悟空,竟然还有血统?

这近乎无聊。若一定要让孙悟空也享有血统,自然是中国的。试想一下,这孙猴子取的是中国名字,说的是中国话,天经地义的中国血统。

然而,却还真有人查究过孙悟空的血统,且是名震天下的学术大家。

据《趣味考据》一书所载:1923年,胡适曾对孙悟空的血统有质疑:"我总疑心这个神通广大的猴子不是国货,乃是一件从印度进口的。"胡适因中国神话散亡仅存零星而谓我民族为"不富于想象力的民族","中国的浪漫主义是印度文学影响的产儿"固然不足为训,而盲目的排外,也非民族自信心的表现。

时隔12年,郑振铎先生1934年在《佝偻集·西游记》中也指出:"孙悟空的本身似便是印度猴中之强的哈奴曼的化身。哈奴曼见于印度大史诗拉马耶耶里,哈奴曼是一个助人的聪明多能的猴子……在印度,他是和拉马同一为人所熟知的。什么时候哈奴曼的事迹输入中国?是否有可能把哈奴曼变成为孙悟空?我们不能确知。"

孙悟空是否就是哈奴曼的化身,这还真值得查考,关系到印度的佛经对中国小说创作的影响,关系到中印文化交流的渊源。

还曾有极富智慧的说法,认为孙悟空应是混血猴,"杂取种种,合成一个",孙悟空有印度猴的精气,也有中国猴的神异,应了鲁迅先生所说"要进步或不退步,总须时时自出新开裁,至少也必须取材异域"。

看来,孙悟空的血统,绝非一个玩笑的话题,若把中印文学比较着研究,印度文化对中国文化的影响,自然是巨大的。

从孙悟空的血统,想到现如今的学术研究,大都集中在经济和社会的热点、难点和焦点,社会之急需,便是研究之重点。即使研究,其实对那些热点、难点和焦点,也不必更深地去探根究底,只需提出管用的招数。学术研究已经变得非常的现实。诸如孙悟空的血统问题,大概是吃饱了饭没事干,谁都不去想的这一类话题。

　　学者,自然应有学者的境界和眼光。热点要研究,冷僻点也要研究,世界毕竟是冷热共同构成的。

最奇是杭州

"江南忆,最忆是杭州。"

江南,是中国的锦绣之地。杭州,是锦绣之地中的锦绣之城。

千古尘烟,多少城池终被风吹雨打去。杭州,却古城春色,依然自我,总是幽雅、尊贵、挺拔、秀逸。其形、其神,历尽千秋而不绝也。

江南奇,最奇是杭州。

一、一逸一险,风水之奇也

杭州,江南形胜之地:内揽西子湖之美色,一湖春水,幽邃飘逸,温静华贵,气定神闲。一分宁静,便有一分气质,亦即高贵秀雅之气质。杭州,嫣然安于湖光山色;外扼钱塘江之险峻,大江滔滔,奔腾不已,涌潮骤来,飞浪排天。一重急流,便有一重精神,亦即迎险而上之精神。杭州,凛然立于潮头之上。

西子湖让杭州处逸而温雅而高贵,钱塘江让杭州迎险而激情而奋进。这样的风水,自然养成宠辱不惊、生机不息之杭州,此乃杭州风水之奇也。

二、一妖一伎,风情之奇也

一链白堤,横卧西湖。湖光潋滟,堤石重重,一片湖中一线堤。

堤首是断桥,于绿波荡漾中跃起弧形的石拱桥,相传是白娘子与许仙的爱情之地。千年蛇妖追求人间挚爱,演出了一段惊天地泣鬼神的爱情悲剧。堤尾西泠桥,桥头高拱,尽览里湖、外湖之秀色,绝代歌伎苏小小葬于此。"湖山此地曾埋玉,风月其人可铸金",桥堍立亭,亭中设墓,将西湖之腹地,留给美女苏小小。后来的杭州人,将一妖一伎于白堤首尾相顾,显露杭州别样之风情。

白娘子、苏小小,给古城杭州平添凄丽与哀怨,却引来荡气回肠、忠贞缠绵的爱情传承。梁山伯与祝英台的痴情,李慧娘的烈情,凸显杭州乃情爱之地。蛇变人,人化蝶,情到深处自可敬。杭州有如此之人性,当是此城风情之奇也。

三、一慵一勤,风气之奇也

杭州人,世居天堂之地,尽享天堂之福,为伊消得光阴去,此生只愿伴湖山。

杭州多茶馆,市井坊间,风景名胜,遍布茶楼茶馆。杭州人一张几,一壶茶,谈天说地,自得其趣,一年四季,乐此不疲。此为杭州之慵也。

杭州人却又勤。凡杭州之一花一草,一树一木,一石一矶,杭州人都爱之,惜之,护之,花团锦簇之城,必有呵花护绿之人。历代杭州人以勤勉传承西湖之秀、群山之青。

杭州之慵,杭州之勤,处繁华之现代,依然如此。数之不尽的杭州人,在数之不清的茶楼,喝茶品茗,勾留难舍,不觉时辰飞逝。杭州人却又更加地勤,多少志愿者,踏遍东西南北中,精心护得杭州美。

一慵一勤,慵中有勤,勤中有慵,此乃杭州风气之奇也。

四、一横一纵,风景之奇也

杭州风景,千姿百态,有一万种眼光,便有一万种景色。其中之奇景,便是横的景色要纵着看,纵的景色要横着看,百看而不厌,百看而百思。

横在地面上的八卦田,需上玉皇山而观之,居高临下,这八卦田即八卦图形,生机盎然地嵌于山峦之间,苍黄翠绿中暗隐着千古玄机;皓月当空,需临湖观赏,但见天上月,水中月,湖天一碧,水月相融,身边亭台楼阁,恍如天上琼楼玉宇。

如此反观风景,不胜枚举;冰雪覆地,却以"残雪"为胜;群山不孤,又以"孤山"为宠。西子湖畔,保俶塔、雷峰塔、城隍阁,三塔(阁)鼎立,又以最纤最弱之保俶塔最出名,杭州人称之"美人塔",亭亭玉立,挺拔傲然,可欣可赏却不可把玩,一如杭州之美女。

一横一纵之景观,乃天上人间之一体,风月无边,风景万种,此为杭州风景之奇也。

五、一邪一正,风霜之奇也

古城杭州,饱受风霜,有邪气苟且,便有正气凛然,有杭州之耻,便有杭州之勇。

杭州有邪史。南宋迁都杭州,偏安一隅,多少人沉溺于杭州这一温柔乡中。"暖风吹得游人醉,直把杭州作汴州",柔美之地消磨英雄之气。终有佞臣秦桧,于风波亭置抗金名将岳飞致死,便是杭州之耻。

杭州有正史。"青山有幸埋忠骨,白铁无辜铸佞臣",岳飞、于谦、张苍水、秋瑾等忠臣义士为杭州立起了正义之碑。杭州在遭遇史无前例之邪时,便有史无前例之正。抗日战争日军铁蹄进逼,杭州挥泪炸毁钱江大桥,阻扼日军;"文革"时期,打砸之风骤起,暴戾之人欲捣毁千年古刹灵隐寺,便有无数之人挺身护卫,终究让古刹躲过千年之大劫。

一邪一正,以正压邪,便是杭州历尽风霜而永葆青春之秘也。

伫立宝石山,登高望下,西湖犹如一块绿玉,晶莹剔透,偎依群山,透出无尽的尊贵。纵目远眺,那云遮雾障之处,便是滔滔钱江,追波逐浪,蜿蜒东去。

才人辈出,河山映辉。

宽容深厚、激浊扬清的文化,让杭州依然青春,依然奇特,依然魅力四射。

最奇是杭州。

杭州当哭

一

城市当歌。

绿草如茵的公园,拔地而起的大厦,百般的妖娆,无尽的时尚,万千精华集于城,自然当歌。

城市也当哭。

有荣华,必有悲悯。有正义,必有羞耻。有美景良辰,必有苦海沉浮。富贵繁华之地,竟有悲天悯人之事,自然当哭。

歌者如云,哭者寥寥,此为城市之耻。

其实,哭比歌往往更人性、更正义、更深沉。

杭州当哭。

二

2012年11月24日,杭州城市史上具有突破意义的一天。

"来了,来了,杭州地铁,承载着我们的殷切期望,呼啸而来。"《杭州日报》头版以如此欣喜的语言,报道杭州首条地铁的开通。

杭州人翘首企足盼地铁。如今,终于来了,自然是无比的喜悦。人们争着踏上充满时代元素的始发列车,在千年古城的地底下,飞驰而行,给自己留下永远的记忆。

人们都在鼓掌,庆贺,憧憬地铁将给这座古老城市带来的新希望、新活力。

欢乐中的人们,似乎没有人记得:这长龙一般的地下轨道,竟是无辜生命铺设的。

2008年11月15日下午3时15分,杭州地铁湘湖站"北2基坑"发生大面积坍塌事故,一声巨响,21位施工人员当即命丧黄泉。

如此惨重的伤亡,若苍天有情,则苍天无光;若山河有义,则山河鸣咽。古城杭州应为这些无辜的生命致以隆重的祭礼。

然而,谁还记得这些亡者,谁还念着这些悲情,这 21 条生命如人间蒸发一般,倏然消失。迄今为止,我们无从知道他们的名姓,也不知道他们来自何乡何地,更不知道被噩耗破碎的家庭承担着如何巨大的悲痛,他们白白地死去。

这座城市历来以富有慈悲心而著名:曾为冤死的岳飞立庙,又为殉情的苏小小建亭,甚至为子虚乌有的白蛇娘子编出凄美的神话,引无数人泪洒杭州。

现代社会,自然不必为平常人建庙立亭,也无须编造神话故事。只是要让生命回归尊严,要让为杭州而死去的人留下自己的名字。杭州人若还有点人性,若还有点怜悯,自然当哭。

三

杭州的风景名胜接连出事。

2012 年 8 月 12 日 9 时 40 分,杭州吴山广场河坊街上五六米高的"清河坊"牌坊突然倒塌,砸中游客两死一伤。该牌坊建成于 2001 年。

2012 年 9 月 12 日下午 1 时 40 分,西湖边的集贤亭轰然塌下,幸无人伤亡。此景点为清代西湖十八景之一"亭湾骑射",于 2002 年重建。

2013 年 7 月 29 日晚上 9 时,一艘载客游船冲破西湖三潭印月外围的两道钢质护栏,船头撞上南侧石塔,致石塔水上部分沉入湖中。该塔为杭州西湖的标志性形象。

杭州怎么了,杭州的牌坊亭塔竟是如此轻易地说倒就倒了?

若仰起头,看看保俶塔,建于 960 年;望望六和塔,建于 970 年,至今亭亭然,巍巍然,历千年风雨照样挺拔。

千年之后的现代杭州人,以现代先进技术和工艺制作的仿古建筑,仅 10 年之寿便忽忽倒下。杭州若还有羞耻之心,当然该哭。至于那亭亭立于湖面的古石塔,本不会倒,却被无端地撞沉。后代的杭州人不仅无能且无敬畏之心,直让杭州蒙羞且蒙耻。

四

苦夏难熬,杭州人闻暑色变,度日如年。

近十余年来,杭州年年列入中国火炉之城。2013年的杭州,35℃以上的高温竟有四十余天,其酷热居全国之首。

杭州三面环山,钱塘江为杭州通风之口,此乃造物主神来之笔。如今,沿江层层叠叠地建起了高楼大厦,严严实实地围住了杭州。城内,到处是水泥地、沥青路、玻璃墙;密密麻麻的汽车,爬满墙体的空调机,不分昼夜地排出热气、热浪、热流,杭州人如热锅上的蚂蚁,逃无可逃。杭州,真个到了"赤日炎炎似火烧,野田禾稻半枯焦"的地步了。

往日杭州的夏天,永不再有了。彼时之杭城,清风习习,凉风徐徐,一柄蒲扇可度夏。四周山上泉水叮咚,汩汩而来。九溪十八涧,涧涧清凉。街头巷尾,绿树遮天,更让人拍案惊奇的是,杭州城内处处是井,甚至许多大院老宅内,都有一眼清澈见底的古井。不少街巷都以井取名。夏日来临,那清凉的地气,从井下悠悠地冒出来。烈日下,一桶井水,便是一片凉爽,擦一把脸,冲一下脚,暑气顿消。

杭州的江,杭州的湖,杭州的泉,杭州的井,流淌着万世不竭之活水。如此天佑神地,如此风水宝地,让杭州的夏天宜居宜人。如今还会有么?杭州若有反思之心,当然应痛,应哭。

五

杭州当歌,盖因杭州可歌可颂。

杭州也当哭,终因杭州尚有可悲可怜可惜之事。

倘有人为杭州而哭,乃杭州之幸也。

倘杭州自己还能哭之、痛之、反思之,杭州当有望矣。

遗忘的清晨

我常想,世上最美丽的,是清晨。

晨曦初露,那遥远天际的一线曙光,微微地,细细地,从深沉的暗夜中,挣脱了出来。渐渐地,天破晓,清晨来了。

山峦重重,树林郁郁,雾霭缥缈,让山林若隐若现。晶莹的露珠,从茂密的树梢上,滚落下来,无声无息地滋润着山野丛林。远处,古刹的晨钟敲响,"噹,噹",一声,一声,古朴深沉,浑厚悠扬,在崇山深谷缭绕回荡。林间的鸟醒了,第一声清亮的鸟啼,引得百鸟争啼,和着潺潺的山溪流水,成为清晨的天籁之音。

太阳跃出了地平线,圆圆的,红红的,冉冉升起,放出了无比的光亮。万物苏醒,生机盎然,人间的每一天,都以如此的壮丽而开始。

从黑暗中过来的清晨,显出了它的婉约和张力:它清新、清丽,它清幽、清纯,它如天使般呵护人间,哺育苍生;它无悔、无怨,它无畏、无惧,敢以一线光明挑战茫茫暗夜。没有清晨,我们将永久地黑暗。

感恩上苍,给了我们清晨的宁静、清晨的醒悟、清晨的伟力,让我们享有生命之美、自然之美。

清晨,这般的美好吉祥,是对人们的福佑,自然会获得人们的虔诚和恭敬。然而,天下事,有时竟适得其反。清晨,因它总是默默而来,谦恭而至。它无所追求,无所索取,人们便习以为常,以为理应如此,而忽视了它的价值,甚至遗忘了它的存在。

清晨,是一份宁静,是生命清醒中的宁静。我们本应把这一份宁静刻入生命,引入生活。在宁静的家园,宁静地思考,宁静地学习,宁静地做自己喜欢做的事情。然而,我们不幸遗忘了这份宁静,乃至不想、不愿有宁静。我们往往刚从睡梦中惊醒,便匆忙地投入早晨城市躁动不安的人流。失去了宁静的心境,生活的道路便愈发地拥挤,愈发地喧嚣,愈发地浮躁,哪怕宁静的乡间,也早已鸡犬不宁,哪里还会有宁静的清晨?

清晨,是一份醒悟,是拂晓初现、新的一天开始的醒悟。我们本应带着这一份醒悟,欣喜地看人生,看自然,看未来,以平和之心挚爱生命的每一天。然而,我们不幸遗忘了这份醒悟。我们只是睁大眼睛看钱,看权,看名利,为了身外之物,已无所谓良知与人格。我们已然只有自己,没有他人;只有现在,没有未来;我们好像拥有一切,其实一切皆空。这般的不醒不悟,不知昏睡到何时?

　　清晨,是一份清新,是初升的太阳、清纯的雨露,带给我们弥足珍贵的清新。我们本应以这一份清新,唤醒我们的人性与使命,以人所特有的真诚和理性,回馈大自然的恩赐。然而,我们不幸遗忘了这份清新,而把蒙昧和混沌当作生存的现实,始终活在虚假与谎言之中。渐渐地,我们已经少不了虚假,离不开谎言,直到以虚假对虚假,以谎言对谎言。我们再也不真诚、再也不清新了。

　　清晨,我们有着太多的遗忘与失落。这种遗忘和失落,似乎让我们久久地沉溺在昏梦之中,又似乎让我们久久地奔劳在尘埃之中。没有清晨,终究是昏昏地活着。

　　其实,遗忘也罢,失落也罢,清晨总是与我们同在。春来春去,星移斗转,清晨犹如大自然的仆人,总是在规定的时刻到来。它是一种规律,一种不可或缺的正常,正是这种正常,让人类与自然和谐地共存。人世间,包罗万象,风采各异。回到最朴实的原点上,那就是循着规律正常地发展。这种正常,犹如清晨般地清新和珍贵。

　　记住清晨,那是我们生活的起点,是我们所有人共有的起点,也是普天之下光明与黑暗的转折点。中国如此,世界如此,全人类如此,因为世界很小,太阳很亮。

朦胧的黄昏

远方的太阳，放出了它所有的光芒，缓缓地沉入地平线。

落日的余晖，依旧斑斓。然而，那只是将要逝去的余光，它已无法照耀层层叠叠的丛山峻岭。

黄昏来了，晚霞悄悄地流逝。空旷的湖面上，野鸭栖息，飞鸟归去，天地朦胧。

我伫立湖边，最后的阳光，给了我一个狭长、朦胧的背影。它如此微弱，如此淡薄，孤独地投射在我的身后，我不知道这是我留给人世间的，还是人世间送给我的。无论如何，它都是我真实的写照，是我奔劳终日的收获。

朦胧的景色，是美丽。朦胧的人生，是遗憾。

我是从朦胧中过来的，自然喜爱清新的环境、真实的自我。然而，朦胧是如此的厚重，以我的视野和禀赋，根本无法穿透。举目望去：腐朽的、清新的，愚昧的、科学的，丑陋的、美好的，传统的、现代的，这些本来就如白天与黑夜那样分明的事物，却同流合流，相互渗透、相互影响甚至相互拥抱，这世间许许多多的事物，还不朦胧么？

我总是朦胧，哪怕临近人生的黄昏，还是望不到头的朦胧。朦胧已然从人生之路进入到心灵之路。

我们总是以自己的眼光看世界，以自己的价值观衡量世界，世界便朦胧了，真实的世界始终远离我们。

我们总是想忘却曾经的荒唐，遗忘曾经的丑行，历史便朦胧了，而历史的惨痛还会在前头等候我们。

我们总是以自己的一知半解，任意地理解丰富深厚的人类文明，文明便朦胧了，愚昧还会伴着我们一路走下去。

我们总是追逐个体利益，无所顾忌地攫取权力与金钱，我们所处的人群便朦胧了。自私、冷漠与贪欲，让我们变得从未有过的陌生。

我们有过太多的朦胧：治政不公开，便有了朦胧的权力；信息不公开，便有了朦胧的真相；人性不率真，便有了朦胧的道德；失去了民主与法制，曾经让我们整个社会朦朦胧胧、混混沌沌。这般的朦胧，让本应具有的清晰，黯然而去。

朦胧，大约是我们这一代人的特质。我们曾经空想，曾经迷信，曾经狂热，曾经把虚假作为个人的品质。我们离真实越来越远，我们习惯于朦胧，沉溺于朦胧。朦胧已然成为我们的生存状态。

黄昏，是一天的归宿。人生的黄昏，是人生漫长岁月的美丽归宿。朦胧的黄昏，终究让人能够思考这一天乃至这一生是怎么过来的。

我沿湖而行。暮色中，湖水荡漾，波澜不惊。树影婆娑，百鸟不鸣。朦胧的黄昏，安详，温馨，凸显了大自然的真实与真情。

黄昏愈浓，我的背影便愈朦胧、愈模糊。我知道，朦胧的我，不会给世间留下真实的背影。

曾经做梦

人都会做梦。

平常的人也就做平常的梦。

我从小胸无大志,没有梦想,自然也就没有美梦。

照理,少年时最会幻想,最多幻想。长大了,当科学家、文学家,这些我从来都没想过,甚至连做梦都不会去想的。在校园长满荒草、教师关进牛棚的年代,读书无用,知识越多越反动。但凡是人,都已接近卑贱,活着就好,再不会有美好的念想。

人若没有了追求,这梦,自然也就平庸琐碎。

我家住的是破旧的木板房,其实在整个老城区,大家都一样。狂风暴雨来了,这板房就晃,就漏,似乎随时都会倒去。我最常做的梦,就是和许许多多的大人们一起,拼命扶住摇摇欲坠的旧板房,打钢柱,钉木头,砌砖垒墙,却还是摇晃,还是断裂,梦中的我,常被吓得一身冷汗。

那时候,吃的用的,什么都定量,每人守住自己的一份,还嫌不够。这做梦,就如真的一般,乡下的亲戚来了,去了,又来了,总是不断地来,都说是进城来看病,饭量却很大,捧起碗,划了几口,就碗见底,几碗饭下肚,锅见底,几顿饭烧了,米缸见底。梦里也是赶来赶去地买米、买菜,常忙得筋疲力尽。

小时候,很想看书,却找不到书看。书都被毁了、烧了。有人看书,就会有人揭发,就会有一大帮人闯进门搜书抄家,满门遭殃。偶尔碰到一本破书,便如获至宝,偷偷地看,心惊胆战地看。这样的机会,毕竟是少。而梦中,居然能常常碰到书,一本书就是一个世界,却总是打不开、翻不动,好像打开了,却又来不及看,便会吓得惊醒过来。

我似乎断定,梦,就是现实的继续,就如黑夜是白天的继续。梦中的我,与现实中的我,大体是一样的。

我依然做梦,尽管已经是这般的梦了,却还是盼着接连地做下去,不管怎么说,总还有一个梦。

　　做过许多许多的梦,到后来只是依稀地记得一些。不少梦,做过就忘,甚至边做边忘。然而,曾经有个梦,好像是一个美梦,让我惊喜;却又突然变成噩梦,让我惊恐,这喜极而悲的梦,就如刀刻一般地留在了记忆之中,只要想起,便会冷冷地发抖。

　　虚幻的梦,竟然如此地逼真:我奇迹般地会写文章了,用真实的文字,写出一个真实的我,看过的人都说好,我似乎飘飘然,居然梦想当一个作家。然而,就有人却发现了文章中的问题,要查,要抓,要关起来,我到处逃,却到处没有路,我万分悔恨,极度恐惧。恍惚中,有人对我说,凡事,有始必有终,好事也罢,不好的事也罢,终究会过去。

　　我猛然惊醒,幸亏只是一个梦,然而我再也不敢忘了这个梦。从此,拿起笔就害怕,生怕写错了,写坏了,索性不写。

　　噩梦早已过去,不好的事情也已过去。那梦幻中的话,却成了我的箴言:任何事情,只要发生了,它终究会过去,就像梦,总归是要醒的。

　　果然,梦醒了,满眼皆是阳光。